Opération spéciale

Paul Gogo

Opération spéciale

Dix ans de guerre entre Russie et Ukraine,
vus et vécus depuis le Donbass

éditions du
ROCHER

Éditions du Rocher
28 rue Comte Félix Gastaldi – BP 521 – 98015 Monaco

www.editionsdurocher.fr

ISBN : 978-2-268-10999-2
EAN epub : 9782268110356

Oblast de Belgorod
Oblast de Voronezh
Oblast de Kharkiv
Oblast de Luhansk
UKRAINE
RUSSIE
Sloviansk
Kramatorsk
Bakhmut
Oblast de Donetsk
LUHANSK
République séparatiste de Luhansk (RPL)
Oblast de Dnipetrovsk
Horlivka
Krasnodon
Makiivka
DONETSK
République séparatiste de Donetsk (RPD)
Oblast de Rostov
Oblast de Zaporizhzhia
Mariupol
Mer d'Azov

La guerre est de retour

24 février 2022. 7 h 00. On frappe à la porte.

— Alexandra, il faut se lever, c'est la guerre. Il faut se préparer.

Elle ne sait pas quoi répondre à son collègue. Elle referme la porte de notre chambre d'hôtel. Les yeux embrumés, il lui faut quelques secondes avant de réagir, abasourdie.

— C'est vraiment la guerre ? Poutine a déclaré la guerre cette nuit, et nous on dormait. Qu'est-ce qui va se passer ? me demande-t-elle.

La question n'appelle pas vraiment de réponse. Alexandra se prépare déjà à partir en reportage. Je me lève, j'allume mon téléphone ; lent à la détente, je suis incapable d'intégrer l'information.

Ma compagne est sous la douche quand je découvre ces images effrayantes de Vladimir Poutine. Plein de rage et de haine, seul, il annonce soudain sa volonté de « dénazifier » tout un pays en commençant par sa capitale.

Les couloirs de l'hôtel *Donbass Palace* de Donetsk sont déjà en pleine effervescence dans une ville pourtant encore endormie. Je ne comprends ni où je suis, ni ce qui se passe. Alexandra doit rejoindre les collègues de son équipe de télévision au plus vite, en attendant les consignes de Paris.

Depuis quelques mois, la Russie, les conditions de vie difficiles, le stress permanent imposé aux journalistes sans cesse menacés d'expulsion m'avaient éloigné d'Alexandra. La veille au soir, j'avais abandonné la photographe qui m'accompagnait pour la rejoindre avec ses collègues au *Donbass Palace*, l' « hôtel de luxe » de Donetsk. J'avais finalement dû me résoudre à rester dormir avec elle pour ne pas prendre le risque de violer le couvre-feu en rentrant à mon hôtel à pied.

Ce soir-là, avant d'aller nous coucher comme deux adolescents, au nez et à la barbe de son chef, nous avions croisé un groupe de religieux venus de Moscou. Ils se disaient envoyés par le patriarche Kirill. C'était un pope, *talkie-walkie* la ceinture, accompagné de deux nonnes infirmières. Alexandra leur avait demandé la raison de leur venue.

— Écoutez-moi bien, ce sera terrible demain : la guerre va éclater, la ville sera touchée, l'électricité et l'eau vont être coupées. Nous allons prier toute la nuit. N'hésitez pas à venir nous rejoindre si vous en ressentez le besoin.

Alexandra avait réagi avec surprise. Moi, j'avais ri : combien de gens avais-je entendus m'annoncer une nouvelle offensive depuis le début de la guerre du Donbass, en 2014…

Mais, ce 24 février 2022, je découvre, en état de choc, que ces religieux n'ont pas été envoyés par hasard. Dans la nuit, puis la matinée, le temps que je me réveille, l'armée russe a déjà bombardé de nombreuses villes ukrainiennes. Le Donbass n'est plus la ligne de front, il n'y a plus de front ! La guerre est partout et nulle part, j'ai l'impression d'être au milieu de l'endroit le plus dangereux – et à la fois le plus calme – au monde.

Je tente d'appeler Nanna, ma photographe. Elle dort encore. Nous formons une bonne équipe, sommes tous les deux adeptes des grasses matinées en toutes circonstances, mais à fond une fois sur le terrain. Je traverse le hall du *Donbass Palace*. Tout le monde a déjà enfilé un gilet pare-balles. Je comprends que je vais devoir marcher dans le centre de Donetsk sans protection, pendant quinze minutes. Il est 7 h 30 au premier jour de cette nouvelle guerre. J'imagine déjà les convois de tanks russes débarquer en ville, l'armée ukrainienne débordée qui déciderait, dans un coup de folie, de bombarder le centre de Donetsk, comme une vengeance, avant de l'abandonner à son voisin géant. Après plusieurs années de participation aux voyages de presse de l'armée russe aux quatre coins de la Russie, à observer d'impressionnants et complexes exercices militaires, je ne doute pas que les Ukrainiens devraient se faire massacrer en quelques jours.

Les grands boulevards de la capitale du Donbass sont vides. Je longe le théâtre et rejoins le parvis de l'administration régionale. Puis je tourne à droite pour descendre, au pas de charge, le boulevard Shevchenko. Les bombardements en périphérie sont encore rares. J'appelle Nanna une dizaine de fois, sans succès. J'appelle la réception qui m'affirme « n'avoir aucun droit de réveiller ses clients ». La guerre n'y change rien.

Devant l'hôtel *Ramada*, les équipes de Russia Today, qui occupent la moitié de mon couloir, sont déjà sur le pont, harnachées de gilets pare-balles devant la caméra, en t-shirt derrière l'objectif. Les *SUV* sans plaques arrivés de Russie la veille avec leurs laissez-passer du ministère de la Défense, plein de militaires russes, ont disparu du parking.

C'est le moment que choisit Nanna pour se réveiller. Elle me rejoint dans le hall de l'hôtel avec un grand sourire.

— Je me disais bien, ça tapait encore plus fort que d'habitude cette nuit, mais je n'ai pas entendu grand-chose, j'étais épuisée.

Les serveurs du bar de l'hôtel sont pris de panique et veulent rentrer chez eux. Un journaliste russe leur explique, surexcité : « Tout ira bien. On va massacrer les Ukrainiens. » Les explosions provoquées par l'artillerie, jusqu'ici lointaines, semblent de plus en plus proches. Les grandes vitres du *Ramada* vibrent, Nanna comprend enfin l'ampleur de l'annonce nocturne de Vladimir Poutine. Et décide qu'elle ne mettra pas un pied dehors tant que nous n'aurons pas trouvé un gilet pare-balles. Aussi étonnant que cela puisse paraître pour une ville qui vient de passer huit ans en guerre, la chose n'est pas aisée. Les Russes, qui n'attendaient que ça, ne comprennent pas que des journalistes puissent venir à Donetsk sans courir au front et se moquent de nous. Nous étions venus parler aux civils une semaine plus tôt, pour raconter la vie dans la « *DNR* », la république séparatiste de Donetsk. Objectif : éviter le front, rester avec les civils et s'épargner le port du gilet pare-balles, barrière entre le journaliste et les habitants. La ligne de contact était alors particulièrement calme.

Mes rédactions me demandent au plus vite un papier sur l'ambiance. Mais quelle ambiance ? Nous sommes bloqués dans cet hôtel sans avoir la moindre idée de ce qui se déroule autour de nous.

Je décide d'aller faire un premier tour de quartier. Les combats font rage à l'ouest, mais le centre de Donetsk est épargné par les tirs. Au bord de la rivière locale, quelques papys jouent au ping-pong. Se sachant impuissants, ils n'en ont plus rien à faire de tout ce bazar. Les voitures quittent la ville en nombre, un camion de pompiers fait des allers-retours avec un haut-parleur pour appeler la population à rester enfermée.

En début d'après-midi, je me lance. Je sors discrètement de l'hôtel sans vraiment en parler à Paris et je prends un bus, en direction de la gare de Donetsk. Le véhicule est quasiment plein. Il traverse des quartiers vivants, comme tous les matins depuis le 26 mai 2014, vrai début de la guerre.

La place de la gare n'a pas changé en huit ans, date de ma dernière venue. Elle a beau donner sur un bâtiment rendu inutile par la guerre et l'interruption des liaisons ferroviaires, les tramways y effectuent toujours leur trajet.

Je connais les lieux par cœur. Quelques jours plus tôt, j'avais parcouru ces dizaines de ruelles sans goudron pendant des heures. C'était la première fois que les séparatistes m'autorisaient à remettre les pieds dans le Donbass depuis 2016, et je comptais bien en profiter pour découvrir ces zones rendues effrayantes et mystérieuses par les combats de 2014. Trois jours avant l'annonce du chef du Kremlin, ce front était tellement calme qu'un habitant qui promenait son chien avait accepté de m'emmener observer les positions ukrainiennes à l'ouest des pistes de l'aéroport de Donetsk. Je tente donc de me rapprocher de chez lui. Je marche en direction du front. Des tirs se font entendre à l'est et à l'ouest, à quelques kilomètres. Au bout d'une grande allée, j'atteins la mosquée, dernier bâtiment avant la dernière position séparatiste, cachée au pied d'un terril.

Au bord de la route, des habitants du quartier ouvrent leur petit marché, en grande partie brûlé par des tirs d'artillerie au début de la guerre. De l'autre côté, les autorités auto-proclamées de la région ont installé un mémorial en hommage aux victimes civiles des nombreux bombardements ayant touché le quartier.

J'ai à peine le temps de me rendre compte que ces gens ne ressentent plus rien, ni la peur ni l'angoisse de la guerre, que des tirs retentissent dans mon dos. Les balles visent les Ukrainiens d'en face. Personne ne moufte. Voilà huit ans que ces gens vivent sur une ligne de front.

Je presse le pas pour rejoindre la gare. Il me faut encore vingt longues minutes de marche. Les tirs d'artillerie semblent s'intensifier, comme un orage en approche. Je suis seul, à pied dans ce quartier vide, pas loin de paniquer en repensant à la connerie que je viens de faire. Mais je gagne vite la gare.

Les tirs d'artillerie sont réguliers. Des dizaines de minibus sont en attente. Je monte dans un *trolleybus* et demande au chauffeur s'il compte quitter les lieux.

— Oui, départ dans huit minutes, me dit-il.

Aucun bombardement ne saurait bouleverser les horaires des bus de Donetsk. Les gens ne réagissent plus aux tirs, ils sont imperturbables, patientent calmement sur leurs téléphones. J'ai la sensation d'être entouré de fous, inconscients du danger. Personne ne bouge, personne ne panique. Ces types sont comme anesthésiés par huit ans de guerre.

Dans le même temps, je lis sur mon téléphone qu'un missile russe a fait une dizaine de morts à Brovary, en banlieue de Kyiv. Je pense à Tetyana, cette mère de famille qui m'a tant aidé durant mes trois années de correspondance en Ukraine, entre 2014 et 2016 ; je pense à son mari, un adorable philosophe, qui a écrit sur l'amour et maintenant la guerre ; je pense à leurs enfants. Les larmes me montent aux yeux. Je pense à mes amis ukrainiens, à Anastasia, que j'ai aimée, et qui ne laissera pas les Russes mettre un pied dans son Kyiv de cœur. J'imagine déjà tout ce monde, armes à la main, parti se faire massacrer par la Russie. Je pense à mon amie Ivona, formidable militante qui œuvre depuis des années pour aider les soldats ukrainiens à ne pas sombrer dans la dépression à leur retour du front. Et si les Russes, à la poursuite des militants anti-russes, décidaient de l'assassiner, elle qui se rêve présidente de l'Ukraine ?

Le bus prend la route du centre-ville et, autour de moi, les gens ne sont ni plus ni moins tristes que la veille. Ils rêvent certainement encore pour la majorité de rejoindre la grande fédération, malgré tous les sales coups que le Kremlin a pu leur faire ces dernières années.

Le bus me dépose devant le *Donbass Palace*. Je retrouve Alexandra, qui n'a finalement pas quitté l'hôtel de la matinée. Je regrette qu'elle ne soit pas au chaud à Moscou. Jamais je n'aurais pensé, en l'amenant dans une manifestation d'Alexeï Navalny cinq ans plus tôt, qu'elle prendrait goût à l'action, puis au journalisme, au point de se retrouver reporter de guerre malgré elle. J'ai la sensation d'avoir conduit un amour à l'abattoir. Nous allons mourir bêtement dans cet endroit rendu gris et triste par la guerre.

Les heures passent et je retrouve des forces. Tous les médias de Paris m'appellent, m'écrivent. Ils vident la batterie de mon téléphone qui ne cesse de vibrer. L'armée russe m'expulse de mon hôtel, réquisitionné pour les troupes d'élite. Je trouve difficilement un appartement à louer : les habitants des quartiers ouest et nord cherchent à rejoindre le centre-ville en attendant que passe la vague. Je m'installe finalement à deux pas de la statue de Lénine.

Le 25 février 2022, le lendemain du début de l'offensive russe, je rencontre deux Italiens qui me promettent une voiture et un chauffeur en échange d'une aide à la traduction. Je vais être honnête : à la guerre, les Italiens m'ont toujours exaspéré. Ils ne viennent généralement pas pour parfaire leur connaissance de la situation, ils ne rêvent que de se retrouver entre deux tirs. Ils n'hésitent pas à tremper leurs pieds dans la propagande pour obtenir des laissez-passer. Je n'ai certainement pas eu de chance avec eux en Ukraine – la guerre attire des gens bizarres –, mais ceux que j'ai côtoyés ont toujours été le pire cliché d'eux-mêmes.

Roberto et Ricardo n'échappent pas à la règle. Ils m'obligent à une pause-café avant de partir en reportage, et trouvent le moyen de se plaindre de la qualité du breuvage. C'est l'occasion pour moi de faire connaissance avec leur chauffeur, Svetlana, une quadra blonde. La femme est déjà en panique avant même de prendre la route. Il faut dire que la communication est compliquée : les deux Italiens ne parlent pas un mot de russe.

Svetlana est naturellement sympathique et ouverte d'esprit. C'est une mère de famille qui n'aide pas par militantisme mais par nécessité. Elle a besoin d'argent, toutefois elle est particulièrement angoissée, pressée d'en terminer, sans savoir comment le leur dire.

Les Italiens ne savent même pas où aller, ils veulent juste de la guerre. Je leur propose Novoazovsk, une petite ville située entre la Russie et la ligne de front, au bord de la mer d'Azov, en sachant très bien qu'ils s'y ennuieront. Mais je survends la destination, car j'ai toujours voulu y aller. Il se disait, dès 2014, que les Russes faisaient entrer leurs blindés par cette région, la nuit. Je n'avais jamais pu visiter cette ville que l'on disait particulièrement surveillée.

La route entre Donetsk et Novoazovsk est une longue ligne droite qui longe un front plus ou moins éloigné. Les Ukrainiens, de mieux en mieux armés, bombardent parfois jusque dans les terres. Quand l'artillerie tombe à proximité d'une route, les choses s'organisent comme on laisserait passer une averse. La solidarité entre conducteurs empêche les catastrophes. L'un d'entre eux nous fait d'ailleurs signe, depuis sa vieille Lada, de nous en retourner. Il s'arrête à notre niveau, fenêtre ouverte.

— N'allez pas plus loin, ça tape là-bas, l'Ukraine a sorti l'artillerie lourde, ils tirent loin dans les terres. La route est fermée au prochain *checkpoint*.

Nous patientons sur le parking d'une station-service, au milieu d'une plaine, entre deux piles de bonbonnes de gaz. Les tirs semblent se rapprocher. Les « orgues de Staline », lance-missiles multiples capables de retourner une plaine, sont visiblement de retour sur le front, après avoir été interdits plusieurs années durant dans le cadre des accords de Minsk.

En attendant que la tempête se calme, nous faisons marche arrière et nous arrêtons dans le village de Starobecheve pour laisser passer un long convoi militaire qui vient visiblement de renvoyer la monnaie de sa pièce à l'Ukraine. À moins qu'il n'ait été à l'origine des hostilités du jour ? De gros blindés défilent, lâchant d'énormes mottes de terre sur une route déjà pleine de boue. Ce ne sont pas des Russes, mais bien des locaux : les fameux « mineurs du Donbass », souvent fantasmés par la propagande russe qui les a présentés comme les acteurs d'une contre-révolution de Maïdan, pour mieux cacher son intervention militaire dans le Donbass dès 2014.

Mais ils existent bien et sont nombreux à avoir adhéré à la vision caricaturale de Maïdan par la Russie. L'un d'entre eux, chargé de faire la circulation, me confie seulement qu'il n'a alors aucune idée de ce qui se passe sur le front.

L'homme a la cinquantaine, un bonnet noir vissé sur la tête, un vieux treillis sale et délavé, un air méfiant et fatigué. Les hommes qui défilent dans ce long convoi ont un tissu rouge accroché à la jambe, pour se reconnaître. Le risque de bavure est élevé dans un conflit à la ligne de front mouvante et perméable. Un camion rempli de branchages, pour les besoins du camouflage, est attelé au convoi. Les soldats sont épuisés, ils ont le visage sale, fatigué, affublés de treillis faits maison. Ils se déplacent dans un nuage de mazout et un vrombissement de moteurs encrassés. J'ai l'impression d'être en Tchétchénie dans les années 2000. Le policier de la route ne connaît pas l'état du front, mais il est encore optimiste.

— Avec l'aide que l'on reçoit de l'armée russe, on espère que tout se réglera en quelques jours. Certains d'entre nous se sont engagés dans l'armée en 2014, d'autres ont ensuite fait une pause pour s'occuper de leur famille, comprenant que la guerre était partie pour durer. Ceux-là viennent seulement de revenir. À l'origine, nous n'étions pas des soldats, on travaillait quasiment tous dans des mines ou à l'usine et là, on en a marre, il est temps d'en terminer avec la guerre.

Mais vingt-quatre heures après le début de la guerre, toujours aucun Russe à l'horizon. L'armée du Kremlin est trop occupée à attaquer Kyiv et à prendre des infrastructures stratégiques à proximité de la Crimée. Les rumeurs, colportées par les chauffeurs de taxis, racontent que les Russes sont bien arrivés, que les convois de blindés se déplacent pendant le couvre-feu en périphérie de Donetsk. Ils empruntent le périphérique de la ville et se dirigent vers Marioupol.

Bonne nouvelle, l'averse de bombes est passée, la circulation reprend vers le sud. L'activité militaire est intense, les véhicules kaki se multiplient : des camions-citernes, des véhicules de transport de troupes, des blindés… Sur le bord de la route, des autoroutes pour véhicules à chenilles ont été improvisées sur le bas-côté, pour limiter la destruction du bitume. À proximité de Novoazovsk, des tranchées récentes apparaissent, des troncs de bois recouverts de terre couvrent des caches, des lieux de vie dont s'échappe la fumée chaleureuse mais traître, car voyante, des poêles.

Novoazovsk, 11 000 habitants, est située à équidistance de la Russie et de la ligne de front (celle de début 2022). De cette mini-Riviera ne demeure plus qu'une petite plage, minée, à ras de falaise, dont l'accès est interdit par l'armée. Dans le bourg, les soldats sont plus nombreux que les habitants. La vue sur la mer d'Azov est fascinante, parce que géographiquement parlante : à l'est, s'étale une côte qui mène jusqu'à la frontière russe. Au sud, la mer semble vidée de ses navires. À l'ouest, c'est la fin du Donbass qui se dessine dans une courbe de sable menant jusqu'à l'usine métallurgique Azovstal de Marioupol. Les cheminées, au loin, marquent les positions ukrainiennes. Des soldats patrouillent sur la côte, ils craignent une attaque par la mer. Le moindre hôtel ou dortoir de colonie de vacances est occupé par des soldats. La ville balnéaire est devenue cité garnison.

Dans le bourg de Novoazovsk, je tente un micro-trottoir discret. Sac de courses dans une main, enfant traîné dans l'autre, Natacha, 38 ans, ne s'inquiète guère de cette « opération militaire », comme on dit en Russie. Au contraire, elle n'en peut plus d'attendre de voir Marioupol emportée par la Russie.

— Je serais tellement heureuse que l'on récupère cette ville, ce sont des Russes comme nous là-bas. J'ai la moitié de ma famille dans cette ville, mon frère et ma sœur. On ne s'est pas vus depuis deux ans !

La femme a l'air satisfait d'être interrogée sur la question, d'autant plus par un journaliste étranger.

Ses longs cheveux noirs dépassent de son bonnet rose. Elle me glisse avant de s'enfuir :

— Russie ou république populaire de Donetsk, peu importe, on veut juste que l'Ukraine arrête de nous bombarder et de nous imposer un blocus économique.

Plus loin, deux jeunes femmes, la trentaine, abondent dans ce sens.

— On est tous russes, on était ensemble en URSS. Plus on sera proches de la Russie, mieux ce sera. On sera toujours amis avec les gens d'en face. J'ai de la famille là-bas, ça fait huit ans que je ne l'ai pas vue, je suis tellement pressée qu'on récupère cette ville.

Quelques jours plus tard, devait commencer le siège sanglant de Marioupol. La Russie finira par raser la ville avec son artillerie et ses bombardiers, occasionnant des milliers de morts. Dont, peut-être, leurs proches.

Saint-Lô, Saint-Pétersbourg, Donbass

En 2014, c'est un enchaînement de faits, une somme de passions et de curiosités qui m'ont mené à la guerre. Huit ans plus tard, me voici bien en peine pour expliquer comment je me suis retrouvé à Donetsk, quelques jours avant le début de ce conflit sans fin.

Je suis né à Saint-Lô, en Normandie, en 1991. Saint-Lô, c'est « la cité des ruines ». J'y ai grandi, dans cette ville où on se rappelle encore le Débarquement et la bataille de Normandie. La Seconde Guerre mondiale a fait de cette ville un champ de ruines. Mais ce n'est pas par ce biais que la guerre s'est imposée dans ma vie.

La voie vers le Donbass, je l'ai empruntée sans le savoir au lycée. Une professeure de russe venait d'arriver en ville, après la décision du rectorat d'ouvrir une classe dans cette langue. J'avais instantanément choisi le russe plutôt que des heures supplémentaires en espagnol ou en mathématiques. Cela m'avait mené un an plus tard à Saint-Pétersbourg dans le cadre d'un échange scolaire.

Mes premiers souvenirs de la ville des tsars se sont constitués dans la lointaine banlieue de la ville, au terminus du métro « Koupchino ». Des poubelles brûlées par des cigarettes mal éteintes, des alcooliques dormant à même le sol, des chiens errants, des voitures aux sirènes hurlantes de jour comme de nuit. Et puis, j'étais arrivé dans cet appartement de banlieue, dans lequel une jeune Russe et sa grand-mère m'avaient accueilli. Bloc perdu dans un océan de barres d'immeubles. Les pommes de terre cuites à la poêle avec de bonnes épices, des piles de blinis, une chaleur humaine indescriptible malgré nos difficultés à communiquer. Je m'étais juré de revenir y vivre un jour. Mais, avant cela, il me fallait finir mes études, travailler mon russe. Et trouver un moyen de devenir journaliste, malgré mes mauvais résultats au lycée.

En novembre 2013, toujours attiré par l'Est, j'avais eu l'idée, en parcourant un calendrier des élections d'Europe, d'aller visiter Kyiv pendant dix jours, au moment des législatives. J'ai découvert une ville merveilleuse, de l'imposant boulevard Khreshchatyk jusqu'au vibrant Podil, en passant par l'étonnante et reposante île « Hydropark ».

Quant à la politique du pays, elle relevait pour moi d'un monde paranormal, bien représentatif de l'ex-URSS. Le parti qui avait remporté ces élections, celui de l'ancien président Viktor Ianoukovitch, alors en poste, avait célébré sa victoire lors d'un *meeting* auquel assistaient des grands-mères amenées en bus. L'opposant aux candidats pro-russes dénonçait des fraudes.

Je me rappelle aussi ces jeunes qui éprouvaient de la lassitude face au manque de perspectives. La politique, entre mafia et oligarques, avait gardé, sous bien des aspects, les habitudes des années 1990.

Quelques semaines plus tard, une manifestation d'étudiants avait dégénéré. La révolution de la dignité avait pris de l'ampleur. Elle était devenue un phénomène national, puis international. J'avais donc pris la décision de m'y rendre entre Noël et le jour de l'an. La place Maïdan était digne d'un film. Des milliers d'anonymes soutenaient les manifestants, dans un élan de solidarité incroyable. À la nuit tombée, ils venaient assister aux concerts engagés, malgré le froid tenace. Les plus radicaux s'employaient à éloigner la police, de plus en plus violente. Contrairement à ce qu'a colporté la presse moscovite, Maïdan n'était pas qu'une révolution romantique venue de la capitale. Les régions s'étaient aussi mobilisées, d'est en ouest : 80 % des manifestants venaient des villes[1]. Donetsk, la capitale du Donbass, alors encore sous contrôle ukrainien, a mené de grandes manifestations en faveur de Maïdan.

Je suis rentré à Rennes, où je devais terminer mes études. Quelques mois plus tard, au lendemain de l'annexion de la Crimée, j'étais de retour.

*

Mon train arrive à Donetsk. Depuis le quai de la gare, je trouve le bon tramway et rejoins en quelques minutes le *Red Cat Hostel*, seule auberge de jeunesse de la ville. C'est un appartement au rez-de-chaussée d'une tour d'immeuble comme il y en a des milliers dans les pays d'ex-URSS. Je sonne, une grand-mère m'ouvre et me fait entrer, tout sourire. Dans la cuisine, une jeune femme, Olya, me salue d'un « Hi ! » auquel je réponds avec un « Hello ! » bien de chez nous.

---

1. *Courrier international*, « Maïdan – La révolution des classes moyennes », Bohdan BOUTKEVITCH, 13 mars 2014 dans « Oukraïnsky Tyjden ».

— Mais tu es français ! Moi aussi ! Enfin, franco-ukrainienne. Tu viens faire quoi ici ?

— Prendre des photos, écrire. Je viens voir ce qui se passe…

— Moi, je suis photographe, travaillons ensemble !

En bon débutant, j'ai voyagé sans eau ni nourriture. Olya me tend une barre chocolatée et prépare des *pelmeni*. Après la douche prise et le repas, la jeune mère de famille aux yeux bleus me briefe sur ses plans.

— J'ai une famille qui m'attend, je ne peux pas me permettre de perdre mon temps ici. Je dois photographier. À tout prix. La situation a l'air de s'être calmée. Allons voir les barricades du centre-ville.

Nous partons. En quinze minutes de marche, nous atteignons le siège du conseil régional de Donetsk. Les barricades érigées tout autour sont gigantesques. Dessus, se tiennent des hommes cagoulés et menaçants, tous habillés de la même façon. Certains exhibent un pistolet ou une batte de base-ball, lorsque les regards des passants se font trop insistants. Ce ne sont pas des mineurs, mais ils représentent majoritairement une classe sociale populaire.

Sur la place centrale, le Lénine local a l'air relax, la main dans la poche gauche, le regard pointé vers le sud. À sa gauche, a été installé son pire cauchemar, un *fast-food* américain. Olya s'installe en terrasse.

— Il me faut des photos d'actu, il faut que l'on surveille l'actualité, qu'on travaille ensemble et qu'on soit réactifs. On partagera les frais de taxi, ce sera plus sûr, et peut-être que tu parviendras à publier des articles.

Olya, tout excitée, parle à toute vitesse. Elle ne me laisse pas vraiment le choix. Elle alpague instantanément un chauffeur de taxi qui fume sa cigarette à quelques mètres de nous. Nous voilà donc en route pour Slaviansk, à 130 kilomètres plus au nord.

Des séparatistes locaux ont installé quelques barrages sur la route, pour la plupart inoccupés. Les autorités ukrainiennes semblent avoir complètement abandonné le coin. L'aérodrome de Kramatorsk fourmille de soldats de Kyiv qui fuient par hélicoptère, loin des troubles. À quelques kilomètres, le centre-ville de Slaviansk est en pleine anarchie. Des avions de chasse ukrainiens survolent encore la ville à très basse altitude. Mais les autorités locales ont été neutralisées par des inconnus – certainement les « hommes polis » de Crimée, ces soldats russes qui agissent sans insigne pour permettre au Kremlin de se dédouaner. Des hommes armés ont pris le contrôle de la mairie et éloignent les curieux. Un nouveau maire est subitement proclamé, sous le regard bienveillant du Kremlin. C'est un petit homme maigrichon, Viatcheslav Ponomarev, un collaborateur local, qui sort de la mairie, l'air pressé. Il a la casquette vissée et baissée pour cacher ses yeux.

Il lance à un petit groupe de journalistes :

— Bonjour, tout le monde. Je suis le nouveau maire de la ville, c'est moi qui prends les décisions ici maintenant. L'ancien maire a été arrêté, il soutenait les Banderites[2] de Kyiv.

L'homme annonce qu'il va s'employer à « chasser les Ukrainiens de sa ville », affirme vouloir participer à la création de la *Novorossiya*, la Nouvelle Russie, ce vieux projet encore agité par quelques nostalgiques de l'Empire russe. C'est ce territoire qui s'étire, en théorie, de Rostov au sud

2. Ils sont appelés ainsi en référence à Stepan Bandera, nationaliste ukrainien qui a lutté aux côtés de l'Allemagne nazie (N.d.É.).

de la Moldavie. En 2014, la propagande russe au Donbass laissait entrevoir une annexion par Moscou, mais rares étaient ceux à adhérer réellement à ce projet impérialiste d'un autre temps.

À Slaviansk, quelques jours plus tard, notre étrange maire ira jusqu'à kidnapper un groupe d'observateurs de l'OSCE, l'Organisation pour la sécurité et la coopération en Europe. Contre-productif pour les Russes eux-mêmes, qui appelleront par la suite les séparatistes à ne plus employer ce genre de méthodes.

À notre retour à Donetsk, la cuisine de l'auberge de jeunesse est devenue une salle de rédaction. Des *free-lances* du monde entier s'y sont retrouvés. Avec ses neuf lits, c'est l'hôtel le moins cher de la ville. De petits biscuits, achetés au magasin d'à côté, font souvent office de repas. Pauvrement décoré, on remarque, sur le mur, un drapeau ukrainien est accroché avec quelques photos de fans venus assister à l'Euro de football, en 2012, quand Donetsk était au cœur du Vieux Continent. Alors qu'Olya fait chauffer ses *pelmeni*, on sonne. La grand-mère installée avec ses chats dans l'appartement d'à côté s'empresse d'aller ouvrir. Dima entre, imposant comme un ours. Il est biélorusse, mal rasé et tient à la main une cuisse de poulet emballée dans un sachet. Derrière lui apparaît Cosimo, un Italien. Ils viennent tout juste de se rencontrer.

Cosimo est plus ou moins photographe de presse. En tout cas, il ambitionne de se lancer dans ce domaine. Mais l'argent manque et ce petit bonhomme, bedonnant et trapu, qui fut photographe de plateau pour des productions de films pornographiques, semble déjà subir. L'imposant Dima a déjà le réflexe de tout traduire à notre Italien, qui ne parle pas un mot de russe et qu'il a pris assez naturellement sous son aile. Cosimo est mal rasé, vulgaire, parle très fort et romance chacune de ses histoires, constamment agrémentées par des détails imaginaires.

Dima en revient vite à la raison de sa présence. Il découvre qu'un couvre-feu a été décrété à Slaviansk. Nous décidons, Dima, Cosimo et moi, de nous rendre en ville dès le lendemain, à la première heure.

22 avril 2014. Il est 5 heures. Dans ce vieux train régional, nous ne passons pas inaperçus. Dima ronfle fort – très fort. Et Cosimo de me raconter en anglais d'interminables anecdotes sur Napoléon. Il a souvent l'air débile, mais c'est qu'il est cultivé, le bougre ! Il ne remarque pas les regards hostiles des autres voyageurs. Or, dans la région, l'anglais est devenue la langue des nazis : la propagande russe est bue comme du petit lait par les personnes âgées du Donbass, un peu perdues dans une telle affaire. Cette peur est née de la présence de militants radicaux, parfois nationalistes, dans les rangs de ceux qui ont défendu la place Maïdan. Il faut dire qu'ils affrontaient des policiers anti-émeutes, des *snipers*, et des brutes (*titushki*) envoyées tabasser les manifestants. Ça ne manque pas : trois vieillards finissent par nous traiter de « nazis »… La révolution de Maïdan est vue comme une menace. Lorsque le train arrive à Slaviansk, l'ambiance est lourde. La ville est désormais sous le contrôle total des séparatistes. Ils sont partout. Le premier couvre-feu vient tout juste de prendre fin.

— Bienvenu en enfer ! lance instinctivement Dima.

La ville a totalement changé de visage pendant la nuit. Les rues sont désertes.

Un vieux chauffeur de taxi accepte de nous emmener vers le centre. Mais au premier obstacle, deux kilomètres plus loin, il braque son volant vers la gauche, entre en trombe dans la cour d'un immeuble et nous somme de descendre. Il ne veut pas être vu avec nous.

Il n'y a rien ni personne. Certains petits magasins de proximité sont ouverts, mais vides. Seuls les animaux errants se baladent encore avec insouciance. Il est 7 h 45, cela fait quarante-cinq minutes que le couvre-feu a pris fin. Soudain, la ville fourmille d'hommes armés cagoulés. Puis un *checkpoint* apparaît. De jeunes combattants patientent assis sur des palettes, protégés par des sacs de sable et des bâches, kalach à la main. Dima s'adresse à l'un d'eux.

— Pouvons-nous traverser cette rue ?

— Pourquoi pas ? Papiers !

L'homme embarque nos passeports, sauf celui de Dima, le Biélorusse. Il croit probablement qu'il est des leurs. Il entre dans un bâtiment aux briques rouges situées au centre de la rue, réquisitionné par les séparatistes pour accueillir des agents du renseignement russe, chargés de déstabiliser la région. Igor Strelkov, ancien officier du renseignement envoyé par Moscou, en est le plus tristement célèbre. Le bâtiment a aussi servi à torturer les opposants à la Russie.

Le jeune homme ressort sans nos papiers et part retrouver son siège, derrière les sacs de sable. Un homme, un peu plus âgé, vient à notre rencontre. C'est le chef de cette rue, ni plus ni moins. Chaque rue, chaque *checkpoint* de Slaviansk a désormais son responsable autoproclamé. Notre chef de bande, bedonnant, habillé d'un treillis, la cagoule baissée, tient à l'épaule une kalachnikov. Il mène la « visite de la rue », sans être particulièrement méfiant. Il n'a que quelques véhicules, dont un tank, présentés comme des prises de guerre, à nous montrer.

— Merci de ne pas prendre de photos en direction du bâtiment rouge. Ici, c'est une voiture de la police que nous avons ramenée de Kyiv. Ça, c'est un véhicule amphibie que nous avons pris à l'armée ukrainienne. Celui-ci démarre encore.

Pour nous impressionner, de jeunes hommes grimpent dans les chars et blindés et en font fièrement vrombir les moteurs, qui toussotent une fumée noire. Des hommes habillés en civil, visage découvert, discutent à l'entrée du bâtiment rouge. Ils se cachent à notre vue.

Le soldat termine son tour du propriétaire et se présente enfin. Il a bien appris son texte.

— Je suis un soldat de l'armée autonome du Donbass. Nous avons volé ces véhicules à l'armée ukrainienne et nous comptons bien les garder. Nous sommes ici pour le bien de la population, nous nous battrons jusqu'au bout contre les fascistes de Kyiv. Si nous sommes armés, c'est pour son bien. Les Ukrainiens vont sûrement tenter de reprendre la région, il faudra être en position de la défendre.

Sans rien dévoiler de sa vie personnelle, l'homme nous raccompagne à l'entrée, c'est-à-dire au bout de la rue, et nous rend nos passeports. Assis sur son petit tabouret, le jeune homme du *checkpoint* ne lâche jamais sa kalachnikov. Un ruban de Saint-Georges orange et noir a été attaché au canon de son fusil. Des icônes orthodoxes sont posées sur les sacs.

C'est alors qu'une dame, la cinquantaine, le visage marqué et un foulard sur la tête comme en période de deuil, s'approche de la barricade et tend une photo de son fils.

— Jeune homme, est-ce qu'il est avec vous ? Est-ce que vous l'avez enrôlé ? Mon fils a disparu depuis trois jours, je n'ai plus aucune nouvelle de lui. Est-ce qu'il est avec vous ?

Elle fond en larmes et crie, en prenant toutefois garde à ne pas alerter les soldats plus âgés.

— Dites-le-moi, je vous en supplie, est-ce qu'il est avec vous ?

Le gamin, qui vit l'aventure de sa vie, a déjà le ton d'un soldat. Il répond sèchement, avec le cynisme de celui qui aurait déjà passé trop de temps à la guerre et qui ne veut pas s'embarrasser avec les états d'âme des civils. La femme doit retourner d'où elle vient, elle n'insiste pas. Ces jeunes armés, certainement des locaux, sont désormais partout en ville.

Sur la place qui lui fait honneur, Lénine est seul. Un vieil homme nous repère et nous attrape. Il est en larmes et s'appuie sur son vélo, essoufflé. Il retire sa casquette noire usée et nous demande de l'aide.

— Je m'appelle Nikolaï Prokhorov. Mon fils Oleg, vous avez vu mon fils Oleg ? Il était policier à Slaviansk. Quand les séparatistes sont arrivés, ils l'ont arrêté, je n'ai plus aucune nouvelle depuis qu'ils sont là. Faites quelque chose pour m'aider, venez leur demander avec moi, s'il vous plaît.

La perspective ne nous enchante pas particulièrement. Nous voulions rester discrets, c'est raté. Le grand-père nous mène déjà à une autre barricade. Un ado garde l'entrée de ce mur fait de bric et de broc, haut de deux mètres. Le garçon a lui aussi l'air d'être un local. Il n'a pas de treillis, juste des genouillères, un casque et une matraque trouvés dans un commissariat. Le vieil homme s'adresse à celui qui aurait pu être son petit-fils :

— Savez-vous où est mon fils ? Je vous en supplie, allez demander à vos collègues, nous sommes de bons hommes, Dieu va nous aider ! Rendez-moi mon fils !

Nous faisons un pas en arrière, sans savoir comment réagir. Le gamin, chef de sa barricade, s'énerve.

— Rentre chez toi, le vieux. Recule, ou je t'embarque !

C'est alors que son second fils apparaît et s'empresse d'aller récupérer son père :

— Papa, tais-toi ! Tu vas encore avoir des problèmes !

Arraché à la barricade par son fils, il rebrousse chemin, les larmes aux yeux. Le lendemain, le maire de Slaviansk avouera à la presse avoir arrêté le lieutenant-colonel Oleg Prokhorov, chef de la police locale, en ajoutant :

— Les personnes qui nuisent à notre mouvement passent automatiquement de l'autre côté des barricades. Il restera enfermé aussi longtemps que nécessaire, et pour lui, ça durera longtemps…

À quelques mètres de là, deux femmes sexagénaires ont fabriqué une petite table avec des troncs retirés à la barricade. Elles font mine de rien. Elles parlent comme un disque rayé, sont sur la ligne du Kremlin. Elles estiment leur cause juste. Pour elles, tous les coups sont permis.

Deux autres quinquas militent pour une invasion russe. Elles excusent les horreurs perpétrées dans les cellules du commissariat de police avec un grand sourire, tout en proposant des pâtisseries.

— Nous avons souhaité participer à « notre révolution ». C'est notre Maïdan à nous ! Pourquoi les gens du Donbass n'auraient pas eux aussi le droit de montrer leur mécontentement ?

Natalia, termine toutes ses phrases par « n'est-ce pas ? », comme pour s'assurer que le message infuse. Son amie, Valeria, enchaîne, assenant ce qu'elle a compris de la propagande russe.

— Comprenez, ici c'est notre terre. Kiev nous a toujours plus ou moins laissés tranquilles mais profitait bien de nos ressources. Tout ce qui était produit ici partait là-bas ! Maintenant ils veulent nous envoyer l'armée parce que nous ne soutenons pas leur révolution de Maïdan ? On ne peut pas se laisser faire, nous devons protéger nos enfants et nos petits-enfants.

Nous avalons un morceau de gâteau par politesse. À propos de la ville qui vit son premier jour d'occupation, Dima lit sur Internet que les Roms auraient été violemment expulsés de leur camp par les séparatistes, puis envoyés côté ukrainien. Des hommes armés et cagoulés, venus menacer les familles en pleine nuit, leur auraient demandé de quitter la ville, puis tiré quelques balles sur leurs maisons en guise d'avertissement, en les traitant de « drogués ».

Quelques centaines de mètres plus loin, nous empruntons un grand pont. Au deuxième *checkpoint*, Cosimo et Dima ressentent le besoin de s'arrêter à un arrêt de bus, assommés par le soleil. Un homme, au loin, se balade, un vieux pistolet à la main. Je prends une photo : derrière lui, j'ai vu un panneau aux couleurs de l'Ukraine. Le cliché n'a pas grand intérêt mais c'est trop tard, l'homme m'a repéré, et avance dans notre direction. Je cache mon matériel, tente de prévenir mes camarades. Ils continuent leur conversation. L'homme se montre agressif. Il ne cesse d'agiter son pistolet dans tous les sens.

— Que faites-vous ici ? Pourquoi m'avez-vous pris en photo ? Montrez-moi la photo !

En cette première journée de séparatisme, tous craignent les espions, ukrainiens ou étrangers. L'avenir paraît incertain. Personne ne souhaite encore assumer publiquement sa collaboration avec l'ennemi.

Sans discuter davantage, l'homme attrape son téléphone pour appeler son chef…

— Ouais, c'est moi, je suis avec trois étrangers qui prennent des photos des *checkpoints*, ramenez-vous !

Une voiture déboule à toute vitesse. Pas de plaque. Peinture aux couleurs du drapeau russe. Quelques armes dans le coffre. Deux hommes en descendent, sans lâcher leur kalachnikov. Ils ne parlementent pas, nous attrapent par le col et nous jettent dans le véhicule. Nous voilà serrés, collés à l'arrière de la voiture, qui roule à tombeau ouvert. Heureusement, le trajet n'est pas long. C'est visiblement le chef du quartier que nous avons mis en colère. De nombreux enlèvements de locaux et d'étrangers ont été signalés dans la ville, dans les jours qui ont précédé. Notre heure est venue, visiblement…

Deux kilomètres plus loin, tout au plus, nous voici dans la cour d'un immeuble. On nous fait descendre et patienter à côté d'un tas de bûches. Arrêt sur images, comme dans un jeu vidéo. Nous voici donc tous les trois, en ligne. Un gamin pointe sa kalachnikov sur nous. Sur notre gauche, une rue, qui mène certainement à la gare. Sur notre droite, une barre d'immeubles de plus, des bâtiments gris, décrépis, soviétiques, que les habitants n'ont pas encore quittés. Dans la cour, un petit bâtiment, sûrement une ancienne supérette, sert visiblement de base. Une bâche bleue a été tendue dans l'entrée, une table est installée pour nourrir les combattants. Un soldat, un local, s'est emparé de l'appareil de Cosimo, accusé d'avoir pris la photo. À quelques dizaines de mètres de nous, il fouille dedans. Heureusement, ces débutants n'ont même pas pensé à nous retirer nos téléphones. Dima appelle discrètement des contacts et prévient les médias. Cosimo fume clope sur clope. J'essaie de contrôler mon stress en me concentrant sur l'attitude du jeune homme qui nous menace. Lors d'une guerre, il y a une constante : l'assurance que donnent les armes. Ces jeunes avaient probablement une vie ennuyeuse. Cette prise de pouvoir par les armes leur donne une raison de vivre. Elles leur confèrent une forme de virilité, sûrement agréable à afficher à cet âge. Ils se croient invincibles.

Les hommes concèdent qu'ils cherchent des espions. Le gamin « s'occupe » : il fait mine de nous tirer dessus. J'observe les environs. Il y a des témoins, mais ils font comme s'ils n'avaient rien vu…

Trois femmes sortent du petit magasin réquisitionné. Convaincues elles aussi d'œuvrer à une cause juste, elles nous ignorent.

Le temps se fige. Sur Internet, la presse ukrainienne a déjà annoncé notre arrestation. Dima, dans sa colère, a visiblement exagéré la chose. Cosimo, finalement, perd patience. Il avait pourtant réussi à rester silencieux jusque-là. J'imagine qu'il a laissé traîner des photos de tournages de films pornographiques. Elles pourraient représenter une porte de sortie à notre situation. Nos soldats ont l'air plus bourrus qu'intégristes.

Ils sourient, la situation tourne à notre avantage. Sur les photos de Cosimo, ils reconnaissent des amis, qui s'étaient laissés photographier de bon cœur. Cosimo saute sur l'occasion et s'adresse à eux dans un mélange d'italien et d'anglais.

— Tu es italien ? Je parle un peu italien ! Qu'est-ce que vous foutez ici ? Venez boire un thé !

Nous contournons nos trois gamins armés, visiblement déçus de voir leur premier kidnapping se terminer en eau de boudin. Nous nous joignons à la « fête ».

Les deux hommes les plus âgés, surarmés et cagoulés, nous demandent de prendre une photo avec eux. Nous n'avons pas vraiment le choix et pas vraiment le sourire sur cette étrange photo qui traîne toujours dans mon ordinateur, premier souvenir de ces années de guerre.

Les trois femmes, maintenant, nous apportent un café. Nous nous empressons de l'avaler, désormais attablés avec une dizaine de combattants. Nous demandons, poliment certes, à quitter le camp. Les gamins ont disparu, l'ambiance se détend. Les combattants, toujours cagoulés, nous menacent tout de même. Sans savoir que tout le Web russophone a déjà entendu parler de leur existence…

— Nous surveillerons ce que vous publiez sur Internet, faites attention.

Nous reprenons la route vers le pont. Le temps s'écoule lentement aujourd'hui, nous ne sommes qu'en début d'après-midi. Premier *checkpoint*, pas de soucis. Deuxième *checkpoint*, on nous menace, encore. Nous leur montrons notre photo prise avec leurs collègues. Les rebelles s'exclament : « Ce sont nos amis ! » Nous passons. Troisième *checkpoint*, de l'autre côté du pont, nous retentons le coup de la photo. « Nous ne connaissons pas ces hommes, attendez, nous allons appeler quelqu'un », nous répond un homme visiblement pas contre un kidnapping improvisé…

Cette fois-ci, nous réagissons. Nous faisons demi-tour alors qu'il est encore au téléphone…

L'objectif est désormais de quitter ce triangle des Bermudes, qu'aucun gouvernement au monde ne contrôle, et de rejoindre Donetsk. À l'abri dans une cour adjacente à la gare de la ville, Dima enchaîne les interviews pour des médias ukrainiens. Slaviansk devient oppressante, il s'agit d'avoir l'air honnête et de contrôler notre stress en attendant le prochain train… Que nous ratons, trop occupés à nous cacher.

Un homme pressé traverse la cour, il a l'air préoccupé… Il nous explique, sans relever la tête de son téléphone, qu'il est le dernier Rom de cette ville.

— Les « hommes verts » sont venus chez nous, ils nous ont traités de drogués et ont tiré sur nos maisons en nous disant qu'ils tueraient femmes et enfants si nous restions.

Il est temps de partir. Après plusieurs refus, un chauffeur accepte de tenter l'aventure. Nous sortons de la ville, direction Kramatorsk. La vieille Lada conduite par le vieil homme méfiant s'engage dans les faubourgs de Slaviansk et se retrouve rapidement à grimper une colline en plein champ. Pas de bol, les séparatistes sont partout : un point de contrôle a été installé à cet endroit.

Le conducteur garde le cap. Au point où nous en sommes, faire demi-tour serait encore plus suspect. Il est terrorisé à l'idée d'être accusé de transporter des espions. Heureusement, les soldats sont encore des gamins du coin qui viennent tout juste de rejoindre la rébellion. Ils sont bien embêtés d'avoir à contrôler une voiture pleine d'étrangers. Ils attrapent nos passeports sans en comprendre un mot. Armé, visage découvert, l'un d'eux demande au conducteur d'ouvrir le coffre de la voiture tandis que le second tente de déchiffrer nos papiers d'identité. Visiblement dérouté par l'écriture latine de nos documents, le militaire improvisé claque la porte du conducteur en lâchant : « Je suis sûr que vous êtes des espions ! » Pourtant, deux heures plus tard, nous voici de retour à Donetsk. Enfin. Un ministre ukrainien, qui voulait profiter de la situation pour qualifier les séparatistes de terroristes, appelle à notre libération. Sans savoir que nous sommes déjà loin.

Donetsk

La fin de l'URSS a transformé le Donbass en musée de la nostalgie. Dans la campagne, les usines et mines à l'abandon sont nombreuses, et les gueules noires continuent à s'enfoncer quotidiennement dans ces mines parfois illégales, bricolées, dangereuses. Mais la violence du bouleversement des années 1990 en a fait sombrer plus d'un. Combien d'hommes ont été laissés à la rue du jour au lendemain, avec la vodka et le cognac pour tout avenir. Certains finissent par aller dans les pharmacies de la ville se saouler à l'alcool pur.

Le Donbass est une région d'un autre temps, mais jeune. En 1869, un Gallois, John James Hughes, a transformé le coin en centre métallurgique. Donetsk, qui portait alors le nom de « Stalino », naît au début du XXe siècle. Avec la chute de l'Union soviétique, l'industrie locale s'est fait manger tout cru par les oligarques, devenus depuis les « rois du Donbass ». Donetsk, qui s'était construite pendant des dizaines d'années sur l'afflux de travailleurs venus de toute l'URSS, notamment de Russie, s'est métamorphosée. Les oligarques, notamment le premier d'entre eux, Rinat Akhmetov, l'ont transformée en une ville « aux millions de roses ». Donetsk s'est embellie, modernisée. Puis l'Union européenne a ajouté sa touche, financé certaines infrastructures. En 2012, l'Euro de football a apporté une dimension internationale : construction d'un grand stade, et rénovation de la gare et de l'aéroport de la ville.

Un autre lieu mérite d'être raconté. Le centre culturel Izolatsia a vécu un destin parallèle à celui de la région. Marque d'une ouverture vers Kyiv et l'Europe, ce centre culturel s'est implanté dans les locaux d'une ancienne usine de fabrication d'isolants en 2010. Elle avait dû, elle aussi, fermer ses portes à l'éclatement de l'URSS. Izolatsia accueillait des artistes du monde entier. Le lieu était devenu, avant sa destruction par les séparatistes, un point de rencontre pour toute la population. En 2014, après avoir détruit les œuvres du centre, les séparatistes ont transformé le lieu en une abominable prison, un lieu de torture et d'exécutions sommaires. L'œuvre *Make up... Peace!* de l'artiste camerounais Pascale Marthine Tayou, une cheminée d'usine transformée en tube de rouge à lèvres, rendait hommage aux femmes du Donbass qui avaient participé à la reconstruction de la ville après la Seconde Guerre mondiale. Elle a été dynamitée par la milice. Certains anciens prisonniers affirment que des opposants assassinés par balles sont régulièrement jetés dans un puits situé au cœur de l'usine, lieu que tout le monde éviterait à cause des odeurs...

En 2014, lors de la prise de la ville, les séparatistes, chauffés à blanc par le conservatisme de façade du Kremlin, y ont vu la marque d'une idéologie ennemie. Un sacré contraste avec cette URSS fantasmée, un symbole de Maïdan et de ses valeurs « de l'Ouest », aussi. En somme, vu comme un cheval de Troie de l'Occident, ce musée n'était plus le bienvenu pour ces nostalgiques d'un Staline dont les affiches allaient vite se multiplier en ville… Rappel que la vie sous occupation, ce n'est pas la paix.

En 2014, peu de gens osaient l'admettre à Kyiv, mais les gens du Donbass étaient souvent vus avec mépris, considérés comme des alcooliques, des feignants, des drogués, et de fait, personne n'y avait jamais mis les pieds avant que la guerre ne commence. La région était peu attirante, entourée de mystère, figée à l'époque soviétique. Nombre de partisans de la révolution de Maïdan y ont d'ailleurs réalisé leurs premiers voyages à l'occasion de ces manifestations, puis de la guerre. Pour autant, la question de la langue n'explique en rien cette opposition soudaine à Kyiv. Dans le Donbass comme ailleurs, il n'était pas rare d'entendre parler ukrainien, notamment dans les campagnes, même si le russe l'emportait depuis bien longtemps dans les discussions quotidiennes en ville.

La guerre a plutôt contribué à faire évoluer la position des Ukrainiens sur le Donbass de façon positive. Mais cela prend du temps, la rancœur est tenace. Puis le rôle russe dans ce marasme s'est précisé, poussant certains Ukrainiens, désespérés par la situation, à appeler à abandonner la zone à la Russie en échange de la paix. Maintenant que le destin de l'Ukraine est lié à celui du Donbass, les Ukrainiens semblent bien décidés à ne plus abandonner leurs terres.

La dernière manifestation ukrainienne

28 avril 2014. En ce lundi ensoleillé, Donetsk est magnifique, fleurie, propre comme une ville suisse. La fièvre séparatiste prend, progressivement. Mais s'il en est qui ne quittent jamais leur poste, ce sont bien les employés municipaux. La révolution oui, mais le désordre non. En ce jour, ce sont les soutiens de l'autre révolution, l'originelle, celle de Maïdan, accompagnés des ultras du Shakhtar Donetsk, qui ont prévu de défiler. Tous veulent manifester leur attachement à l'Ukraine, faire perdurer le bleu et jaune face à l'invasion anthracite.

Le rendez-vous est donné en fin d'après-midi devant la statue du perchiste Sergueï Bubka, célébrité de la capitale régionale voisine, Lougansk, à quelques centaines de mètres du stade olympique, l'ancien stade de la ville. Il est encore question de couleurs dans cette manifestation. Disparus les gens sombres et cagoulés, en treillis, les *checkpoints* de béton et de sacs de sable. Les drapeaux ukrainiens, colorés, tentent de reprendre le dessus. Ils sont toutefois encerclés par une armée d'hommes sombres, des policiers anti-émeutes, matraque en main, casque vissé sur la tête. De jeunes femmes apprêtées, aux robes bigarrées, aux longs cheveux blonds virevoltant dans le vent, traversent la haie d'honneur formée par ces policiers. Le fait est que l'intelligentsia de la ville défend plutôt l'Ukraine démocratique, quand la propagande russe semble avoir majoritairement touché une classe populaire. Ces gens sont journalistes, écrivains, artistes, étudiants, et en tête de cortège, on retrouve une centaine d'ultras. Certains clament leur amour de l'Ukraine, perchés sur le socle de la statue de Bubka, mégaphone en main. Un jeune homme au drapeau ukrainien tatoué sur les joues crie d'abord « gloire à l'Ukraine ». Puis sa voisine prend le relais, entame l'hymne ukrainien. Tout ce que le monde compte de médias est à ses pieds. Pourtant, la majorité des militants ukrainiens ont déjà quitté la ville par peur des séparatistes ; ce sont les derniers partisans de Maïdan à être encore en ville. La place est bondée, mais la mobilisation n'a rien à voir avec la précédente, qui avait rempli la place Lénine d'une ferveur ukrainienne inédite à Donetsk. Des milliers de personnes s'y étaient retrouvées. À la fin de l'hymne ukrainien, des voitures avaient déboulé par dizaines sur le boulevard et klaxonné, drapeaux ukrainiens attachés aux vitres, dont certaines avaient déjà été brisées : les pro-Russes avaient commencé le tour des cours d'immeubles.

Ils sont aujourd'hui quelques centaines, moins d'un millier, à participer, sans le savoir, à la dernière manifestation en faveur d'une Ukraine unie. Le cortège reprend la route. Les anti-émeutes qui enveloppent physiquement la foule ne plaisantent plus.

Au bout d'une centaine de mètres, la situation, pourtant calme, dégénère subitement. Quelques hommes apparaissent sur les trottoirs et crient des insultes. Personne ne répond côté ukrainien. Les ultras continuent de hurler leurs slogans.

Je suis à l'avant de la manifestation lorsqu'une explosion secoue le cortège. Une grenade assourdissante a été lancée en plein cœur de la foule, qui s'éparpille sur le boulevard en un instant, policiers compris. La situation est confuse, des centaines d'hommes cagoulés apparaissent devant nous. Armés de matraques, de barres de fer, ils aboient comme des chiens. Les Ukrainiens de déguerpir. À l'arrière de la manifestation, certains sont déjà à terre, chacun battu par trois ou quatre hommes, à coups de pied et de barres de fer. Je ne sais plus où donner de la tête quand un homme sort un pistolet et tire une balle en l'air. Les policiers ont disparu, il n'en reste plus que quelques grappes courageuses qui se jettent sur les manifestants tabassés pour tenter de les protéger, au péril de leur vie. Mais la majorité des hommes ont lâchement abandonné leur propre peuple, se sont rangés sans l'assumer du côté des séparatistes. Ils avaient pourtant affirmé à ces familles qu'ils les protégeraient.

À la vue de ce pistolet brandi, je réalise l'ampleur de l'événement. Une horde d'hommes assoiffés de violence accourt vers la foule. Comme un réflexe, je prends aussi la fuite. Il faut quitter le boulevard à tout prix. Je rentre dans la cour d'un immeuble, espère rejoindre une artère plus tranquille ou trouver un hall où me réfugier. Des cris de terreur retentissent sur l'avenue. Un couple apparaît au coin d'un local à poubelles. Le jeune garçon porte une chemise à carreaux, il tire une jeune fille par la main. Le couple concentré sur sa course, à bout de souffle, me remarque au dernier moment et me fixe l'espace d'une demi-seconde. Une demi-seconde d'une intensité rare. La peur de la mort se lit dans leurs yeux, ils se demandent dans quel camp je suis. Ils reprennent leur course.

Je rejoins un boulevard, à bout de souffle, mes jambes flageolent. Je me jette dans un buisson. Une jeune femme y est déjà accroupie, les larmes aux yeux, son jeune enfant dans les bras.

— Je… Je ne comprends pas… Nous sommes tous ukrainiens, nous ne pouvons pas nous entre-tuer… Ces sauvages s'en prennent à nos enfants, pouvez-vous l'imaginer ?

Elle tente de contrôler sa respiration et ses sanglots, pour ne pas se faire repérer et pour rassurer son enfant, lui aussi en larmes. Un homme nous fait signe, le directeur d'une banque. La femme sort du buisson et s'empresse d'aller se cacher dans l'établissement, je la suis. Une grand-mère, choquée par le déroulement de la situation, attrape mon appareil photo pour le cacher dans son cabas.

— On ne sait jamais, lance-t-elle pendant que le responsable de la banque baisse le rideau. Ils sont complètement fous. Jusqu'à la semaine dernière, ça ne les dérangeait pas de vivre à Donetsk ; aujourd'hui, ils tabassent leurs professeurs, leurs voisins. Ils sont complètement fous…

Je demande à sortir de la banque, la vague séparatiste est passée. Sur l'avenue, le chaos. Les centaines de policiers anti-émeutes suivent les manifestants, à pied, impuissants, incapables de venir en aide aux familles.

Vingt minutes sont déjà passées depuis le début de l'attaque. Les séparatistes ont physiquement pris possession de la ville, suivis par ces policiers honteux. Ils n'ont désormais plus le choix. Quelques responsables semblent pourtant continuer de rapporter les faits à une hiérarchie… ukrainienne ? Ils sont quelques-uns à courir avec leurs casquettes de gradés vissées sur la tête et leurs chaussures de ville. Ils ne lâchent pas leurs *talkies-walkies* et tentent de prévenir les collègues des faits et gestes des grappes d'hommes armés.

Je m'élance derrière l'un de ces policiers et m'incruste dans un groupe de pro-Russes. Le territoire est à eux, ils ont désormais le visage découvert et marchent au milieu des boulevards, dévisageant les passants, prêts à se déchaîner comme des animaux sur leurs proies.

Sur les boulevards désertés par la population, la course-poursuite prend fin. J'accompagne les hommes cagoulés et armés qui retournent à leur base. Ils sont accueillis par une haie d'honneur de religieux orthodoxes qui les bénissent à leur passage. La situation est tristement ridicule. Un homme passe à côté de moi, cocktail Molotov à la main : il semble que certains aient réellement eu envie de tuer. Un autre me fixe dans les yeux, avec le sentiment du devoir accompli. Plus loin, c'est une grand-mère surexcitée qui court toute seule sur le boulevard, une vraie *babouchka*, ronde, dans son tablier bleu, fourche en main, persuadée d'être en train de poursuivre des nazis. À compter de cet instant, les partisans de l'Ukraine qui n'avaient pas encore quitté la ville se sont retranchés dans leurs appartements. Ils ont fait disparaître les drapeaux ukrainiens jadis posés sur la plage arrière de leurs voitures et n'ont plus abordé le sujet en public. Autour de moi, les militants, en manque de cibles, et qui avaient oublié la présence de la presse, nous jettent des regards sombres et commencent à chuchoter. Je quitte donc les lieux.

Le chemin jusqu'à l'auberge de jeunesse n'est pas long. Je dépasse les grandes barricades de l'administration, longe un parc de jeux pour enfants, rejoins la mairie. Lorsque l'Euro 2012 avait été organisé en Ukraine et en Pologne, Donetsk avait vécu un temps au diapason de l'Europe. Les lieux avaient alors été investis par des artistes, qui y avaient installé des sculptures métalliques au message plus ou moins politique, plus ou moins footballistique. Ma statue préférée, située à la sortie nord du parc de la mairie, relève carrément de la provocation en ces temps troublés. Elle représente une planète sur laquelle n'apparaissent que l'Ukraine et la Géorgie, attaquées par le dragon russe, lui-même mis à mal par saint Georges. À la sortie du parc, ma destination. D'un côté, une longue rangée de magasins comme on en trouve dans tout le pays, installés dans des préfabriqués gris. Plus loin, la grande caserne des pompiers située en face du bâtiment des services spéciaux ukrainiens (le SBU). J'atteins la supérette, qui aura nourri de nombreux *free-lances* de passage en *pelmenis*, cookies et en pain toujours rassis. Dans la cave, se trouve un bar appelé *Camarade Sukhov*, du nom de ce soldat, héros du film *Le Soleil blanc du désert* sorti en 1970 dans tous les bons cinémas soviétiques. Tous les cosmonautes passés par Baïkonour, jusqu'à Pesquet lui-même, ont dû le regarder avant de décoller. Le deuxième étage du petit supermarché est réservé à l'alcool, on trouve tout le reste au rez-de-chaussée : fromage, charcuterie, glaces, quelques fruits et légumes qui ont souvent droit une seconde vie dans les frigos du magasin.

Le temps de payer et je rejoins le *Red Cat Hostel*. Trois *babouchki*, plantées sur leur banc, me dévisagent. Même si elles meurent sans doute d'envie de nous demander de retourner dans notre pays, elles se gardent bien de faire un scandale. Notre hôtesse, la *babouchka* voisine et gérante de l'auberge, est également une assidue de ce banc. Pas question donc de critiquer publiquement son petit business, même s'il attire des étrangers.

L'ennemi commun

Ces « séparatistes » ou « pro-Russes » du Donbass ont en commun la nostalgie de l'URSS. Cette partie de la population, qui s'informe majoritairement via des canaux russes, estime que Vladimir Poutine est, par défaut, le dernier à en incarner les promesses de stabilité. C'est une nostalgie d'autant plus forte dans le Donbass que, avant la guerre, la région, riche, ne reposait que sur des industries plus que vieillissantes : mines de charbon, cokeries, usines métallurgiques. Une grande partie a fermé, suscitant la pauvreté. Voilà le terreau sur lequel Moscou s'est appuyé pour déstabiliser la zone en 2013-2014.

Mais, depuis 2014, pour transformer ce désir profond d'un retour à la « belle époque » en action immédiate et concrète, le Kremlin a créé un ennemi commun : les désormais célèbres « nazis ukrainiens ».

La Russie joue cette carte au maximum. Elle va jusqu'à présenter le conflit de 2022 comme une Troisième Guerre mondiale, dans laquelle les nazis seraient de retour et seraient désormais soutenus par ses alliés d'autrefois. En 2014, avant même le début de la guerre, la peur de la « junte de Kyiv » s'est rapidement propagée dans la population. Chez les personnes âgées surtout, plus sensibles à la propagande.

Les nationalistes-patriotes ukrainiens, présents lors de la phase finale de la révolution de Maïdan, ont ensuite formé des bataillons et ont alimenté cette peur.

Les rumeurs les plus fantaisistes ont circulé : des cars de nationalistes en route pour Donetsk depuis Kyiv ; des fascistes empoisonnant l'eau d'un quartier ; des ultras du Shakthar, le club de foot ukrainien de la ville, à l'origine de fusillades ; des fascistes venus de Kyiv pour assassiner les enfants de la région ; construction de camps de concentration pour russophones… Je me suis plusieurs fois rendu sur les lieux de fusillades présumées en 2014, et j'ai pu constater que rien ne s'était passé. La désinformation avait des conséquences immédiates.

Parmi toutes ces légendes urbaines diffusées par la presse russe, celle qui a le plus marqué la région et le Russe moyen, c'est celle d'un enfant crucifié sur la place de la mairie de Slaviansk par des « Banderites ukrainiens ». Une femme avait livré un récit qui a glacé d'effroi les partisans de la Russie dans le Donbass et alimenté la rancœur contre l'Ukraine.

> « Ils ont pris un enfant de trois ans, un petit garçon avec un short et un t-shirt, et ils l'ont cloué comme Jésus sur le panneau des annonces municipales. Quelqu'un enfonçait les clous, deux autres le tenaient. Et le tout devant sa mère. Et la maman a regardé le bébé se vider de son sang. Des cris. Des hurlements. Et ils l'ont encore tailladé pour le faire souffrir. C'était insoutenable. Les gens perdaient connaissance. Et puis, après une heure et demie, l'enfant agonisant est mort, ils ont attaché la mère inconsciente à un tank, et ils ont fait trois fois le tour de la place. »

Évidemment, la scène n'a jamais eu lieu. Le seul témoin était cette femme, l'épouse d'un ancien policier anti-émeutes ukrainien, Galyna Pyzhnyak. Elle a finalement avoué avoir été payée pour raconter son histoire sur la première chaîne russe, prise en flagrant délit de « faux », et sur Russia Today, la chaîne de télévision d'information internationale en continu, financée par l'État russe et destinée à un public étranger.

Pourtant, quelques jours plus tard, la vidéo truquée d'une crucifixion d'un « soldat russophone par des nazis d'Azov », diffusée en masse sur les réseaux sociaux, choque la population. Or, filmée de nuit, elle était l'œuvre de néonazis pro-russes géorgiens. Ils avaient simulé cette exécution pour les besoins de leur propagande anti-ukrainienne… Ces deux histoires, sinistres, fausses, motivent encore, en 2024, la colère d'une partie de la population du Donbass contre les Ukrainiens.

Il ne faut pas pour autant balayer la présence de nationalistes et de néonazis sur le front. Dans les deux camps, la guerre a toujours attiré, en tout temps et tout lieu, ce genre de personnes. Côté ukrainien, les Russes ont mis en exergue deux organisations symboliques. Secteur Droit (Pravy Sektor) a accueilli pendant la révolution de Maïdan des militants aux idéologies variées : droite chrétienne ultraconservatrice, nationalistes, droite radicale, quelques néonazis. Les membres de ce qui était à l'origine une milice de protection des manifestants de Maïdan se distinguent des autres partis européens d'extrême droite par l'absence de haine des immigrés et des minorités ethniques dans leur programme. L'on notera leurs résultats ridicules aux élections, autour de 2 % des suffrages, lors des différents scrutins nationaux. Le groupe se revendique comme un digne successeur de l'UPA, l'armée insurrectionnelle ukrainienne, active au cours de la Seconde Guerre mondiale. Déjà, à l'époque, cette milice avait fondé son nationalisme sur la défense de l'intégrité culturelle et territoriale de l'Ukraine face à l'Empire soviétique, et avait mené une collaboration sanglante avec l'Allemagne nazie, participant au massacre de civils juifs et polonais en 1943.

Contrairement à ce que raconte la propagande russe, la tolérance nationale actuelle dont bénéficie le personnage clé de ce mouvement, le nationaliste Stepan Bandera, ne s'explique pas par une attirance particulière des Ukrainiens pour le nazisme ou le négationnisme. Par nécessité, avec la menace russe, ou par ignorance, certains Ukrainiens en ont fait un symbole de la défense de l'intégrité culturelle ukrainienne face à l'envahisseur. Ils en ont minimisé la collaboration, « mal nécessaire » pour protéger le pays. La propagande du Kremlin utilise massivement ce discours pour affirmer que l'Ukraine est un « peuple à dénazifier ».

On retrouve aussi le bataillon Azov, milice ultra-nationaliste et, à l'origine, néonazie. Elle a bénéficié, dès 2014, d'une certaine aura en Ukraine. Encore une fois, ce n'est pas pour son idéologie, mais pour ses faits de guerre. Lors du début de la déstabilisation de la région par la Russie, l'armée ukrainienne était à la peine, désarmée et sans le sou. Elle a dû s'appuyer sur des dizaines de bataillons de volontaires, montés à la va-vite. Le bataillon Azov, dont j'avais pu visiter à l'époque l'un des QG à Marioupol, est intimement lié à cette ville. En 2014, alors composée en grande partie de radicaux, la milice avait protégé le port face à l'éveil d'un mouvement séparatiste. Des soutiens locaux de la Russie avaient organisé la prise de bâtiments officiels entre mai et juin, vite libérés par l'armée ukrainienne, appuyée par les « Azov ». Voilà qui explique le rôle stratégique de cette milice, depuis intégrée à l'armée, lors de la bataille d'Azovstal et du siège de Marioupol par la Russie. Les combattants y ont résisté jusqu'au 20 mai 2022. La milice a également eu un rôle majeur dans une dizaine de batailles depuis 2014, jouant à chaque fois un rôle clé dans le ralentissement de l'avancée des forces pro-russes sur le territoire ukrainien.

Au lendemain de la fin de l'occupation de la ville par la Russie en 2014, la milice a contribué à aider les forces spéciales ukrainiennes à chasser les « traîtres » et les « collaborateurs pro-russes », prompts à donner des informations à l'ennemi. Le bataillon Azov, comme quelques autres bataillons disposés plus au nord du front en 2014, a plusieurs fois été accusé d'avoir torturé et tué arbitrairement certains de ses prisonniers. Mais, depuis l'intégration du bataillon à la garde nationale ukrainienne, le ménage a été fait au sein des troupes d'Azov, notamment composées, même si c'est de façon anecdotique, de soldats juifs et russophones.

La thèse d'une Ukraine fasciste va généralement de pair avec cette autre thèse, la plus diffusée en Europe, des russophones du Donbass. Ils seraient, par la langue, liés à la Russie *de facto*. La propagande russe martèle qu'ils sont « victimes d'un génocide par l'Ukraine », ce qui n'est pas pris au sérieux en Europe. L'idée que les habitants du Donbass aient pu souffrir d'une discrimination par la langue fait son chemin, cependant. Par facilité, nombre de médias français sous-entendent régulièrement, en usant de l'expression « russophones du Donbass », que la guerre opposerait les locuteurs des deux langues. C'est loin d'être le cas. Si le russe était effectivement déjà, avant 2014, plus pratiqué que l'ukrainien dans la région, cet état de fait linguistique n'est pour rien dans l'apparition de la guerre.

C'est, en revanche, bien la volonté de donner au russe un statut de langue régionale et non plus nationale qui a mis le feu aux poudres en 2014. Cette loi, votée mais pas appliquée à l'époque, avait pour but de renforcer l'identité ukrainienne. Il fallait marquer l'indépendance vis-à-vis de la Russie. Mais les russophones du pays se sont demandé, dans le cadre d'un conflit naissant, à quel point l'usage du russe demeurerait toléré. La propagande russe, là encore, n'a pas tardé à gonfler cette histoire : elle a sous-entendu aux locuteurs de la langue de Pouchkine qu'ils étaient physiquement menacés et qu'il leur serait bientôt interdit de l'utiliser.

Bien entendu, aucun politicien ukrainien n'a souhaité interdire l'usage du russe dans la vie privée, encore moins s'en prendre à la population. D'autant plus que le russe était à ce moment, encore beaucoup employé à Kyiv. Mais ainsi va la désinformation. La thèse du génocide s'est appuyée, à partir de 2022, sur un chiffre volontairement diffusé hors contexte : après huit ans de guerre, le conflit militaire avait occasionné entre 13 000 et 14 000 morts selon l'ONU. Ce chiffre, utilisé fallacieusement, insinuait que seuls les Ukrainiens étaient la cause de ces morts, renforçant l'idée d'un génocide des peuples russophones du Donbass par l'Ukraine.

J'ai souvent entendu cet argument être avancé par des gens qui suivaient le conflit de loin. Mais quelle est la réalité ? Ces 14 000 morts englobent soldats et civils de chaque côté du front du Donbass. Aucun camp n'a particulièrement manifesté la volonté de cibler les civils avant

2022. Assez logiquement, dans une guerre d'artillerie, des gens sont morts, dont près de 3 404 civils pendant les six premières années, selon l'ONU. Mais au cours de ces années de « gel » relatif, la majorité des civils tués l'ont été par les mines.

La dernière manifestation pro-russe de Donetsk

1er mai 2014, fête du Travail. Les pro-Russes semblent être parvenus à faire taire la majorité des soutiens de l'Ukraine. Chassés par les insultes et la violence, ces derniers ont quitté le Donbass. Les séparatistes comptent faire augmenter leur emprise sur la ville.

À quelques heures du rassemblement, je fais équipe avec Olya, la photographe franco-ukrainienne. Devant l'administration régionale, des manifestants entonnent des chants russes et soviétiques. Le drapeau de la *Novorossiya* fait officiellement son apparition. Il va détrôner, au fur et à mesure, les drapeaux russes. Le cortège s'élance sur l'avenue centrale de Donetsk, l'avenue Artema. Les *babouchki* surexcitées ne rêvent pas d'indépendance, mais d'un retour à l'URSS. En tout cas, c'est le souhait d'un grand nombre de personnes âgées, encouragées par la propagande russe.

Les jeunes également sont nombreux. Ils se sentaient délaissés par une Ukraine corrompue, espéraient un avenir meilleur avec la Russie. S'ils avaient su l'ampleur de la corruption et de la pauvreté de leur voisin !

Le succès est réel, des milliers de personnes ont répondu à l'appel à manifester. Olya se fait discrète avec son appareil photo : la foule peut se montrer hostile envers les journalistes, d'autant plus s'ils sont étrangers. Soudain, une grand-mère m'attrape par le bras et me sermonne dans un monologue prononcé d'une seule traite. Les accusations fusent envers Kyiv, les Banderites, l'Occident et les États-Unis.

— Les fascistes ont pris le pouvoir de façon illégitime et ils espèrent que nous allons les supporter ! Viktor Ianoukovitch [l'ancien président prorusse originaire de la région] était légitime, c'était notre président. Les Banderites, la junte de Kiev, si nous n'agissons pas, ils vont venir ici, ils y sont peut-être déjà ! Mais nous ne nous laisserons pas faire, nous défendrons notre territoire, nos mines, nos maisons et nos enfants. Ils ne nous auront pas. Vous savez, les journaux ne racontent que des bêtises. Les Ukrainiens se préparent à utiliser l'armée contre nous, parce qu'ils n'apprécient pas nos manifestations. Sauf que nous allons leur faire regretter d'avoir pris le pouvoir sans nous concerter, car nous allons aussi le prendre dans notre région, et le garder. Notre population se soulève et elle est soutenue par les gens polis venus de Russie [surnom des soldats russes envoyés en Ukraine sans insignes].

La vieille femme n'attend ni réponse ni contradiction. Elle nous tourne le dos, cherche d'autres journalistes à qui partager sa version de la vérité.

La manifestation change de visage lorsque les meneurs du rassemblement, sortis de nulle part, équipés de *talkies-walkies*, suggèrent de prendre le contrôle d'un commissariat. Les jeunes hommes enfilent leurs cagoules. Les *babouchki* sont prêtes à passer en première ligne si des violences devaient éclater. Sur l'avenue Chelyuskintsiv, un homme s'écrie « *slava Ukraina !* » (« Vive l'Ukraine »). Il est aussitôt jeté dans une voiture banalisée, sans plaques. Olya est sous le choc.

— J'hallucine ! Ils viennent de kidnapper le gars devant tout le monde et personne ne réagit ! Ils font semblant de ne rien voir !

Le policier ukrainien chargé de suivre la manifestation devient spectateur du mouvement qui dérape. Par son impuissance, il passe *de facto* d'un camp à l'autre. Devant le commissariat, quelques policiers désarmés gardent l'entrée, prêts à négocier. Le bâtiment est encerclé.

— Nous allons prendre votre commissariat. Vous devez faire un choix : rejoindre notre mouvement ou quitter la ville.

Si certains policiers ont rejoint les séparatistes sans broncher, convaincus qu'ils seraient mieux payés en Russie, les plus gradés ont l'air de rechigner à franchir le pas. Alors que les négociations continuent, une poignée de manifestants entre dans le bâtiment et grimpe jusqu'au toit, y arrache le drapeau ukrainien, qui est vite remplacé par un drapeau « séparatiste », celui de la République populaire de Donetsk (RPD). Le nouvel étendard met la foule en état d'exaltation. Le policier qui était sorti négocier est rentré dans le commissariat sans faire barrage. Mais la foule, surexcitée, en demande plus. Après la police, c'est à la justice de plier cette fois-ci. La foule se dirige donc au pas de charge vers le bout de la rue, vers le bureau du procureur. Avec Olya, nous prenons de l'avance sur le mouvement. Elle soupire, dépitée.

Devant le bureau du procureur, pourtant, une défense symbolique est organisée. Une soixantaine de policiers anti-émeutes sont positionnés en rang, devant la porte principale du bâtiment. Moment surréaliste. La foule s'arrête. Le chef de ces policiers apparaît, képi deux fois plus grand que sa tête, mégaphone à la main. La foule écoute silencieusement l'annonce du policier, au courage impressionnant. Il a devant lui plus d'un millier de manifestants, prêts à en découdre. Il sait que, dès son discours achevé, la situation dérapera. Il déclare :

— Au nom de l'Ukraine, vous ne pouvez pas entrer dans ce bâtiment officiel. Merci de quitter la place ou nous devrons faire usage de la force.

Alors que le responsable lance une dernière sommation, ses hommes rabattent déjà les visières de leurs casques.

Il n'a pas même terminé que des personnes âgées ont déjà atteint les policiers et poussent leurs boucliers pour les provoquer. À peine s'est-il tu que les coups de matraques, les grenades désencerclantes et lacrymogènes pleuvent sur la foule. La majorité du cortège s'éloigne. Un groupe de jeunes monte une barricade au milieu de la rue. Les policiers essuient des jets de cailloux, les grands-pères descellent des pavés pour les plus jeunes. Les anti-émeutes les prennent en plein visage, ils sont en sang. Un groupe se réfugie dans le bâtiment, d'autres sont attrapés par la foule. Frappés, dépouillés de leurs équipements, ils sont renvoyés à coups de pied dans les fesses. Ils parviennent à casser, dans un élan de survie, le cadenas qui bloquait l'accès à un terrain vague adjacent. Les uns s'y enfuient, les autres se cachent dans le bureau du procureur. Il y a des blessés des deux côtés, les ambulances arrivent. En un quart d'heure, la violence cesse. Un policier apparaît à la fenêtre, les mains en l'air, et demande à parlementer. Plusieurs hommes cagoulés vont à sa rencontre. L'homme a désormais un casque militaire sur la tête, posé de travers. La foule provoque la quarantaine de policiers restants, retranchés dans la cour arrière du bâtiment. Alors qu'un cocktail Molotov atterrit contre le mur, les manifestants bloquent déjà le portail arrière. Un policier a le courage de venir en ouvrir la barrière. Les policiers… en formation « tortue », ont placé leurs boucliers sur les côtés et sur leur tête, et laissent glisser leurs matraques à l'attention des manifestants. Quelques pierres sont encore envoyées dans leur direction, mais la tension redescend rapidement. Un à un, ils quittent le groupe, déposent gilets pare-balles, casques et matraques, reçoivent au passage insultes, crachats et coups.

Nous entrons dans le bâtiment. Les policiers avaient prévu l'usage de cocktails Molotov : une lance à incendie avait été installée dans le hall principal. Le sol est recouvert de verre brisé et de pavés. Quelques dizaines de manifestants s'empressent de piller les lieux, récupèrent les armes. La police anti-émeutes ne pouvait rien. Dans une pièce, des milliers de dossiers sont entreposés. Un homme lance à son voisin qu'il espère y retrouver son casier judiciaire. Dans le doute, une grande partie des documents sont brûlés dans l'arrière-cour. Le drapeau ukrainien qui ornait la façade du bâtiment est au sol, en feu. Des manifestants remarquent alors la présence de journalistes et s'apprêtent à les arrêter. Dans le doute, nous quittons les lieux en vitesse.

Dans la cuisine du *Red Cat Hostel*, Olya grignote nerveusement les biscuits laissés par les propriétaires à notre intention.

— Olya, tu penses que l'Ukraine va répondre à ces manifs ?

— C'est impossible, ils n'ont plus d'armée, ils ont tout donné à la Russie…

Dmitri, qui ne se sentait physiquement pas capable de suivre cette manifestation, s'agace :

— Il faut que l'Ukraine envoie du monde, ça ne peut pas continuer comme ça. Ça va tourner à la guerre si les Ukrainiens ne réquisitionnent pas plus de policiers. Et puis merde, elles sortent d'où toutes ces armes ? C'est à croire que tous les alcooliques de la ville avaient des kalach sous leur lit !

À la tombée de la nuit, les tensions s'apaisent. On se demande bien de quoi sera faite la suite de ce mouvement séparatiste.

En attendant, nous continuons, avec notre petite bande, nos voyages aux quatre coins du Donbass. Nous essayons de comprendre. Les deux régions de Donetsk et de Lougansk sont devenues des zones de non-droit. Les collaborateurs comme les partisans de l'Ukraine s'y affairent discrètement ; les espions de Russie, de Kyiv et de l'Ouest sont nombreux. Les radicalisés étrangers aussi. Ils veulent profiter de la situation pour répandre leur idéologie. Ceux d'extrême gauche espèrent se battre contre l'impérialisme américain et pour le droit des peuples à disposer d'eux-mêmes, ou contre l'impérialisme russe. Ceux d'extrême droite veulent lutter contre les « valeurs décadentes de l'Ouest », comme on dit à Moscou, ou défendre l'intégrité territoriale d'un pays souverain… Ces militants, parfois venus comme journalistes, ne sont pas les personnes les plus saines que j'aie rencontrées dans ma vie. Côté séparatistes, c'était bien souvent des gens perdus, radicaux et violents, qui ont vu dans cette guerre l'opportunité de défendre leurs idées avec des armes.

Chez les locaux, le choix du camp s'est fait de façon plus prosaïque. Il fallait trancher entre démocratie et dictature. D'un côté, on était conscient de ce que pouvait apporter un rapprochement avec l'Europe : l'éloignement d'un voisin encombrant, de plus en plus autoritaire, qui bloquait tout développement économique de l'Ukraine. De l'autre, à tort ou à raison, on attendait de meilleures retraites ou de meilleurs salaires de la part de la Russie. Les premiers ont progressivement quitté leur région, dans l'espoir de pouvoir revenir y vivre en paix un jour, ou se sont engagés dans l'armée (pour augmenter leurs chances d'y retourner). Les seconds ont soutenu le mouvement séparatiste, soit en ne se prononçant pas, soit en s'engageant activement dans les rangs des agitateurs locaux. Certains ont même un temps voulu apporter leur contribution, se sont lancés dans le kidnapping, en vain.

Avec mes camarades du *Red Cat Hostel*, j'ai fait l'objet de deux autres tentatives d'enlèvement après celle de Slaviansk. L'une, à Debaltsevo, par un homme et sa femme enceinte. Ils pensaient avoir capturé des journalistes américains et espéraient les remettre aux cosaques pro-russes de leur région… Nous avions alors été abandonnés au bord de la route, à la sortie de la ville, quand l'homme s'était aperçu que nous n'étions pas américains.

L'autre tentative avait eu lieu loin des zones séparatistes, dans la région de Dnipro. Un chauffeur de taxi, trouvé au hasard d'une station-service, avait accepté de nous conduire jusqu'à une ferme où était alors en train de se former un bataillon de volontaires ukrainiens, le bataillon « Donbass ». Poussé à nous attendre à l'extérieur de la ferme par ces mêmes soldats, il en avait profité pour prendre discrètement des photos de nous et de la ferme, qu'il avait envoyées à des contacts russes ou pro-russes. Repéré par un soldat ukrainien, il avait été plaqué au sol, puis arrêté par les services de renseignement, qui nous avaient confirmé que des séparatistes devaient nous attendre ensuite sur la route vers Donetsk, et nous enlever.

Pour légitimer ces troubles aux yeux du monde, Moscou a organisé un référendum, pourtant illégal, le 11 mai 2014.

Odessa

2 mai 2014. Le lendemain de cette manifestation, la même situation s'est présentée dans la cité balnéaire d'Odessa, à l'ouest du Donbass, de l'autre côté de la Crimée. Mais, cette fois-ci, la situation a dramatiquement dérapé. À cette période, la Russie tâtait le terrain, de la Moldavie jusqu'à Kharkiv, pour tenter de comprendre quelles régions pouvaient céder à la pression séparatiste.

La première étape connue consistait à faire tourner la propagande à plein régime puis à tenter d'estimer, notamment via les services de renseignement, l'adhésion qu'elle remportait sur le terrain. Une fois le terreau séparatiste cartographié, le Kremlin, lancé dans une politique de déstabilisation de la région, a multiplié les rassemblements ou tentatives de rassemblements dans tout le sud de l'Ukraine. Il s'agissait de pousser les Ukrainiens, comme à Donetsk, à oser prendre la parole contre Kyiv. C'est ce qui s'est passé le 2 mai 2014 à Odessa, sauf que le mouvement n'a pas pris. Pire, la manifestation a gravement dégénéré.

Ce jour-là, ce sont les Ukrainiens qui avaient appelé à une marche. Plus d'un millier de supporters des clubs de football de Kharkiv et d'Odessa s'étaient donné rendez-vous dans le centre-ville pour apporter leur soutien à l'Ukraine. Des membres de Praviy Sektor étaient également présents – ils ont ensuite été présentés par la Russie comme des néonazis. Au lendemain de l'annexion de la Crimée, alors que la Russie multipliait les rassemblements séparatistes, plus ou moins suivis dans la région, les partisans d'une Ukraine unie faisaient entendre leur voix pour ne pas laisser Odessa tomber dans le giron des rebelles.

Les reportages réalisés durant cette journée racontent que les séparatistes avaient installé des tentes dans le centre-ville. À l'annonce du rassemblement ukrainien, ils en étaient sortis cagoulés et armés, prêts à en découdre. De leur côté, certains manifestants ukrainiens s'étaient préparés à une défense face à d'éventuels débordements. L'Ukraine était chauffée à blanc par les tensions séparatistes. Les radicaux de tous bords avaient commencé à s'inquiéter du destin d'Odessa. Cette ville était particulièrement chère aux Ukrainiens. Or, elle l'était aussi aux nostalgiques de l'URSS.

Ainsi, quelques minutes après le départ du défilé ukrainien, des pro-Russes sont apparus, armes et cocktails Molotov à la main. D'après le très sérieux média ukrainien *Novosti Donbass*, un manifestant aurait même été tué par un pro-Russe à la mi-journée. De quoi faire brutalement dégénérer la situation en bataille rangée. Échanges de cocktails Molotov, élévation de barricades en plein centre-ville, et même tirs de kalachnikov par des militants pro-Russes postés sur les toits. La violence était telle qu'elle avait fait craindre aux Ukrainiens la perte d'Odessa. Ils se sont donc organisés pour incendier le camp des pro-Russes, installé en plein centre-ville. De quoi pousser les pro-Russes à prendre le contrôle du bâtiment adjacent, la maison des syndicats. S'ensuivit une escalade inouïe de violence.

Cette suite est plus confuse. Les journalistes, peu nombreux à être sur place, n'ont pas pu déterminer l'auteur de l'incendie de l'immeuble. On sait qu'il a pris feu à cause de la projection d'un objet incendiaire, et que 42 personnes sont mortes, par asphyxie ou pour avoir sauté par les fenêtres. Pendant ce temps, les soutiens de l'Ukraine passaient à tabac les pro-Russes qui fuyaient le bâtiment.

À l'époque, de nombreux médias ont adhéré par défaut à la vision russe, un vulgaire résumé à une volonté de la part des néonazis ukrainiens de brûler vifs les pro-Russes de la ville, dans la veine de ces histoires de crucifixions…

La réalité, racontée ci-dessus, est évidemment bien plus complexe et n'a pas grand-chose à voir avec le récit russe, qui est pourtant celui qui a le plus marqué la presse. Les relais du Kremlin ont estimé que la presse occidentale n'avait pas assez couvert cette catastrophe et qu'elle se rendait coupable d'une indignation sélective. Ces accusations récurrentes depuis le début de la guerre, prennent rarement en compte la réalité des faits et les difficultés de travail des journalistes sur place. Toute la presse française a évidemment relayé cette affaire et souligné que l'Ukraine ne s'était jamais empressée d'enquêter sur les responsables de ce drame. Si le rassemblement pro-Russe partait très certainement d'une initiative de Moscou, la majorité des victimes étaient bel et bien des gamins de la région dont les parents mériteraient de connaître le fin mot de cette histoire.

Il faut également se rappeler le contexte de l'époque : quand cette catastrophe est arrivée, la quasi-totalité de la presse étrangère était à Donetsk, 700 kilomètres plus à l'est. Pourtant, je peux en témoigner, une grande partie a quitté la capitale du Donbass pour Odessa dans les heures qui ont suivi l'incendie. Mais, vu du Donbass, au cœur d'une situation qui dérapait au fil des heures, il m'aura fallu plusieurs jours avant de comprendre l'importance de ce qui venait de se dérouler à Odessa. J'ai, à l'époque, pris la décision de rester à Donetsk. Le Donbass allait entrer en guerre, et il fallait en témoigner. Pour autant, il me semblait important de parler dans mon récit de ce que la Russie a qualifié de « massacre d'Odessa ». Car ces images de pro-Russes brûlés vifs ont donné du corps à la propagande, des arguments finalement concrets à présenter aux Russes et aux habitants du Donbass.

Lors d'un appel téléphonique entre Vladimir Poutine et Emmanuel Macron, filmé par les caméras de France 2 le 20 février 2022, le chef du Kremlin a d'ailleurs appuyé sa position en faisant référence à la catastrophe d'Odessa :

— Ce n'est pas un gouvernement démocratiquement élu. Ils ont accédé au pouvoir par un coup d'État sanguinaire. Il y a eu des gens brûlés vifs. C'était un bain de sang.

Un argument pour justifier l'attaque qu'il s'apprêtait à lancer quatre jours plus tard, en bombardant l'ensemble du territoire ukrainien.

Le « référendum »

11 mai 2014. Les choses évoluent rapidement et de façon imprévisible. Les policiers de Donetsk ne font plus la loi. Dans ce « *Far West* » russe, ce sont des gamins cagoulés appuyés par des grands-mères qui contrôlent le terrain. L'Ukraine perd pied. Même la politicienne la plus connue du pays, peu hostile à la Russie, Ioulia Timochenko, s'est fait repousser de Donetsk, non sans être parvenue à y tenir un dernier *meeting* d'appel au calme et à l'unité du pays. Même mésaventure pour le roi du Donbass, l'oligarque Rinat Akhmetov, refoulé de sa ville natale. Devant l'administration locale, les prisonniers défilent, bénis par des représentants de l'Église orthodoxe… Au septième étage, on pratique la torture. Certains prisonniers ont disparu. Les pompiers de la caserne du coin de la rue du *Red Cat Hostel*, qui résistaient passivement en se contentant de faire leur métier sans renier l'Ukraine, sont pris dans le tourbillon séparatiste. À leur tour, ils sont arrêtés et traînés à l'administration régionale. Comme dans toute occupation, la presse locale est également poussée à choisir son camp. Plusieurs médias sont fermés, les autres sont pris par les séparatistes. Un système d'accréditations destiné aux journalistes étrangers est rapidement mis en place. Mais les séparatistes ne connaissent pas nos médias,

et se laissent berner par des cartes de bus, présentées par certains *free-lances* comme étant des cartes de presse. Une conférence de presse est organisée à la veille du référendum pour l'indépendance de la région. Denis Pouchiline, celui qui allait devenir le président de la région de Donetsk, adoubé par Moscou en 2022, est déjà à la manœuvre. Il annonce :

— La presse ne sera acceptée que dans un certain nombre de bureaux de vote. Vous êtes également invités à ne pas perturber le vote et à employer un vocabulaire correct pour le qualifier. Vous ne pourrez plus, à partir d'aujourd'hui, travailler sans accréditations, que vous pourrez obtenir à la fin de cette réunion.

Il convient de noter pour l'histoire que, en bons nostalgiques de l'URSS, les séparatistes soutenus par la Russie ont avant tout souhaité reproduire la célèbre bureaucratie soviétique. L'accréditation délivrée n'a, selon la cheffe du service de presse, aucune valeur sans un autre tampon, détenu par un autre chef, à un autre étage du bâtiment. Sur ce point, ils ne se démarquent pas de l'Ukraine.

L'immeuble est un véritable squat, entouré de hautes barricades tenues par des hommes cagoulés et armés. Dans l'entrée, tout a été détruit. Des gens y dorment, y mangent. Dans les étages supérieurs, qui ne sont accessibles que par la cage d'escalier, tout a été pillé, le sol est recouvert de déchets.

Pour organiser leur référendum, les séparatistes ont fait leurs courses. Ils ont braqué de nombreux fourgons de banque : officiellement, c'était pour transporter les bulletins de vote, mais l'argent n'a jamais été retrouvé. Ils ont également cassé des distributeurs de billets et attaqué des agences bancaires. En priorité, est volé tout ce qui appartenait à Privat Bank, la banque de l'oligarque Kolomoïski, celui qui permettra en 2019 l'élection de Volodymyr Zelensky à la tête du pays. Cela pousse les banques à quitter la région, et la population à s'interroger sur la suite du mouvement. Personne ne veut la guerre.

En ce 11 mai 2014, je suis réveillé par la démocratie à la Russe, celle qui appelle à bien voter en musique, en échange d'un peu de nourriture. Comme le racontait Anna Politkovskaïa dans l'un de ses livres, « les jours d'élections en Russie, les gens sont nombreux à venir profiter de leur rasade de vodka offerte par les candidats, pour finalement rentrer à la maison sans avoir voté. » Mais ici, les gens prennent quand même la peine de voter, avant d'accepter bien volontiers les cadeaux russes.

Dans le quartier de l'auberge de jeunesse, une jeune femme hurle de vieux classiques russes dans son micro. Mais ce qui attire les gens aujourd'hui, c'est la nourriture, quasiment offerte par la Russie. Pour moins de 50 centimes, les *babouchki* qui font la queue peuvent repartir avec un kilo d'oignons, de pommes de terre et de carottes. La file d'attente se forme rapidement autour de la montagne de légumes. La presse n'est pas la bienvenue pour témoigner de cette forme de corruption.

— Ne nous filmez pas. Dégagez, les journalistes, vous ne faites que mentir. Tout ce qui arrive est à cause de vous. À moins que vous ne travailliez pour la presse russe, dégagez ! lance une grand-mère, qui n'oublie pas de nous qualifier de « fascistes américains ».

Conscientes toutefois de ne pas être exemplaires, elles prennent leur dû discrètement et disparaissent aussi vite.

À l'intérieur du bureau de vote, on offre encore de la nourriture : des saucisses enroulées dans des pâtes frites, des fromages, des morceaux de viande… Il y a des hommes armés, certains cagoulés, qui surveillent ce scrutin improvisé. Dans les urnes transparentes, les bulletins en faveur d'une indépendance de la région sont très nombreux. Il faut être courageux pour voter contre, alors que les opposants au séparatisme croupissent déjà en masse dans les geôles improvisées de la ville et que la propagande en faveur d'une vie en Ukraine est interdite…

« République populaire de Donetsk », « *Novorossiya* », ces coquilles vides destinées à donner un vernis historique et idéologique à la déstabilisation de la région par la Russie, personne n'en veut vraiment. Ce qu'on veut, dans le Donbass, c'est vivre avec l'Ukraine et la Russie, voire rejoindre la Russie.

Alexandre Zakharchenko, un local nommé leader du mouvement, ne s'en cache pas. Il tente même sa chance le jour du scrutin en envoyant un message à Vladimir Poutine :

— Suite au scrutin sur l'indépendance du Donbass qui a eu lieu aujourd'hui à Donetsk, je vous demande de considérer l'absorption de la République populaire de Donetsk au sein de la Fédération de Russie. Le peuple de Donetsk a toujours fait partie du monde russe. Pour nous, l'histoire de la Russie est notre histoire.

Mais ce que tout le monde ignore alors, c'est que la Russie ne veut pas du Donbass. Sa volonté de déstabilisation de la région est une réponse à Maïdan, cette révolution qui ne doit pas rester impunie, car elle est vue comme une menace par le chef du Kremlin.

De retour à l'auberge, les résultats des votes de Donetsk et de Lougansk sont annoncés, même s'ils avaient fuité la veille dans la presse russe. À Lougansk, les séparatistes affirment être soutenus dans leur démarche d'indépendance par 96 % des habitants qui n'ont pas encore été chassés de la région. Les soutiens de l'Ukraine représenteraient 3,08 % des votants. Dans la région de Donetsk, 89,07 % des votants soutiendraient les séparatistes, 10,19 % l'opposition. Télécommandé par Moscou depuis le premier jour, Zakharchenko prépare déjà la suite de cette déstabilisation de la région et annonce :

— Face aux provocations de Kyiv, nous avons décidé d'autoriser nos militants à porter leurs armes sur les barricades, dans la rue, et à accompagner la police dans ses patrouilles.

Les médias russes passent leur journée à diffuser des légendes urbaines. Le lendemain des scrutins, les infox se multiplient. Une rumeur arrive jusqu'à nous, nous décidons avec Dima d'aller la vérifier. Des Ukrainiens auraient lancé une fusillade au stade de Donetsk. C'est une grand-mère croisée dans la rue qui nous l'assure, elle l'a entendu à la radio.

— C'est fatigant, c'est impossible à vérifier, il y a cinquante rumeurs par jour, grogne Dima. Perdons une heure, mais allons voir. J'appelle un taxi !

Au bout d'une demi-heure, nous avons fait le tour de tous les stades de la ville. Les policiers nous prennent pour des fous :

— C'est très calme, il n'y a pas de fusillades en ville, ce ne sont que des rumeurs, admet alors l'un d'entre eux.

Nous rentrons à l'auberge en passant par notre supermarché favori, situé à quelques mètres de chez nous. L'étage est fermé, le magasin n'est presque plus approvisionné, les rayons se vident, il ne reste plus guère que de la vodka. Une dépêche de l'AFP nous annonce que les séparatistes ont investi l'aéroport de Donetsk et que les Ukrainiens ont l'intention d'en reprendre le contrôle. Un petit groupe de combattants armés et cagoulés s'est emparé du hall principal avec la ferme intention d'y passer la nuit. Les représentants des compagnies aériennes qui n'avaient pas encore déguerpi n'ont pas tardé à quitter définitivement la zone. Certains confrères sont en route vers l'aéroport. Je pense moi-même y faire un tour…

La guerre arrive en ville

26 mai 2014. Il est déjà 10 h 30, j'ai trop tardé au lit. Mes camarades sont dans la cuisine, à prendre leur petit-déjeuner, à éditer leurs photos. Le temps est magnifique derrière les barreaux des fenêtres de nos chambres. Je traîne des pieds jusqu'à la salle de bains, Dima me lance :

— Les Ukrainiens ont annoncé qu'ils vont récupérer l'aéroport à partir de 11 heures si les séparatistes n'en sortent pas.

— Ça bouge dehors ? Il y a du mouvement chez nos voisins ?

— Juste un mec qui s'est installé sur le toit du bâtiment avec une mitrailleuse, on peut même le voir depuis la fenêtre de la cuisine.

Des avions de chasse survolent l'aéroport. Nous allons au bout de la rue voir si nous pouvons en apercevoir plus. *Quelle étrange idée d'envoyer des chasseurs réprimer des manifestations!* me dis-je. Je sors au plus vite de la salle de bains pour rejoindre la fenêtre de ma chambre. Les avions ne font pas que survoler la ville, ils tirent sur l'aéroport ! Ils lâchent derrière eux des fusées, des leurres destinés à les protéger d'éventuels tirs de roquettes ou de missiles depuis le sol. Ce ne sont plus des manifestants dans l'aéroport, mais bien des hommes armés. Trois avions arrivent dans notre direction, passent au-dessus de notre immeuble et disparaissent, avant de réapparaître dans l'autre sens en tirant un missile vers l'aéroport. Quelques mères qui promenaient leurs enfants devant notre immeuble crient de peur et courent se réfugier chez elles. De grands nuages noirs s'élèvent au-dessus de l'aéroport, on entend des explosions. C'est la vraie guerre qui commence, là-bas, à quelques kilomètres.

Au sein de l'auberge de jeunesse, c'est le choc… Tout le monde se sent frustré de ne pas pouvoir aller sur place. Nous sommes quelques jeunes journalistes, photographes européens sans aucune expérience. Nous cherchons des taxis, impossible d'en trouver. Ne nous reste plus que le *trolleybus* dont le terminus se trouve sur l'esplanade de la gare, non loin de l'aéroport.

Devant la gare, l'ambiance est semblable à celle du 24 février 2022. La guerre fait rage, les hélicoptères ukrainiens survolent encore l'aéroport, mais des dizaines de civils attendent leur bus. Nous descendons dans le souterrain qui traverse les voies de chemin de fer pour rejoindre le village qui sépare l'aéroport de Donetsk. De l'autre côté des rails, l'environnement est tout autre. La gare routière est dépeuplée, un corps ensanglanté gît au sol. Un homme d'une trentaine d'années couvert d'un drap blanc, surveillé par un policier. Mais les ambulances ne veulent plus venir dans le quartier. Des voitures banalisées sans plaques d'immatriculation foncent vers l'aéroport, l'artillerie est mobilisée. Je découvre ces détonations sourdes caractéristiques. Des rumeurs bruissent et paniquent tout le monde. L'homme décédé devant la gare aurait été tué par des soldats ukrainiens depuis un hélicoptère. Des *snipers* viseraient les civils. Impossible de savoir ce qu'il en est, mais une rafale a visiblement touché les lieux, plusieurs vitres de la gare ont été détruites. Nous sommes un groupe de journalistes débutants, sans protections, et nous voici bloqués, collectivement paralysés, contre un mur. Allons-nous mourir ici ? Derrière nous, le chemin de fer est impossible à traverser, en face, la zone de l'aéroport nous semble bien trop dangereuse. Sur les côtés, nous redoutons le passage d'un hélicoptère ukrainien qui nous prendrait pour un groupe de combattants. Nous sommes allongés au sol, à regarder la guerre. Alors, nous suivons un vieil homme, impassible, qui marche à côté de son vélo, en direction du souterrain. Nous pensons que personne n'oserait tirer sur des villageois. Nous trouvons enfin notre abri. Une éternité s'est écoulée – enfin, peut-être pas. Aucun de nous n'avait imaginé, en venant à Donetsk, se retrouver au cœur d'une guerre.

De l'autre côté de la gare, rien n'a changé. Les tirs et les explosions retentissent sur la place, mais tous font semblant de ne rien entendre. Soudainement, plusieurs personnes se mettent à hurler à quelques pas de nous. Une vieille dame vient de se faire tirer dessus, devant le marché de la gare, sa tête a explosé. Une mare de sang s'écoule dans le caniveau. Le plus troublant est que la foule ne sait pas comment réagir, tout le monde détourne le regard sauf nous, qui approchons d'un vieil homme en train d'insulter la terre entière. C'en est trop pour Tom, un des jeunes photographes qui nous accompagnait. Il était venu à Donetsk pour un projet artistique, pas pour la guerre, et il se retrouve avec une grand-mère sans tête. Il s'effondre en larmes et enlace le grand-père. Mais lui ne parle pas le russe, il n'a pas compris que l'homme lui déversait sa haine. Il s'écrie en soulevant le carton :

— Dégagez, bande de fascistes. C'est à cause de vous, les journalistes américains, qu'elle est morte, que la guerre est arrivée chez nous. Vous êtes des meurtriers, vous avez tué cette dame, vous soutenez les nazis de Kiev. Ils vont tous nous assassiner.

Ce premier souvenir du début de la guerre en Ukraine m'a beaucoup marqué ; je n'ai jamais compris par qui, pourquoi et comment cette dame avait été tuée. Il s'agissait certainement d'une balle perdue, d'un dramatique hasard. Une chose est certaine, cette balle a contribué à alimenter la rumeur d'une Ukraine bien décidée à faire la guerre à sa population.

Nous nous empressons de rentrer à l'auberge de jeunesse sans échanger de mots. Tom est livide, il est en état de choc et rentrera bientôt à Kyiv. Nous sommes tous secrètement paniqués. La guerre arrive en ville, comment en partir ?

MH 17

J'attendrai la fin du mois de juin pour rentrer en France… le temps d'un stage nécessaire pour conclure mes études. Ce n'était pas une période très réjouissante : alors que la guerre faisait rage en Ukraine, j'ai passé deux mois au service photo d'*Ouest-France*, à faire le tour des festivals. On a vu pire été, mais j'avais bien la tête au Donbass.

Le 17 juillet 2014, en plein milieu de mon stage, la Russie s'est rendue coupable, sans doute accidentellement, d'une nouvelle catastrophe innommable. À 13 h 20 ce jour-là, la défense antiaérienne russe placée en plein territoire ukrainien n'a pas distingué l'aviation militaire ukrainienne d'un avion civil de la Malaysia Airlines, qui reliait Amsterdam à Kuala Lumpur. Le monde entier découvrait alors, stupéfait, que cet espace aérien situé au-dessus d'une zone de guerre était toujours emprunté par les avions civils. 298 personnes périront à cause de ce tir de missile.

En quelques instants, les millions de débris et les corps du Boeing 777 du MH17 ont plu sur une quinzaine de kilomètres carrés. Des collègues qui se sont rendus sur place dans les heures qui ont suivi ont découvert des corps dans les arbres, sur les toits, dans les champs, jusque dans la chambre d'un homme. La zone était située en plein cœur du Donbass, là où personne n'aurait jamais imaginé une telle horreur. Elle demeure aujourd'hui encore comme un traumatisme particulier : l'intervention d'une abjection dans l'abjection, d'une catastrophe qui dépasse tout entendement, même dans une guerre au quotidien.

En septembre, à mon retour dans le Donbass, j'ai pu me rendre sur les lieux du *crash*, à la faveur d'une visite d'enquêteurs néerlandais escortés par les séparatistes et des Russes. J'ai mis du temps à me remettre de cette étrange journée. Les lieux n'avaient pas été nettoyés. Vous roulez sur les chemins cabossés du Donbass quand, soudain, vous vous retrouvez à zigzaguer entre des bouts de fuselage que personne n'a voulu déplacer. J'ai le souvenir d'un grand morceau du cockpit planté au milieu d'un champ, avec un hublot éclaté. Vous êtes en plein Donbass et partout, sur des kilomètres, le sol est jonché de tous les composants d'un avion. Vous reconnaissez des boutons rouges, des lambeaux de sièges et, pire, des effets personnels : à chaque bosquet, les arbres sont jonchés de magazines, de valises déchiquetées… Je me rappelle avoir trouvé un faire-part de naissance, un exemplaire du *Elle* néerlandais, des cotons-tiges, des vêtements déchirés par dizaines, des débris par milliers. Vous marchez dans les champs et vous ne comprenez pas la situation. Partout, des panneaux avaient été disposés pour annoncer la possibilité de tomber sur des cadavres ou des restes, que tout bon citoyen de la « République populaire de Donetsk » se devait de signaler aux autorités. Alors vous croisez les doigts pour ne pas tomber et encore moins marcher sur un corps, en vous disant que la famille du défunt serait pourtant reconnaissante de pouvoir récupérer une dépouille, fût-elle partielle…

Le stade de foot

Novembre, décembre 2014 et janvier 2015 ont certainement été les périodes les plus difficiles de nos reportages dans le Donbass. L'Ukraine avait beau prendre soin de ne pas viser le centre-ville de la capitale régionale, les quartiers les plus éloignés faisaient, quasi quotidiennement, les frais d'une artillerie peu précise. Des deux côtés du front, les morts de civils se multipliaient. Les propagandes des deux camps s'employaient à cacher la vérité : dès 2014, des véhicules et des garnisons militaires avaient été installés à proximité des civils, souvent par nécessité stratégique ou par contrainte logistique. Cette situation est taboue. À chaque fois que des civils sont victimes de la guerre, le camp responsable dissimule la réalité des dégâts ou accuse le camp d'en face, qui, lui, joue avec les chiffres comme un syndicat marseillais.

À deux reprises, afin de nous faire une idée de la réalité des pertes civiles, nous nous sommes rendus à la morgue centrale de Donetsk. L'expérience a été pénible, tant les infrastructures étaient dégradées. Nous sentions l'odeur des cadavres à plusieurs dizaines de mètres autour du bâtiment, dont la salle réfrigérée a vite débordé. Cette odeur caractéristique restait ensuite plusieurs heures sur la langue, sans que nos paquets de chewing-gum y changent grand-chose.

Les corps ensanglantés étaient entassés dans une pièce et traînaient jusque dans les couloirs. Le tissu blanc qui les recouvrait pudiquement était souvent maculé de sang qui dégoulinait parfois jusqu'au sol. À cette époque, le responsable, M. Kalashnikov – ça ne s'invente pas – mettait un point d'honneur à tenir ses comptes en toute impartialité. Les morgues de la région, qu'elles fussent côté ukrainien ou côté séparatiste, continuaient à collaborer pour établir un décompte des victimes au plus près de la réalité.

Nous avons alors compris que si les soldats, souvent des civils devenus combattants, mouraient la plupart du temps hors des radars, les civils étaient quasi systématiquement annoncés dans la presse locale. Ces décès étaient ensuite exploités par la propagande séparatiste pour incarner le fameux fantasme du « génocide ». L'enjeu était donc, en travaillant côté séparatiste, de ne pas tomber dans ce piège...

Dès 2014, j'ai eu la volonté d'écrire un long récit autour de ce que je vivais dans le Donbass. Mais ma condition de pigiste, sous-payé et sans contacts dans les rédactions, n'a pas toujours été facile à vivre. La guerre, quand elle apparaît dans un pays qui nous est cher, se transforme en obsession. On cherche, jour et nuit, une façon de contribuer modestement à sa fin. J'essayais donc de faire disparaître les malentendus à la source du conflit.

Un événement m'a marqué au cours de cette période. L'émotion qu'il a provoquée en moi a contribué à ralentir la rédaction de ce récit. Deux adolescents, Daniil Kuznetsov, 14 ans, et Andreï Eliseev, 18 ans, sont morts sur un terrain de foot du quartier d'Oktiabrski de Donetsk. Le 5 novembre 2014, un obus a frappé le quartier, occupé par les séparatistes et régulièrement la cible des pièces d'artillerie, parce que situé entre des positions ukrainiennes et l'aéroport. La longue et difficile période d'ajustement de l'artillerie menait souvent à ce genre de drames. Dès 2014, les écoles avaient été fermées pour éviter tout risque de carnage. Mais ces deux jeunes avaient échappé à la vigilance de leurs familles pour retrouver leurs amis. Lassés de ne pas pouvoir sortir de chez eux, ils s'étaient retrouvés avec neuf voisins sur le tout nouveau terrain de football de leur école, financé par l'oligarque Akhmetov, ancien élève, partisan de l'Ukraine mais, avant tout, motivé par la nécessité de maintenir en fonctionnement ses industries situées côté séparatiste.

Voici le déroulé précis des faits. À 15 h 45, les chants des oiseaux sont interrompus par un sifflement et une explosion quasi simultanés sur le perron de l'école. Panique générale. Les adolescents s'enfuient. Certains prennent le temps d'attraper leurs blousons derrière la ligne de touche, les autres veulent rejoindre leur maison. Un deuxième engin explosif tombe sur le côté du terrain. Certains sont blessés, des plaies au dos, aux jambes, mais parviennent à rejoindre la maison de la culture, adjacente à l'école, avant de perdre connaissance. Les parents fouillent dans leurs trousses à pharmacies pour tenter de sauver leurs enfants blessés. Daniil et Andreï manquent à l'appel. Les ambulances ne veulent pas se déplacer à cause du risque de reprise des tirs. Elles mettront deux heures à arriver. Des militaires du bataillon du célèbre criminel de guerre Givi sont vite apparus pour porter secours aux enfants. C'étaient certainement eux, la cible des Ukrainiens, selon toute vraisemblance à l'origine des tirs. Stupéfaits, les parents ont retrouvé leurs enfants recouverts de bâches noires. Les deux garçons sont morts sur le coup, cinq autres ont été grièvement blessés.

Andreï étudiait la soudure et venait de trouver un petit boulot dans un kebab. Des amis avaient confié au journal *MK Ukraine* qu'il avait beaucoup mûri avant la catastrophe.

> « Il parlait de plus en plus de la famille, du fait que dans les moments difficiles, il est important d'être proche des personnes qu'on aime, il cherchait sérieusement une fille proche d'esprit. Mais dans une ville à moitié vide, difficile de faire connaissance et d'organiser des rendez-vous. »

Peu de temps avant sa mort, il avait écrit sur Internet :

> « Il y a eu et il y aura n'importe quoi [la guerre] dans ma vie, mais les gens ont ri avec moi plus souvent qu'ils n'ont pleuré ».

Daniil était un adolescent calme. Vrai fan de football, il faisait partie de l'équipe locale. Dans sa chambre, il avait une photo où il posait avec le maire de la ville et l'oligarque Akhmetov. Il aimait la boxe. Il s'était lui aussi exprimé peu auparavant sur les réseaux : « Tout ira bien, parce que le mal est déjà fatigué. »

Quelques heures après la catastrophe, nous avons décidé de nous rendre sur les lieux, avec Olya, pour une mission *express*. Nous étions conscients que le voisinage serait certainement trop choqué pour s'exprimer. Sur place, quelques grands-mères s'aventuraient dans la rue, silencieuses, parfois poursuivies par des reporters aux allures de Robocop. Au niveau du terrain de football, rien n'a bougé : des sacs à dos sont encore disposés entre le grillage et la ligne blanche, des baskets et des vêtements déchirés jonchent le sol. Le grillage vert qui entourait le terrain a été éventré par l'obus, indiquant que le tir venait du côté ukrainien.

Alors que nous tentons de comprendre le déroulement de l'accident, je me rends compte qu'un morceau de graisse humaine s'est collé à ma chaussure. Un morceau d'enfant. Je blêmis. Je n'ose pas essuyer ma chaussure contre le trottoir, comme on se débarrasserait d'un détritus. Je reste bêtement à cloche-pied sans savoir que faire, avant de frotter ma chaussure sur la pelouse.

Notre reportage n'a pas donné grand-chose. Tous avaient été rendus muets par le choc. Sans doute aussi y avait-il la volonté de ne pas créer un scandale auprès d'un étranger. Il était très probable que le tir soit ukrainien, ce qui permettait aux propagandistes russes d'attiser la colère et la rancœur de la population.

Le fin mot de l'histoire ne sera jamais vraiment connu. Les Ukrainiens, de fait, affirment que le tir venait des Russes, Russes qui ont une position plus radicale encore : les Ukrainiens ont délibérément tiré sur ce terrain pour s'en prendre aux russophones de la région, presque totalement russophone. Le média *MK Ukraine* a fini par recueillir des témoignages de riverains au plus proche de la réalité. Les séparatistes, qui s'en prenaient alors aux positions ukrainiennes situées derrière l'aéroport, auraient placé leurs lance-roquettes Grad aux portes du quartier. C'est en répondant à leur salve que les Ukrainiens auraient touché ces civils.

En 2014, des enfants ne mouraient pas quotidiennement dans des bombardements. Le jour de l'enterrement des deux ados, une foule de journalistes s'est invitée à la messe d'adieu. La famille, qui avait demandé du calme et de l'intimité, s'est retrouvée à gérer des dizaines de journalistes et photographes occidentaux, tous plus intrusifs les uns que les autres, parfois irrespectueux. C'est à ce moment-là que j'ai abandonné mon reportage. Ce moment douloureux ne devait pas devenir un cirque. Mais beaucoup de collègues, dans leur bulle, n'ont pas été capables de comprendre la situation. Lorsque le convoi familial s'est élancé vers le cimetière, des dizaines de véhicules s'y sont accrochés pour ne rien rater de l'enterrement.

Hélas, une fois sur place, à l'écart des familles, j'ai assisté à une scène loin de faire honneur au journalisme. Deux mondes s'ignoraient : les Occidentaux avec leurs beaux appareils photo, ces modestes familles de Donetsk. Les familles ont éclaté en sanglots sur le cercueil ouvert, répétant en boucle : « Pourquoi ? Pourquoi ? » Le jeune visage maquillé de Daniil paraissait abîmé par l'explosion.

Les Tulipes noires

Novembre 2014. Je quitte le *Red Cat Hostel*, devenu trop visible. Il accueillerait désormais des soldats russes et étrangers en permission. Il demeurera une rédaction officieuse pour *free-lances*, mais sera progressivement isolé du reste de la ville du fait de la prise du bâtiment voisin, celui du SBU, par les séparatistes, puis la transformation d'un hôtel voisin en dortoir pour soldats. Cette occupation sera marquée par l'arrivée de trois camions de Tchétchènes, que j'ai vus de mes propres yeux, quelques jours après le pillage d'un supermarché Metro situé à proximité de l'aéroport de Donetsk. Ils avaient pris le contrôle de l'administration régionale de Donetsk en quelques minutes, dans une confusion totale. Officiellement, c'était pour débarrasser la direction de la nouvelle région des pilleurs et des corrompus. Un mouvement de façade, puisque les séparatistes sont ensuite allés jusqu'à revendre l'aide humanitaire dans la chaîne de supermarché qu'ils ont eux-mêmes créée après la prise de la ville.

Nous avons trouvé un vieil appartement à louer à deux pas de l'hôtel *Ramada*, estimé sûr, car plein de reporters étrangers. Je découvrais la vie sous les bombes. Donetsk vit au rythme du fracas des longs trains chargés de charbon, reliant les mines aux usines métallurgiques. À ce vacarme, s'est vite ajouté celui des explosions plus ou moins sourdes de l'artillerie qui volait d'est en ouest. Certains soirs, les tirs avaient lieu toutes les 40 secondes. Nous avons appris, depuis la cuisine, à les reconnaître, à écouter leur sifflement quand ils passaient au-dessus de la ville pour atteindre les positions ukrainiennes. Quand l'artillerie se déplaçait et se faisait plus proche, les alarmes des voitures, déclenchées par les vibrations, se mettaient à sonner, poussant les chiens à aboyer en chœur. Parfois, nos propres vitres vibraient. Nous étions logés au septième étage d'un bâtiment, avec la désagréable sensation d'être sur le passage des bombes. Comme protection psychologique, nous avions accumulé tous les coussins et oreillers de l'appartement contre nos vitres. Le Donbass a une couleur, l'anthracite des terres noires gorgées de charbon ; une odeur omniprésente dans toute la région, celle du charbon brûlé par les trains et les cokeries ; et un son, celui des chemins de fer parcourus jour et nuit par les longs convois de wagons métalliques.

Le 25 novembre 2014, je parcours les plaines du Donbass en compagnie de Yaroslav Zhilkin, de l'organisation « Tulipes noires ». Si les séparatistes ont toujours rechigné à accepter l'aide de l'Ukraine lorsque des coups de grisou faisaient des victimes dans les tunnels de la région, ils ont un temps toléré la présence de cette organisation sur leurs terres. Les experts des Tulipes noires ont longtemps travaillé au rapatriement des corps ukrainiens abandonnés sur les champs de bataille. En échange, ils permettaient aux séparatistes de récupérer les leurs. Avec Veronika, une consœur russe, nous rejoignons Zhilkin à un arrêt de bus. Première étape, rendre des corps qui gisent à l'arrière du camion. Trois soldats séparatistes retrouvés côté ukrainien, enveloppés dans un grand sac en plastique noir. Au point de rendez-vous, sur le bas-côté d'une route, les corps sont traînés vers un autre véhicule pour être rendus à leur camp.

Sa camionnette blanche s'arrête ensuite dans la cour d'une école abandonnée, située à une quarantaine de kilomètres à l'est de Donetsk. Orné de sa croix rouge et de son « Grüz 200 » – nom de code des deux armées désignant le transport de dépouilles, connu de tous dans la région –, le véhicule des cinq experts ne passe pas inaperçu. Signalés par les combattants ou les habitants, les corps font l'objet de longues recherches par les cinq professionnels.

— Lorsqu'un être cher disparaît, il est préférable d'obtenir la confirmation du pire que de continuer à souffrir de l'incertitude, le camp d'appartenance du défunt nous importe peu, explique le responsable de l'ONG.

Les pro-Russes tolèrent l'organisation, mais la présence d'un séparatiste armé est imposée sur toute la durée de leur passage en zone occupée.

Les hommes entrent dans la cour de l'école. À la droite du bâtiment, un bus a été transpercé de toutes parts par des balles, mais rien à signaler à l'intérieur. Un second collègue de Yaroslav Zhilkin s'attarde sur un bout de terre qui semble avoir été récemment retourné.

— Il arrive souvent que les combattants ou les gens du coin enterrent certains corps à la va-vite, particulièrement quand il s'agit de corps ukrainiens.

Après avoir fait minutieusement le tour des lieux, il n'y a définitivement rien à signaler. L'équipe consulte les médias locaux en temps réel pour se tenir informée des lieux des combats mais, propagande oblige, les informations sont souvent erronées ou exagérées.

L'engagement de Yaroslav Zhilkin est lié à son histoire personnelle.

— Cette organisation a été créée à l'issue de la Seconde Guerre mondiale. Beaucoup de corps retrouvés n'ont jamais été identifiés et, lorsque l'Union soviétique s'est effondrée, beaucoup de gens ont commencé à vendre les effets personnels des soldats. L'objectif était de restituer ces corps aux familles, explique-t-il.

L'organisation s'est penchée sur l'identification des corps des victimes des répressions successives : guerre civile, Holodomor, collectivisation, invasion nazie, reconquête soviétique et destruction des maquis nationalistes. Mise en veille, elle a repris vie lorsque la guerre a éclaté, en 2014.

— Je voulais servir à quelque chose, laisser une trace. Mon grand-père a été tué près de la Lituanie pendant la Seconde Guerre mondiale, j'ai essayé de retrouver sa dépouille mais je n'ai jamais réussi, car il a été tué aux premiers temps de la guerre… raconte-t-il.

Étape suivante : un cimetière, situé au milieu de nulle part, dont les abords sont retournés par des roquettes Grad. L'équipe parcourt les lieux.

— Nous venons régulièrement faire le tour des cimetières de la région. Lorsque nous repérons des noms ukrainiens sur les croix, nous prenons une photo et nous essayons de retrouver la famille du défunt.

Les tirs d'artillerie se font à nouveau entendre dans la campagne. L'équipe reprend la route vers le lieu d'une autre bataille, toujours accompagnée de l'imposant séparatiste et de son encombrant fusil de *sniper*. À proximité d'Ilovaïsk, théâtre de la bataille la plus importante des premiers mois de la guerre, une croix apparaît dans un chemin qui traverse un bois. Des sacs de sable éventrés traînent ça et là, ainsi que des vêtements ensanglantés. Deux tombes ont été creusées à la hâte, à côté d'arbres déchirés. Elles sont ornées du ruban orange et noir des séparatistes, ce qui laisse peu de doute sur la nationalité des défunts. L'équipe prend des photos et remonte dans la camionnette.

— Cette attaque ne date pas d'hier. Nous sommes déjà venus ici, mais nous tenons à y repasser régulièrement, nous voulons être sûrs de ne rien oublier, commente un des membres de l'équipe.

Le séparatiste, jusqu'ici silencieux, interpelle discrètement, avec un sourire d'enfant, le chef de l'organisation, désignant un objet qu'il a repéré :

— Est-ce que ça vous dérange si je tire dans cette boîte de conserve ? Le chef de l'équipe l'y autorise, gêné, et dépité. L'homme tire une balle en plein dans la boîte et éclate de rire.

Toute la journée, la vieille camionnette a parcouru les routes défoncées des campagnes. À perte de vue, des plaines parsemées de lacs déjà gelés et de zones nues, sans herbe, parfois brûlées sur des centaines de mètres par les tirs d'artillerie. Partout, gisent encore, pris dans la glace, des effets personnels des combattants morts à cause des bombardements. Au nom de la neutralité de l'organisation, l'équipe évite de parler politique – particulièrement en présence du séparatiste. Mais, lorsqu'ils tombent sur des dizaines de sachets de rations alimentaires de l'armée russe déchirés par les combats, les cinq copains ne cachent pas un sourire teinté d'ironie. Sans piper mot : question de survie.

Ingérence russe

Décembre 2014. Il devient urgent de prouver le rôle actif de la Russie dans cette guerre. Ce n'est pas aisé. Une partie des soldats russes présents sont des volontaires. D'autres, ont été poussés par l'armée russe à abandonner leurs contrats pour aller combattre plus discrètement en Ukraine, toujours au nom du Kremlin. Enfin, d'autres Russes, recrutés à Rostov-sur-le-Don, ont combattu dans les rangs de Wagner, à une époque où la milice était inconnue du grand public. L'armée russe est directement intervenue à deux reprises : les batailles d'Ilovaïsk (août-septembre 2014) et de Debaltsevo (janvier-février 2015). L'issue de cette dernière aura donné le ton de l'attitude russe dans cette guerre. Moscou s'était engagé à permettre l'évacuation des milliers de soldats ukrainiens encerclés à l'issue du siège. Pourtant, les militaires russes avaient bombardé tout le monde, tué des centaines de soldats adverses. Cette arrivée de la Russie en Ukraine avec des convois de tanks, discrète au départ, n'avait pas fait réagir les Occidentaux, qui ont préféré fermer les yeux.

À l'époque, je tentais donc d'exposer aux lecteurs français ce que nous savions : la Russie menait une véritable guerre à l'Ukraine. Si le constat sur place était clair, politiciens et anonymes réclamaient des preuves irréfutables.

Problème : même les observateurs de l'OSCE, qui étaient présents aux trois postes frontières russes du Donbass, n'ont jamais aperçu le moindre convoi militaire. De fait, privés de leur liberté de déplacement, ils n'avaient même pas accès aux voies de chemins de fer qui permettaient l'entrée de munitions dans la région. Quant aux blindés, ils étaient acheminés de nuit, par des chemins de traverse.

Longtemps, la Russie a envoyé dans le Donbass de longs « convois humanitaires », au contenu toujours secret. Malgré mes multiples demandes, les autorités autoproclamées de Donetsk ne m'ont jamais laissé assister au déchargement de ces camions. Alors que les Ukrainiens affirmaient qu'ils servaient à acheminer des armes, j'ai eu l'occasion d'interroger Boris Litvinov, un communiste pur et dur, produit des mines du Donbass, alors nommé « président du conseil suprême de la République populaire de Donetsk ». Tout un programme pour ce nostalgique de l'URSS. Longtemps député de la RPD, Litvinov et ses amis ont été finalement exclus de la vie politique séparatiste en 2016. Accusés de ne pas avoir voté en faveur d'une décision du leader suprême, ils ont été démis de leurs postes de députés, action justifiée par une « perte de confiance » du pouvoir. La RPD n'avait jamais promis d'être démocratique. En 2014 déjà, le militant communiste n'avait pas eu l'autorisation de se présenter à l'élection présidentielle régionale. Marionnettes du Kremlin, les politiques locaux avaient surfé sur une nostalgie de l'URSS pour prendre le contrôle du Donbass, et ne se voyaient pas prendre le risque de faire campagne, encore moins face à des communistes… Litvinov n'aura par la suite eu d'autre choix que de se rendre en Russie pour poursuivre ses activités. Au moins aura-t-il vécu son Grand Soir en 2014, lorsqu'il avait rédigé « l'acte de la déclaration d'indépendance de la RPD ».

En décembre 2014, Litvinov m'avait décrit les dures conséquences de cette autonomie soudaine et de la nécessité d'un soutien russe :

— Nous assistons à une vraie guerre économique. Kiev veut nous tuer économiquement, dénonçait-il.

Les séparatistes n'avaient pas acquis un territoire aussi important qu'espéré, et se retrouvaient à devoir financer les salaires des fonctionnaires et les pensions.

— Nous ne pouvons pas payer tout le monde. Tout fonctionne dans les hôpitaux et les écoles de la région, mais nos fonctionnaires ne sont pas vraiment payés, nous ne leur donnons qu'une petite contribution pour le moment car nous manquons vraiment d'argent. Nous avons besoin de 2 milliards de *hryvnia* (environ 101 millions d'euros) par mois pour faire fonctionner notre région. Or, nous n'arrivons à collecter que 300 à 400 millions de *hryvnia* chaque mois. C'est un vrai problème, car nous payons nos fonctionnaires avec beaucoup de retard. La solution serait de créer une monnaie séparatiste. Des experts internationaux sont en train d'étudier la faisabilité, les imprimeries sont prévenues. Dans trois à quatre mois, nous devrions être en mesure de lancer notre monnaie, espérait-il.

Les séparatistes seront finalement passés au rouble russe. Plus simple.

J'avais également recueilli le témoignage d'un jeune soldat de 23 ans, membre du bataillon « Oplot Severodskiy ». Lui affirmait qu'il était payé, en roubles et en cigarettes, sans savoir d'où ils venaient. Boris Litvinov, qui voulait balayer la thèse d'une ingérence russe, s'était montré outré par ce témoignage. En grand romantique, il me l'avait assuré.

— Personne n'est payé pour faire la révolution, nos volontaires défendent un idéal.

Avant de confirmer une première preuve de l'intervention russe dans ce que Moscou présentait comme une révolution spontanée :

— Nous n'avons pas les moyens de nourrir nos combattants, c'est la Russie qui les alimente et les habille via les convois humanitaires. La majorité de ces convois sont destinés aux militaires. Sans cette aide russe, nous n'aurions pas les moyens de nourrir nos hommes.

Quelques jours plus tard, je devais obtenir une preuve plus concrète de la présence russe dans le Donbass.

*

En décembre 2014, me voici quasiment citoyen de Donetsk. Je me suis intégré au point de connaître une bonne partie des autres étrangers présents en ville. La majorité sont des radicaux qui ont trouvé une raison de vivre et un moyen pour défendre concrètement leurs idéaux. Les plus violents se sont engagés dans des bataillons, les autres estiment que la guerre de l'information a tout autant besoin de ses mercenaires que la guerre armée.

Ce soir-là, je suis convié chez l'un d'entre eux, Patrick Lancaster, *youtuber*, une star du domaine. Au moment de frapper à sa porte, je ne sais pas encore que je vais effectuer une plongée au cœur des forces russes de déstabilisation de la région. Ce propagandiste américain, installé à Donetsk juste avant le début de la guerre, organise une soirée entre amis, pour Halloween. J'ai été invité, avec plusieurs autres collègues, par une connaissance en commun. Son appartement n'est pas très grand, mais suffisamment rénové pour cacher les traces de soviétisme. Patrick accueille ses invités un à un, déguisé en Jésus, longs cheveux blonds et toge blanche. Ce grand maigrichon sans grand charisme est vite devenu une célébrité locale. Il est maladroit dans sa propagande, mais zélé militant d'un anti-américanisme radical. Voilà le genre d'idiots utiles dont raffole la propagande russe. Il faisait équipe avec son équivalent anglais, Graham Phillips, dont il était le disciple. Les deux ne parlaient pas vraiment le russe et se faisaient quotidiennement balader par les séparatistes.

Ancien Marine, notre jeune homme, catholique d'extrême droite devenu orthodoxe à Donetsk, est attiré par la Russie, à la tête, croit-il, du combat contre l'impérialisme américain.

Patrick aime aussi beaucoup les femmes russes : s'il est équipier de propagande de Graham Phillips le jour, il devient séducteur des femmes de Donetsk le soir. Le média indépendant d'investigation ukrainien *Zaborona* rappelle qu'il a été un invité régulier du célèbre podcast américain complotiste et trumpiste *Infowar*, et contributeur chez Russia Today. Le média affirme également qu'il s'est en grande partie financé durant toutes ces années avec l'aide d'un Français établi à Moscou, un homme qui hait autant la presse que les États-Unis. Lancaster a un côté touchant : il s'est engagé dans l'armée américaine quand elle s'est attaquée à l'Irak, avant de comprendre que le « côté du bien » n'était peut-être pas aussi vertueux que ce qu'il pensait. C'est avec la même ambition qu'il s'est rendu en Ukraine. Il est enfin convaincu, à Donetsk, d'être dans le « côté du bien ». Tombera-t-il une deuxième fois de haut ? Il fait encore parler de lui en février 2022. Il a filmé des cadavres présentés comme les victimes d'un attentat ukrainien, qui, selon plusieurs enquêteurs, dont ceux de Bellingcat, avaient en réalité été sortis d'une morgue pour cette mise en scène. Lancaster n'était certainement pas conscient de la manipulation, mais les séparatistes ont appris à utiliser ce genre d'énergumènes.

En décembre 2014, Lancaster ne faisait que commencer ses activités. Son appartement est alors peu meublé : une table, des tabourets, un lit et une armoire vitrée remplie de ses souvenirs de reportage, des éclats d'obus, des balles… La vitrine attire l'œil de deux soldats. L'un d'eux est venu avec son *sniper*, dont quelques femmes s'emparent, impressionnées. Le second est venu… avec une roquette. Il discute, tranquillement, fait tourner sa roquette dans sa main comme on ferait tourner un stylo. Malgré l'abondance de vodka et de whisky, la soirée prend rapidement l'eau. Phillips lance un jeu d'alcool, bande les yeux des participants qui doivent imiter des prisonniers ukrainiens et boire des verres. Puis il attrape une petite fille venue avec sa mère, qu'il n'arrêtait pas de toucher depuis le début de la soirée et lui bande les yeux en courant derrière elle, tout en la traitant de Banderite… Alors que la situation devient gênante, malsaine, perturbante, d'autres soldats débarquent et lancent : « Qui veut faire une soirée dans une maison pleine de terroristes ? » Je suis de nature curieuse, mais je pense déjà à la gueule de bois du lendemain. J'annonce que je vais aller me coucher. Mes collègues insistent et me poussent à suivre tout ce beau monde, on ne sait où.

À quinze, nous sommes trop nombreux pour monter dans la voiture du chef. Nous commandons quatre taxis, prenons la route vers l'extérieur de Donetsk, à l'heure du couvre-feu. Les militaires ne veulent pas donner leur adresse aux taxis. Ils forment donc une escorte avec leur quatre-quatre noir, sans plaque d'immatriculation. Ils font office de laissez-passer lorsqu'il s'agit de traverser les *checkpoints*. Après une demi-heure de route à tombeau ouvert, nous atteignons une villa. La demeure, composée d'un mini-zoo, d'une piscine, d'une salle de billard, d'un bania, d'un aquarium et de plusieurs chambres, a été confisquée à un oligarque local. La maison est d'un kitsch que seuls les ultrariches des pays de l'Est maîtrisent. C'est une sorte de réplique miniature de celle de l'ancien président Ianoukovitch, la résidence Mejgorié, découverte au lendemain de Maïdan, non loin de Kyiv. Ce n'est qu'en rédigeant ce livre, en 2023, que j'ai découvert l'adresse de cet endroit mystérieux. La demeure s'appelait la Villa Badjo et était située à Nyzhnia Krynka, petite ville située au bord d'une rivière, à l'est de Donetsk et de Makeevka. L'ancien propriétaire était un député du Parti des régions, dont la femme soutenait celui d'Ioulia Timochenko. Elle était responsable du centre des impôts de la région. D'après les affirmations des séparatistes, la villa valait 10 millions d'euros.

Le nouveau chef de la demeure se fait appeler « Olkhon », comme son unité. Cet ancien chef de milice – c'est ce qu'il affirme –, commande désormais des services de renseignement de l'armée russe (GRU). De son vrai nom Maxim Tkhorzhevsky, l'homme a été téléguidé par Moscou pour mener un bataillon spécialisé dans le sabotage, la reconnaissance et l'assaut. Le média ukrainien *DepoDonbass* décrit ainsi le rôle de ces personnages, officiellement anciens des services russes, qui se sont soudainement retrouvés à la tête de bataillons armés en Ukraine en 2014 :

— Les unités de combattants telles que « Olkhon » ont été créées pour masquer et dissimuler les actions des structures du GRU et l'état-major général de la Fédération de Russie dans le Donbass.

L'enjeu est de taille : à cette époque, le Kremlin faisait croire au monde entier que son armée n'était pas en Ukraine, mensonge qui a longtemps pris, même à l'ouest. (Quant à la Russie, une grande partie de sa population croit encore, en 2023, que son armée n'est entrée en Ukraine qu'en février 2022, que la guerre n'était jusqu'alors menée que par des gens du Donbass, en lutte pour leur survie. Officiellement, Moscou parlait de « guerre civile » en Ukraine, pour mieux se dédouaner du rôle réel qu'elle y a joué.)

Dans la villa, les gradés ne s'alcoolisent pas. Les autres, les mercenaires, ne sont déjà plus que de la viande saoule. La présence d'étrangers a été remarquée. On s'emploie à nous alcooliser au maximum pour limiter notre curiosité. Olkhon ne cesse de remplir nos verres de vodka, sans jamais y toucher. Fier de lui et surarmé, l'homme s'affale dans un fauteuil. Il ne peut s'empêcher de vanter ses exploits, mais il nous interdit explicitement d'en garder la moindre trace. J'essaie discrètement de noter des mots-clés dans mon téléphone. À côté de nous, « Stipanic », un autre soldat russe, veille au grain. Il se vante d'avoir détruit le premier un hélicoptère ukrainien, en avril 2014, à Slaviansk.

Olkhon, du nom d'une île du lac Baïkal, écoute patiemment nos questions. Nous sommes assis dans une annexe de la maison, entre le bania et la piscine, dans laquelle se sont jetés une poignée de soldats. Graham Phillips a disparu avec une femme dans une des chambres, où il passera la nuit. Les mauvaises langues ukrainiennes estiment qu'Olkhon et ses hommes ont l'habitude de convier des prostituées à leurs soirées. Rien de surprenant, Phillips a commencé sa carrière de « journaliste » en Ukraine par des vidéos sur les prostituées qu'il rencontrait au cours de l'Euro 2012.

— J'ai fait quatre guerres : Tchétchénie, Ossétie, puis j'ai passé quelques années à ne faire que défiler sur la place Rouge, confie Olkhon. Ça commençait à m'emmerder de marcher sur la place Rouge, je suis content qu'on ait une nouvelle guerre. Vous imaginez, je n'avais pas fait la guerre depuis 2008 ! J'ai aussi participé à l'annexion de la Crimée, mais c'était trop facile, on a donné un coup de pied au cul aux Ukrainiens en deux semaines. Ici, dans l'Est, c'est beaucoup plus difficile, d'autant plus qu'on ne peut même pas utiliser l'aviation !

Derrière lui, une femme nous fait de l'œil. Jolie et grande brune à frange, elle porte un pistolet harnaché à une lanière en cuir, au niveau du ventre.

Souvenir alcoolisé ou réalité ? Cette femme magnifique arrivée en peignoir blanc laisse soudainement glisser le tissu jusqu'au sol. Elle avance lentement vers la piscine et détache sa lanière en cuir. Elle nous jette un dernier regard et plonge.

— C'est la femme du chef, je vous déconseille d'y toucher et même de la regarder, estime bon de préciser discrètement Stipanic.

Tout le monde s'emploie à éviter de croiser le regard de la femme et se concentre sur les propos d'Olkhon. Le militaire raconte qu'il a 40 ans, « dont 22 passés à servir dans l'armée russe ». Il décrit sa mission dans le Donbass :

— Les civils qui ont pris les armes ne sont pas des professionnels, on nous a demandé de les encadrer. On fait le ménage, on arrête les gens qui volent et qui pillent.

Les Ukrainiens l'accusent justement d'être à l'origine de vols, de pillages et de tortures. Il se déconcentre en regardant sa femme :

— Vous voyez, cette femme qui est dans l'eau, c'est ma femme. Elle travaille avec l'artillerie. Heureusement qu'elle n'est pas *sniper*, il ne faut jamais sortir avec une *sniper*. Le jour où ça ne va pas, elle vous vise en pleine tête.

Il continue :

— Vous savez, au temps de l'URSS, on était frères avec l'Ukraine mais ce n'est plus le cas maintenant. Imaginez, c'est comme les Arabes en France, ils ont un passeport français, ils vivent en France. Et si un jour ils veulent devenir indépendants et garder une partie du territoire ? Ça sera la guerre en France et je suis sûr que ça arrivera !

Le commandant se lève et disparaît, tandis qu'un gros soldat en treillis fait son entrée avec un énorme sac de *marijuana*. La femme d'Olkhon sort de l'eau, « Jésus » Lancaster tente d'embrasser deux femmes, en vain, puis propose un jeu. Personne ne l'écoute, quelqu'un lui tend une arme, sans le chargeur, pour pousser l'audience à s'intéresser à lui. Mais rien n'y fait. En rendant l'arme, il glisse et tombe lamentablement dans la piscine. Olkhon tient à nous faire visiter « sa » maison. Une petite réplique de la statue de la Liberté a été installée. Le Parti des régions, dont était issu l'ancien propriétaire, avait beau être pro-Russe, ça n'empêchait visiblement pas ses membres d'être fascinés par les États-Unis. À chaque fois qu'un invité saute dans la piscine, il crie : « Va te faire foutre, America ! » Nous sortons dans le jardin, aménagé comme un jardin japonais, avec des cèdres du Liban. Un drone survole la zone – c'est du moins ce qu'estiment ceux d'entre nous qui n'ont pas bu. Quelques hommes tentent de tirer en direction de l'objet qui pourrait tout aussi bien être un oiseau, en vain. La visite continue par le mini-zoo, mais je dois avouer que l'alcool ne m'a pas aidé à me rappeler des animaux qui y étaient gardés… Dans la maison, une salle entière est réservée à la table de billard, une autre aux bibelots kitsch, à de grands tableaux et à un énorme aquarium. De retour au bord de la piscine, je m'affale sur un canapé et commence à vivre la nuit différemment. Non loin, j'entends le fixeur de mon collègue français, un Ukrainien de Kyiv, militant du groupe nationaliste pro-Maïdan Praviy Sektor, discuter avec un autre soldat. Lui, il n'a pas bu une goutte. Ils parlent d'Ukraine, de révolution et semblent, jusque-là, étrangement d'accord.

Je crains que la situation dérape et que les soldats russes s'en prennent à l'un de nous. Non loin, une amie russe, avec qui je flirtais à l'époque, peine à refuser les avances de plusieurs soldats. Complètement saoul, mon collègue français cherche sa montre qu'il avait enlevée avant d'aller au bania. Il tape à toutes les épaules en demandant aux soldats s'ils n'ont pas vu sa montre, avant de la retrouver, un quart d'heure plus tard, dans une de ses chaussures. En face de moi, le gros soldat fume son herbe, qu'il fait brûler dans une grande bouteille en plastique. Il tangue, menace de tomber dans la piscine. Je l'imagine tomber et se noyer, moi accusé d'avoir laissé mourir un soldat russe… Je ferme les yeux, je n'entends plus que le fixeur ukrainien qui multiplie les mots interdits : « Kyiv », « Maïdan », « séparatistes ». Je me force à les rouvrir régulièrement pour voir la tête du soldat qui écoute son monologue en faveur de l'Ukraine. Puis je m'endors quand les deux s'accordent sur des chants cosaques, qu'ils chantent désormais en boucle.

Vers 8 heures, je suis réveillé par l'entrée d'une dizaine de soldats dans la pièce. Ils ont certainement « travaillé » toute la nuit, mais ils sont bien plus frais que nous. C'est la relève ! Les autres invités ont disparu, ne reste plus que les journalistes. Un soldat bouriate me voit bouger et me tend un verre de vodka. Je réponds « non » et fais semblant de me rendormir. Il s'écrie :

— On ne refuse pas un verre à un soldat russe !

Quelqu'un finit par attraper son verre.

Olkhon nous annonce qu'il est temps de quitter les lieux. Nous proposons de commander un taxi.

— Hors de question, répond le chef qui ne veut pas dévoiler la localisation de sa villa, devenue un véritable QG.

Il n'y a que deux voitures pour une quinzaine de personnes. Sur le parking, une dizaine de soldats russes attendent impatiemment notre départ.

— Les journalistes français, montez dans le coffre ! ordonne l'un d'eux.

Puis il lance dans un terrible sarcasme :

— C'est une tradition russe de mettre les journalistes dans le coffre.

Le groupe de militaires s'esclaffe. Nous nous entassons à quatre dans le coffre. La voiture qui ouvre la route a un gyrophare ; elle ne s'arrête pas aux feux, roule à gauche, accélère dans les carrefours. Elle entre finalement dans une cour, en plein centre de Donetsk. On nous relâche, sonnés, hagards. Nous nous regardons avec mon confrère français :

— Appelons-nous dans l'après-midi pour essayer de remettre tout ça en ordre.

Marioupol

Le 24 janvier 2015, une salve de roquettes Grad, l'outil le moins précis de l'artillerie russe, est tirée sur le quartier Vostochny, à l'est de la ville : 30 personnes sont décédées, une centaine d'autres ont été blessées. Le soir-même, le président autoproclamé de la région de Donetsk, Alexander Zakharchenko, tout sourire devant les caméras, assumait ce tir de Grad sur des immeubles civils. Il justifiait alors ce crime de guerre comme le début d'une « offensive sur Marioupol ». Il ajoutait : « Avec l'aide de Dieu, d'ici deux jours nous aurons repris cette région. » Il faudra pourtant attendre 2022 pour que la Russie parvienne à s'emparer de la ville, au prix de dizaines de milliers de morts.

Quelques heures plus tard, j'arrivais sur les lieux, pour découvrir une ville sous le choc.

En ce matin d'hiver, les larmes, une colère difficilement dissimulée et une atmosphère lourde enveloppent le cercueil d'Alexander Demtchenko. Le ciel est gris, bas, et peine à retenir un brouillard tenace et glacial. Au bout d'un cimetière situé à l'est de Marioupol, une dizaine de trous ont été creusés en ligne. Au loin, les monstres métallurgiques qui font la richesse de la région crachent leur fumée noire. La famille du défunt se recueille. Dans un silence poignant, les proches de ce plombier jettent des poignées de terre sur le cercueil délicatement glissé dans son trou. Le plombier s'apprêtait à entrer dans un supermarché lorsqu'une roquette est tombée.

— C'était une bonne personne, il ne voulait pas se battre, il ne faisait pas la guerre, me chuchote le frère de la victime, en larmes. Nul ne nous a protégés, ni l'Ukraine, ni les oligarques de la région. Cette guerre permet aux riches de l'être encore plus. Nous, nous ne sommes que de la viande.

Alors que les employés du cimetière, qui portent des brassards aux couleurs de l'Ukraine, finissent de recouvrir le cercueil de terre, une autre famille en deuil se présente.

— Nous enterrons treize personnes aujourd'hui, ça faisait très longtemps que l'on n'avait pas vécu ça, confie Oleg Vitali, employé du cimetière. Nous sommes allés chercher des corps sur place, tout était détruit, c'était un cauchemar, je ne sais pas comment les gens vont pouvoir continuer à vivre ici.

Ce samedi-là, personne ne s'attendait à un tel drame. Proche de la ligne de front, Marioupol n'avait jamais été attaquée frontalement par les Russes.

Parmi les dégâts matériels, on compte un supermarché carbonisé, l'entrée d'une pharmacie dévastée, une dizaine de voitures brûlées sur un parking, des appartements détruits et des centaines de vitres explosées. Les cratères creusés par les explosions ne laissent aucun doute sur la provenance des roquettes. Toutes viennent de l'est de la ville, des positions occupées par les séparatistes pro-russes. Les experts de l'OSCE, qui se sont également rendus sur place, ont fait le même constat et ont qualifié ce bombardement de « téméraire, aveugle et honteux ».

Mais, sur place, les habitants sont nombreux à condamner l'Ukraine et à souhaiter le retour des séparatistes. Un homme prend des photos des dégâts avec son téléphone :

— J'ai acheté mon appartement en mars, je ne peux pas me permettre de partir. Et puis, je ne suis pas effrayé par une attaque des séparatistes, j'ai même peur qu'ils ne le fassent pas, affirme ce trentenaire qui regrette la période pendant laquelle Marioupol était occupée par les rebelles.

Une femme, accompagnée de sa fille et de sa mère, s'arrête devant un magasin détruit :

— Nous n'étions pas là quand c'est arrivé, mais nous avions laissé nos enfants à l'appartement. Ils ont eu très peur quand les vitres ont explosé. Maintenant, nous avons peur que les séparatistes reviennent, personne ne nous protège. Nous aimerions quitter la ville, mais où aller ?

La grand-mère veut voir les dégâts mais sa petite-fille, jeune femme aux cheveux bruns, discrète, soulève ses lunettes pour essuyer ses larmes. En état de choc, elle ne veut plus entendre parler de ce bombardement. Svetlana, propriétaire d'une boucherie, a appris que son magasin avait complètement brûlé :

— C'est dur, j'ai passé ma vie à travailler pour construire ce commerce. Personne ne me remboursera. On aurait pu sauver le bâtiment, mais les pompiers n'ont pas voulu venir.

Un homme qui observait les ruines, boussole à la main, se joint à la conversation :

— Ce sont les séparatistes qui ont tué nos familles, les mortiers viennent de l'est, confirme-t-il en posant son instrument dans le cratère creusé par l'explosion. Mais c'est au gouvernement de rembourser nos pertes, nous n'avons rien demandé, nous sommes pacifiques, ajoute-t-il.

Svetlana acquiesce et reprend la discussion :

— Vous savez, les gens ont peur de l'avenir dans le quartier. On ne peut pas vivre en étant perpétuellement inquiets.

OSCE

Dans ce *Far West* parfois aussi incompréhensible vu de l'extérieur que de l'intérieur, une institution s'est retrouvée au cœur des événements et, forcément, au cœur des critiques. L'OSCE avait pour mission de permettre à tous de se faire une idée de l'intensité des combats. Mais ses mandats tiennent à peu de choses. Pour travailler dans le Donbass, il lui fallait l'accord des Ukrainiens et des Russes, et encore des Russes, via les séparatistes. Si le Kremlin se montrait d'autant plus ouvert à ces missions qu'elles étaient en petite partie composées de citoyens russes (tous les pays membres envoyaient des hommes), les séparatistes servaient de variable d'ajustement. En somme, Vladimir Poutine montrait un visage plein de bonne foi en public, quand derrière, masqué, il savait bloquer les déplacements et entraver certaines enquêtes menées par les observateurs.

L'humeur des séparatistes et des Russes constituait une épée de Damoclès au-dessus de cette mission essentielle. Essentielle, car la guerre avançant, ONG et autres représentants d'institutions étrangères étaient progressivement expulsés du Donbass occupé. N'y restaient bientôt plus que l'OSCE et la Croix-Rouge internationale. Pour ne froisser personne, les rapports quotidiens des observateurs avaient été conçus de la façon la plus frustrante possible. Quand des tirs survenaient, aucun responsable n'était nommé, seulement une direction (« tirs d'est vers l'ouest »), qu'il fallait ensuite savoir interpréter sans certitude de trouver des coupables. L'enjeu principal était bien de pouvoir remarquer une éventuelle dégradation de la situation et non de pointer du doigt le plus violent des deux camps, car cela aurait certainement mis fin à la mission. Cette neutralité assumée a rendu fous Ukrainiens comme Russes, qui espéraient, toujours en vain, pouvoir frapper du sceau de cette institution internationale certains tirs meurtriers.

Le 15 août 2015, j'ai tenté d'aller à la rencontre de ces observateurs.

Le poste est sommaire mais impressionnant. Du toit de la gare de Donetsk, à quelques centaines de mètres de l'aéroport, la guerre se vit comme un match de tennis. À l'est, au niveau de l'ancien terminal, les positions séparatistes. À l'ouest, au bout des pistes, celles des Ukrainiens loyalistes. À chaque tir, les observateurs de l'OSCE tournent la tête afin d'identifier son origine et son point d'impact. Ils notent l'heure et le type d'arme sur leur calepin. Le soleil tape fort, ils ont installé un parasol sur le toit, comme pour le tour de France. Casquettes bien vissées sur la tête, stylos en main, gilets pare-balles et chasubles estampillées OSCE obligatoires, ils sont officiellement accueillis par un étonnant duo : un commandant russe et un commandant ukrainien, qui travaillent tous les jours ensemble pour coordonner ce qui est coordonnable. Le quartier de la gare a souvent été touché, la zone de l'aéroport est une des rares à n'avoir jamais connu de cessez-le-feu, elle fait l'objet d'une observation continue le jour. La nuit, quand les combats gagnent en intensité, les observateurs dorment, contraints de rester dans leurs chambres pour des questions de sécurité.

Quelques vitres de ce bâtiment ont été soufflées. En bas, une petite gare routière fonctionne encore, des bus rouillés s'y arrêtent péniblement chaque heure pour laisser monter les civils qui traversent la place en courant. Malgré de nombreuses demandes, aucun d'eux n'acceptera de me parler. La mission est tellement fragile qu'ils ont l'ordre de fuir les journalistes. Les séparatistes ont même lancé un étrange mouvement de protestation contre l'OSCE fin juillet 2015. Des manifestations, certainement organisées et coordonnées par des Russes, ont eu lieu à Donetsk et Lougansk. Elles faisaient écho à une frustration de ne pas voir les rapports de l'OSCE coller aux discours radicaux des propagandistes locaux. Lors d'un rassemblement, des manifestants avaient tagué sur les véhicules de la mission : « Votre silence tue nos enfants. » Le 9 août, quatre voitures blindées de l'OSCE ont été brûlées à Donetsk, sur le parking de leur hôtel. Depuis ce jour et jusqu'au 31 mars 2022, la fin de leur mission, les observateurs font quasi quotidiennement face à des menaces. Ils ont été bombardés, kidnappés (en juin 2014, huit d'entre eux ont été retenus un mois par les séparatistes à Slaviansk) et, pour la première fois, l'un d'eux a été blessé dans un bombardement le 28 juillet. Le 17 août, un séparatiste a menacé une équipe en déposant dans sa voiture un obus qui n'avait pas explosé. Des événements qui ont vite poussé les membres de l'OSCE à restreindre leurs capacités d'action côté séparatiste.

Finalement, c'est à Kyiv que je me suis rendu, pour y rencontrer le responsable de cette mission à l'époque, Alexander Hug, un Suisse. À la tête de plusieurs centaines d'observateurs capables de communiquer avec les trois parties du conflit et d'ouvrir des accès aux ONG, il s'est rendu indispensable. Mais, frustré par le cadre politique particulièrement contraignant, choqué par le drame du MH17, il a démissionné le 26 septembre 2018.

— Nous observons, établissons des faits vérifiés, mais ce n'est en aucun cas à nous de pointer du doigt, a d'emblée affirmé le chef des observateurs. Depuis le début, le 21 mars 2014, nous avons beaucoup appris, car nous avons dû évoluer avec la situation. Aujourd'hui, avec plus de 800 personnes, dont 500 observateurs, et un budget de 90 millions d'euros, nous couvrons l'ensemble du pays, de Lviv à Donetsk.

Les rôles des observateurs sont multiples. Ils assistent aux différentes manifestations organisées par les nationalistes ukrainiens, ils décrivent les mouvements d'un point de passage entre la Russie et l'Ukraine, situé en zone séparatiste, et coordonnent les négociations de Minsk. Alexander Hug était également capable de pousser les représentants des armées ukrainienne et séparatiste à se mettre autour d'une table pour organiser des cessez-le-feu locaux afin de permettre des réparations, tout en comptant les violations des accords de Minsk… De quoi donner une photographie d'ensemble du conflit.

À l'été 2015, la mission comptait 26 citoyens russes et 49 citoyens américains. Hug assumait :

— Nous ne faisons pas de secret à propos du nombre de Russes que nous avons dans notre mission. Si un membre, américain, russe ou suisse, peu importe, dépasse son autorité ou viole le code de conduite, nous avons un règlement très strict : la personne retournera à la maison. Et c'est déjà arrivé. Les attentes de ces États sont énormes, entre autres parce que cette crise est une de leurs principales priorités pour leur politique étrangère. Mais c'est la raison pour laquelle nous devons rester neutres dans nos rapports.

Quant à leur décision de ne pointer aucune responsabilité, Alexander Hug savait également se justifier.

— Si un observateur vient à moi et me dit, « Je suis côté rebelles et je viens de voir un lance-roquettes de type Grad, de conception russe, opéré par des gens cagoulés dont certains ont des insignes », ma question sera : « Comment savez-vous qu'il est russe ? » Tant qu'il n'est pas clair qu'ils viennent de la Fédération de Russie, on ne peut pas le dire. On essaie d'être le plus objectif possible, et c'est vraiment difficile pour moi et pour mes hommes, car on est au milieu. Combien de fois avons-nous observé une situation dans laquelle un homme alcoolisé tirait avec une arme légère et qu'en face, ils se croyaient attaqués et répondaient avec une arme plus lourde. À chaque fois, au bout d'une heure, ça se terminait en échanges à l'artillerie lourde… L'essentiel pour nous est de respecter le mandat qui nous est donné, qui comporte deux points principaux : l'observation et la facilitation de dialogue.

Ils observaient régulièrement la présence de soldats russes dans le Donbass, sans pouvoir communiquer sur la question.

— Lorsque j'ai rencontré deux soldats russes capturés en Ukraine en mai 2015, j'aurais pu leur poser beaucoup d'autres questions, et nous aurions pu publier leurs réponses. Mais nous devons garder en tête que nous avons un mandat d'observateurs, de moniteurs, un devoir de vérifier, pas de rassembler des preuves, estimait-il. Renvoyant la responsabilité des enquêtes à la presse, qui travaillait pourtant avec beaucoup moins de moyens.

Idiots utiles

Le temps de la guerre n'étant pas celui des médias, dès 2015, la presse occidentale a commencé à se désintéresser de la guerre en Ukraine qui, nous le comprenions déjà, était partie pour durer. Dans le Donbass, les séparatistes se sont installés, ils ont développé leurs ministères et leurs infrastructures, modestement abreuvés en roubles par la Russie. Puis ils ont commencé à s'intéresser aux journalistes. Les séparatistes se sont offert les services d'au moins quatre « idiots utiles » étrangers pour enfin comprendre ce que l'on racontait sur eux. Un Finlandais complotiste, un Texan au chapeau de cow-boy et un Français, ancien propagandiste de l'ancêtre du média Sputnik, « Voix de la Russie », bientôt rejoints par un quatrième larron, une Française, Christelle Néant. En échange d'un petit salaire et d'une collaboration avec les services russes et séparatistes, cette femme s'est mise à faire des listes de journalistes « hostiles ». Autant dire que je m'y suis retrouvé en bonne position, d'autant plus qu'elle m'avait pris en grippe, vexée par une enquête que j'ai réalisée pour StreetPress, dans laquelle j'avais épluché des centaines de courriels de leur service de presse, qui avaient fuité sur internet. J'en avais déduit que communistes et néonazis français se satisfaisaient sans problème de la convergence des luttes lorsqu'il s'agissait de se battre pour le Kremlin.

Après le « fichage » de Christelle Néant, seuls des blogueurs complotistes et des médias d'extrême droite et d'extrême gauche ont pu se rendre dans le Donbass, sans jamais produire le moindre travail journalistique. La journaliste de France 24 Elena Volochine était parvenue à s'y rendre une dernière fois et à montrer les vraies méthodes de Mme Néant, qui l'avait exceptionnellement autorisée à venir filmer en « RPD » (République populaire de Donetsk[1]). L'équipe de son agence de presse séparatiste avait été prise en flagrant délit de mise en scène : des soldats pro-russes s'étaient habillés en ukrainiens pour simuler une attaque.

En juillet 2023, elle a été saluée par Vladimir Poutine en personne lors d'une rencontre au Kremlin. Après lui avoir proposé de la pistonner comme une stagiaire chez Russia Today, il a regretté qu'il n'y ait pas davantage de « journalistes courageux », prêts à « dire la vérité sur le conflit ». Mme Néant, qui a contribué à empêcher les journalistes indépendants de travailler en collaborant avec les services de renseignement, en a rougi, incapable de comprendre que dans cette séquence, le chef du Kremlin remerciait les derniers idiots utiles occidentaux qui étaient encore à ses côtés. Comme la totalité des gens qui passent leur vie à désinformer (aussi appelé réinformation), elle comme le chef du Kremlin parlent de « vérité », dont ils seraient les seuls détenteurs.

La radicalisation de cette femme s'est déroulée selon un schéma classique, plusieurs fois observé dans ce conflit. Tout comme la médiatique Anne-Laure Bonnel, Christelle Néant

1. France 24 – Elena Volochine, « Donetsk, une « république sous perfusion ».

partait d'un bon sentiment. Elle a été choquée – sentiment humain –, par la mort des habitants du Donbass. Mais son indignation, rendue sélective par la propagande russe, l'a poussée à ignorer la réalité de la guerre : les *babouchki* meurent de la même façon des deux côtés du front. Les missiles russes ne font pas moins mal que les missiles ukrainiens. C'est ainsi que cette femme s'est retrouvée à ne couvrir la guerre que d'un seul côté, en ne montrant que les victimes, les cadavres, le sang. Cette propagande basique, qui a pour objectif de manipuler par l'émotion, fonctionne d'autant mieux qu'elle s'appuie sur un argument : les Occidentaux ne seraient sensibles qu'aux morts du côté ukrainien. Une affirmation qui fonctionne chez certaines personnes qui constatent que la presse ne couvre qu'un côté du conflit, sans savoir que nous n'étions tout simplement pas autorisés à couvrir l'autre camp.

Le profil de Christelle Néant n'est pas si original. Beaucoup de ceux qui sont venus soutenir les séparatistes souffraient du capitalisme et ne parvenaient pas à trouver leur place dans nos sociétés. Souvent célibataires, allergiques aux féministes et en quête de femmes de l'Est soumises, selon le vieux cliché, pour les uns, au chômage et sans perspectives professionnelles pour les autres, ils ont trouvé avec le Donbass une raison de vivre, un combat contre les injustices de la guerre pour exister.

Ainsi ce journaliste américain, qui avait débarqué avec un lapin en peluche dans son sac à dos et qui disait avoir été retenu plusieurs jours par des islamistes en Syrie.

Ou cet ancien Marine, trumpiste. Il était venu à Donetsk en touriste de guerre. Un soir de beuverie avec des séparatistes, il avait failli écraser des civils en faisant le pitre avec un blindé que ses camarades, fascinés par les États-Unis, avaient bien voulu le laisser conduire.

Et cet Européen qui était arrivé un beau matin à l'auberge de jeunesse en expliquant être fan d'armements. Il avait pour objectif d'aller en parler avec les combattants sur le front. Nous lui avions déconseillé de s'y rendre sans protection ni statut particulier, à une période où les soldats voyaient des espions partout. Il était revenu le soir avec des dizaines de photos d'armes. Nous étions bluffés.

Et aussi ce Français, qui se disait photographe. Il s'est rendu à Donetsk sans parler ni russe ni d'anglais, sans carte SIM ni la moindre compréhension du conflit. Trois jours plus tard, il est revenu blessé du front, sans son collègue italien ni son traducteur russe, décédés dans un tir d'artillerie. En rentrant à Paris, il n'a rien trouvé de mieux à faire que de porter plainte contre l'Ukraine.

Et encore ce Colombien, membre des FARC. Venu combattre le capitalisme et l'impérialisme américain à Donetsk, il s'était retrouvé à défendre les belles et grandes maisons du quartier de l'aéroport sur ordre du commandant de son bataillon. Lui était dépité :

— Je n'étais pas venu ici pour protéger les maisons des bourgeois…, m'avait-il confié pendant une discussion nocturne.

Puis, il y a eu l'histoire de cet étonnant ancien élu d'extrême droite du sud de la France, Hubert Fayard, subitement apparu dans le monde merveilleux des poutinophiles, avant d'en disparaître tout aussi rapidement. Cet homme, décédé depuis, m'a permis d'observer la radicalisation en temps réel d'un militant lorsqu'il est retourné par la propagande. Je l'ai rencontré à Moscou, alors qu'il rentrait de son premier voyage à Donetsk. Lui qui ne parlait pas un mot de russe et ne connaissait pas l'histoire de la région, s'est fait balader par… Christelle Néant. Dans un bar de la capitale tenu par un Français fan de Poutine, il avait organisé une conférence de presse en présence de deux autres Français qui s'étaient fait embarquer dans cette histoire. Il m'avait recraché mot pour mot la propagande séparatiste. J'avais tenté de le contredire, de répondre à ses contre-vérités. Mais il était déjà sourd. Ses deux collègues, par contre, étaient venus me voir à l'issue de cette rencontre pour me faire part de leurs doutes.

— Ils ne nous ont rien dit de tout ça là-bas, on va se renseigner en rentrant, m'avaient-ils dit.

Les séparatistes ont vu en Fayard un homme aussi motivé que facile à utiliser. Lui qui avait eu une courte carrière politique aux côtés de l'extrême droite, s'est laissé entraîner sans le moindre recul dans la propagande pro-russe. Les réseaux sociaux ont accéléré sa radicalisation. J'ai eu de longs débats avec lui. Ils se terminaient de plus en plus rapidement par des insultes de sa part. Poussé par ses contacts à Donetsk, il a voulu faire parler de lui en ouvrant une « ambassade de la République populaire de Donetsk à Marseille ». Cette « ambassade », qui n'était qu'une association, n'a pas été du goût du quai d'Orsay, qui l'a mené devant la justice. Fayard a fièrement remporté la première bataille de cette guerre en 2018, devenant une star à Donetsk, avant de voir son ambassade Potemkine dissoute en mars 2021.

Dans les années 2000, Fayard a fait partie de ceux qui se sont fait de l'argent sur la misère sentimentale et financière, en créant une agence de rencontre entre femmes de l'Est et hommes de l'Ouest. Son site, « Amour de Russie », présentait les femmes de l'Est de la façon la plus abjecte qui soit, avec les clichés encore entretenus aujourd'hui par les Français engagés dans le Donbass, qui voient en Vladimir Poutine un défenseur des valeurs traditionnelles. Fayard décrivait ces femmes ainsi :

> « La femme des pays de l'Est a des qualités faisant d'elle la compagne idéale : la femme russe et, plus généralement, celle des pays de l'Est (Ukraine, Biélorussie, Lettonie) est très romantique et souhaite fonder une famille. Elle possède des valeurs morales qui ont parfois tendance à se perdre dans les pays occidentaux. Enfin, elle est d'un type de beauté conforme aux canons de beauté du monde occidental. »

Est-ce à cause de cette entreprise que cet homme qui niait l'existence de l'Ukraine comme nation s'est soudain retrouvé en prison en mars 2021, accusé de proxénétisme aggravé ? Toujours est-il que cette affaire a suffisamment embarrassé nos amis français de Donetsk pour qu'ils décident de lui tourner le dos. Mais en privé, certains croient encore dur comme fer que le ministère des Affaires étrangères a œuvré pour faire tomber cet homme et son ambassade imaginaire.

Nous avons fini par être expulsés du Donbass en 2015. Du jour au lendemain, la règle s'est durcie : ceux qui avaient utilisé ou utilisaient encore le terme « séparatiste » pour décrire les rebelles du Donbass se verraient refuser leur accréditation. Le défi était perdu d'avance pour moi. J'avais décidé d'employer ce terme dès le début du mouvement… séparatiste. Ce mot était contesté à Donetsk, non pas pour son sens initial, qui correspondait à la réalité, mais pour l'usage qui en était fait en Ukraine. Car, à Kyiv, on qualifiait la première année de guerre d'« opération antiterroriste », et les rebelles armés du Donbass de « terroristes », mais ce n'était pas très crédible. Il avait finalement été décidé d'utiliser un mot plus convenable : séparatistes. Pour les séparatistes en question, le mot était connoté à cause des Ukrainiens. Ce terme était pourtant à leur avantage, puisqu'il ne prenait pas en compte la présence d'une armée étrangère. Mais rien n'y a fait, le mot a été diabolisé. Le 15 septembre 2015, j'apprenais que j'étais interdit de territoire dans les républiques autoproclamées de Donetsk et de Lougansk. Coup dur.

Russie

Ainsi se refermait ma fenêtre sur le Donbass. Les Russes, les séparatistes, les deux peut-être, avaient décidé de priver les habitants de la région d'un droit de parole et d'expression dans la presse étrangère. Ce n'est pas la première guerre qui évolue de cette façon. Les initiateurs de ces situations ont tout à gagner : un meilleur contrôle de l'image et de la situation, ainsi que la naissance de la rancœur au sein d'une population qui se sent abandonnée par l'Ouest. Combien de fois ai-je entendu les gens du Donbass, à distance ou lors de mon retour sur place quelques années plus tard, dénoncer un manque d'intérêt de la presse occidentale pour leur quotidien. À chaque fois, ils étaient surpris d'apprendre que nous avions simplement été empêchés de leur donner la parole.

Mais le mal était fait. Le Donbass s'est enfermé dans une bulle informationnelle. C'est une dictature sans justice, qui torture et exécute à l'envi. Une mini-Russie, encore plus autoritaire que la grande Russie, inondée de sa propagande. Mais aucune population n'est stupide. L'Ukraine l'a d'ailleurs un peu oublié à l'époque : elle est partie du principe que la population était définitivement perdue. La force de la propagande russe est telle que beaucoup d'Ukrainiens ont considéré que les cerveaux seraient rapidement retournés, que ce serait irréversible. Ainsi, le discours qui consistait à dire « on n'a qu'à leur laisser le Donbass et ce sera réglé » s'était-il fortement répandu en Ukraine.

Pourtant, au cours des mois puis des années, j'ai vu la mentalité des gens de « RPD-RPL » évoluer. Ils avaient cru, au début, que la Russie allait les annexer et avaient balayé d'un revers de la main le projet de création d'un territoire indépendant, la « *Novorossiya* ». Ils avaient ensuite appris à se montrer patients, compris que la Russie n'était pas pressée de les avoir dans son giron. Ils acceptaient, en attendant, de vivre dans ces Républiques fantoches, celles dites « populaire de Donetsk » et « populaire de Lougansk ».

Mais, au cours des années, l'impatience a repris le dessus. Personne ne voulait vivre en « RPD ». Le contrat initial était bien de rejoindre la Russie ou, encore mieux, vivre dans un équilibre entre Kyiv et Moscou. Sauf qu'aucun ne voulait des habitants du Donbass. Jusqu'à 2022, cette région n'a servi qu'à une chose pour Moscou : un couteau dans la plaie européenne pour imposer sa vision des choses aux Occidentaux. Ce n'est pas pour rien que, avant chaque sommet international, des regains de tensions étaient observés sur le front.

Après Donetsk, je suis allé vivre à Kyiv. J'ai multiplié les reportages au cœur des bataillons ukrainiens sur le front. Mais le désintérêt médiatique était tel que la majorité de ces reportages n'ont jamais été publiés. Dans le même temps, je profitais de chaque rencontre avec des diplomates, des ambassadeurs ou des ministres pour alerter sur le besoin urgent de mettre sur la table l'accès à la presse dans le Donbass. Si, à chaque fois, mes interlocuteurs découvraient l'existence de cette interdiction massive, rien n'a jamais changé. Rêver d'intégrer une ouverture à la presse dans les accords de Minsk était vain, alors que personne ne daignait appliquer les autres accords. Une autre difficulté se posait. Ukraine comme Russie n'auraient jamais accepté de recevoir les journalistes ukrainiens dans le Donbass, russes en Ukraine. Le Donbass étant devenu une obsession, il ne me restait plus qu'à espérer une réouverture, un jour peut-être, de la région…

Début 2017, j'empilais les reportages non publiés. Je passais du temps avec mes amis à Kyiv, mais je peinais à gagner ma vie. Le journaliste du service monde d'un journal m'avait énoncé les choses clairement : « Après Maïdan, la Crimée et ces deux ans de guerre, les gens sont fatigués, nous ne publierons plus que rarement des reportages sur le sujet. » Dans le même temps, alors que mon moral était au plus bas, épuisé psychologiquement par plus de deux ans de guerre, les rédactions de *Libération* et d'*Ouest-France* me suggéraient d'aller m'installer à Moscou. Leur correspondante venait de quitter la ville pour rentrer à Paris.

Même si j'étais tombé amoureux de l'Ukraine, j'avais secrètement la Russie en tête depuis mes voyages à Saint-Pétersbourg. J'avais lu entre-temps les livres de la journaliste de la *Novaïa Gazeta*, Anna Politkovskaïa, assassinée le 7 octobre 2006. Elle m'avait appris que le journalisme se fait à la source, là où naissent les accords tacites entre population et gouvernements, souvent par une manipulation qui finit par rendre toutes les horreurs possibles. Dans le cas d'Anna Politkovskaïa, il s'agissait des prises d'otages, attentats et guerres en Tchétchénie. Dans mon cas, il s'agit au moins des guerres en Syrie et en Ukraine.

En février 2017, j'atterris à Moscou, sans savoir que j'y passerai plus de six ans de ma vie. Mon objectif principal est de comprendre et documenter tout ce qui, dans la vie de la société russe, permet au gouvernement d'envahir son voisin. La clé de cette guerre est à Moscou.

Il s'agissait de mon premier retour à Moscou depuis 2012. Cette année-là, j'avais photographié Boris Nemtsov (assassiné en 2015) et Alexeï Navalny (emprisonné en 2021), lorsque Vladimir Poutine était revenu au pouvoir après un tour de passe-passe entre lui et son ancien Premier ministre Medvedev. Ce dernier avait servi de marionnette le temps d'un mandat, permettant à Vladimir Poutine de garder le pouvoir officeusement et de se faire réélire en 2012. Le soir de cette nouvelle victoire électorale, j'avais pu voir, pour la première fois, Vladimir Poutine en chair et en os. Je m'étais même, par hasard, retrouvé en situation de lui serrer la main. Le chef du Kremlin se permettait encore des bains de foule à l'époque ! Son discours avait fait parler pour la petite larme qui avait coulé sur son visage. Pour avoir assisté à la scène, je peux confirmer que le chef du Kremlin n'avait pas pleuré, c'est bien le froid et le vent qui avaient fait apparaître cette larme. Dans son discours, il avait affirmé avoir « gagné dans une lutte honnête et ouverte » (!), au cours d'un scrutin pourtant marqué par les différentes fraudes que le système électoral russe sait organiser.

Mon arrivée à Moscou n'a pas été facile à vivre. Mon niveau de russe n'était pas bon, l'installation d'un nouveau correspondant ne pouvait se faire sans un océan de paperasse incompréhensible, même pour les Russes qui tentaient de m'aider. Puis Moscou, cette gigantesque capitale inhumaine de plus de 13 millions d'habitants, m'a assommé. Les immeubles écrasent le visiteur, les trottoirs le rendent petit, les autoroutes en pleine ville rendent le tout hostile. Sans parler de ce « *running gag* » que sont les chantiers de la capitale.

Depuis mon premier jour sur place, on m'a régulièrement expliqué que la femme du maire Sergueï Sobyanine détenait une société qui faisait des pavés et que cela expliquait le fait qu'ils soient refaits quasiment tous les ans. Je n'ai jamais su si c'était une légende ou non.

Pas de chance, en 2017, j'arrive en ville quand le maire lance un grand chantier de destruction et de reconstruction des trottoirs de la capitale, en vue de la Coupe du monde de football de 2018. Je découvre alors l'hostilité des étés à Moscou : le soleil qui ne se couche presque pas la nuit, la chaleur intense et les chantiers qui tournent à plein régime jour et nuit, alimentés par une main-d'œuvre d'Asie centrale sous-payée, la pollution sonore et lumineuse à son paroxysme, à laquelle s'ajoutent parfois les fumées des incendies des régions. Noyé dans ma paperasse, privé de sommeil, bloqué par la difficulté d'y réaliser des reportages, je ne suis pas loin, à l'été 2016, de quitter définitivement le pays, il faut l'admettre, totalement dégoûté par cette ville.

Ce sont finalement les longs hivers à faire du patin à glace et du ski de fond qui me sauveront et me réconcilieront partiellement avec Moscou, que je n'aimerai jamais vraiment. L'énorme fossé entre l'extrême richesse des uns et la pauvreté des autres saute aux yeux de qui s'est déjà rendu hors de la capitale. Cette vitrine au budget illimité est d'une indécence certaine, tant la misère qu'elle cache est immense au-delà du périphérique.

Mais comme tous les expatriés, je finis par m'habituer au rythme de la vie moscovite, à faire mes courses dans des supermarchés considérés comme étant « de luxe », à pouvoir commander et me faire livrer tout et n'importe quoi à n'importe quelle heure du jour et de la nuit, à prendre goût aux immenses « *food courts* », qui rassemblent des dizaines de restaurants.

Pour travailler en Russie comme journaliste, il faut avant tout connaître le numéro de téléphone d'un homme, dont le travail est de passer les plats entre les journalistes français et ses responsables du ministère des Affaires étrangères russe. Une fois cet homme, dont personne n'a jamais eu l'honneur de voir le bureau, contacté, il faut lui transmettre des documents. Autrefois, cela se faisait dans la rue, devant le ministère. Maintenant, c'est à distance, en les déposant dans une boîte à lettres. Puis les fonctionnaires traitent le dossier. Ils vérifient avec les services de sécurité, le FSB, que vous ne représentez pas une menace pour le pays. Enfin, ils vous délivrent une accréditation et une lettre, vous donnant droit à un visa d'un an. L'accréditation est précieuse : sans elle, impossible de travailler en Russie. À l'époque, elle permettait parfois l'accès à des événements officiels. La lettre, elle, vous octroie le droit d'aller perdre une à plusieurs heures dans un centre des services de l'immigration, rue Pokrovka, dans le centre-ville. Quand je suis arrivé en 2017, le guichet destiné à la presse venait de fermer, il nous fallait donc faire une queue anarchique, patients mais stressés, avec des dizaines de personnes qui, elles, étaient dans des situations délicates. L'administration nous donnait théoriquement le droit de doubler, mais comment doubler quand vos voisins n'ont plus que quelques heures avant d'être envoyés devant un tribunal ?

Tout ce système ne fonctionnait pas si vous n'aviez pas un enregistrement. Il doit être fait à chaque fois que vous revenez dans le pays ou que vous revenez d'une autre région – soit très régulièrement quand vous êtes journaliste. Vous ne pouvez pas l'obtenir vous-même : c'est au propriétaire de votre appartement de se rendre en personne dans un des bureaux des services de l'immigration ou un commissariat de police, pour vous déclarer à son adresse. Mais comment faire, alors que de nombreux propriétaires vivent à l'étranger et n'ont de toute façon pas que ça à faire ? Car renouveler son enregistrement toutes les deux semaines n'est pas vraiment possible. Il faut ruser, chose pas évidente quand vous ne maîtrisez pas les codes du pays. À ce jour, même si le système vient d'être numérisé, l'enregistrement demeure l'outil principal des autorités russes pour s'en prendre à vous si le besoin s'en fait sentir.

En quelques mois, j'ai découvert la difficulté de travailler dans un pays dans lequel on vous considère, un peu, au fond, comme un indésirable, et dans lequel la presse indépendante est plus que mal vue. Je découvre les « lettres officielles de la rédaction tamponnées » pour pouvoir faire la moindre demande. J'ai souvent obtenu un « non » officiel sous trois semaines, quand l'événement en question a lieu dans le week-end qui suit. D'abord rebelle, j'envoyais balader les services un à un en leur expliquant que j'avais autre chose à faire que de leur envoyer des courriers. Puis sage, je les faisais officiellement signer par le rédacteur en chef du journal qui m'accréditait, *Ouest-France*, sans savoir que je mettais les doigts dans un engrenage sans fin. La lettre n'était que la première étape : l'obtention de la réponse nécessitait un harcèlement téléphonique. Mais pour harceler quelqu'un, il faut son numéro, celui du service que, au standard, personne ne connaît. En somme, mes deux premières années en Russie ont été particulièrement compliquées…

Trois ans après l'annexion de la Crimée, les sanctions et contre-sanctions qui s'étaient ensuivi pouvaient être mal acceptées par certains Russes, mais la société n'était pas du tout devenue hostile à l'Europe. Il était souvent considéré que nous, Européens, n'avions pas assez bien révisé notre histoire et que nous étions incapables de comprendre ce que représentait ce joyau pour les Russes.

Rapidement, j'ai voulu me rendre dans la péninsule, dont je n'avais pas pu couvrir l'annexion. Le temps de m'organiser et de trouver des financements, et j'atteignais le chantier du pont de Crimée, en novembre 2017. La visite du chantier, sensible, symbole de cette annexion dont Vladimir Poutine était si fier, ne pouvait évidemment se faire que dans le cadre d'un voyage de presse. Les jeunes femmes chargées de nous faire visiter les lieux étaient particulièrement stressées à l'idée de recevoir des journalistes non russes, peu enclins à cautionner les mises en scène.

Froid tenace, vent qui traverse les vêtements, la nature, ici, peut être radicale. Sur place, on est habitué aux tempêtes et aux brouillards épais. Les mouvements de glace sont violents l'hiver, les tremblements de terre y sont plus réguliers qu'ailleurs. C'est ce qui explique que Napoléon, Hitler et Staline se soient cassé les dents sur ce détroit. Napoléon avait rêvé de ce pont. Hitler en avait commencé les travaux, stoppés par un bombardement allié en septembre 1943. Staline les avait repris en 1944, mais ce premier pont avait été détruit par la glace. Sur le chantier, les ingénieurs promettaient alors d'être dans les temps, malgré les nombreux obstacles. Il y avait les sites archéologiques et les volcans de boue à éviter, les lieux de bataille de la Seconde Guerre mondiale à déminer. Le tout, à réaliser en un temps record, sous l'égide du Kremlin. Et, officiellement, sans technologies ni entreprises étrangères, car le chantier faisait l'objet de sanctions occidentales.

— Les Chinois nous ont proposé leur aide, mais nous avons décidé de tout réaliser nous-mêmes, avec des ouvriers et des entreprises russes, n'oublie pas de préciser Sima Ayvazian, attachée de presse. (Face aux multiples attaques de l'Ukraine sur ce pont, la Chine aurait proposé fin 2023 de participer à la construction d'un tunnel entre la péninsule et le continent).

Contre toute attente, le sujet principal de cette visite, ce sont : les dauphins. Sima Ayvazian l'assure :

— Nous avons compté un millier de dauphins lors de l'étude d'impact du chantier et nous sommes formels : le pont a amélioré la fécondité des dauphins.

Le sujet est récurrent dans la région, qui compte effectivement un certain nombre de cétacés. Les Ukrainiens les dressaient déjà, avant l'annexion, pour protéger le port de Sébastopol. Depuis, les Russes auraient récupéré ces troupes, qui selon l'ancien président ukrainien Petro Poroshenko, en 2018, seraient restées fidèles à l'Ukraine au point de s'être laissées mourir… Quant à la Russie, elle annonce régulièrement renforcer le nombre de dauphins à l'entrée du port militaire, visé à plusieurs reprises par des drones marins ces deux dernières années.

Le projet est avant tout considéré par la presse étrangère comme symbolique. Il est l'image de l'annexion de la région, qualifiée de « rattachement » au reste de la Fédération de Russie. Sur le terrain, où système bancaire et aéroports internationaux sont hors d'usage depuis l'arrivée des Russes, et les frontières avec le reste de l'Ukraine partiellement voire entièrement fermées, le pont représente la perspective d'un lien avec le reste du monde. Les traversées qui se faisaient jusqu'alors en bac pouvaient être longues l'été, impossibles au cours des tempêtes hivernales. Et surtout, avec l'annexion, les prix avaient explosé. D'où la volonté de Roman Novikov, ingénieur sur ce chantier, de rassurer :

— Les travaux de conception ont été réalisés en parallèle des travaux d'étude du terrain pour gagner du temps. Il faut normalement dix ans pour réaliser un tel chantier. Il nous en aura fallu quatre.

En haut d'une arche, je rencontre Alexandre Bakhirev, un soudeur russe.

— La traversée en *ferry* coûte 20 000 roubles (environ 300 euros à l'époque) aux chauffeurs. Avec le pont, ce sera beaucoup moins cher de transporter les marchandises, le coût de la vie baissera, affirme-t-il.

L'ouvrier réalise le chantier de sa vie :

— Ce projet, c'est tout pour moi. Sébastopol, au sud de la Crimée, a toujours été notre fierté et elle sera bientôt reliée à la Russie.

Il en est convaincu, avec cette route, « les habitants vivront bien mieux qu'à l'époque ukrainienne ».

Une chose est claire : pour convaincre, la Russie a investi. En Crimée, les routes sont plus belles que partout ailleurs dans le pays. Les grandes villes sont reliées par des autoroutes neuves, des bases militaires ont pullulé aux quatre coins du territoire. À défaut de permettre aux Criméens d'être reconnus aux yeux du monde, ils l'ont au moins été aux yeux des touristes russes, qui manquent affreusement de cités balnéaires. Les premiers étés après l'ouverture du pont ont été fructueux pour les habitants de la péninsule, au point d'occasionner des coupures d'eau et d'électricité.

En vue du référendum d'annexion organisé par la Russie le 16 mars 2014, la grande majorité des Russes et une partie des Occidentaux ont considéré que cette histoire était une affaire conclue. L'idée d'un retour de la Crimée en Ukraine était taboue, elle permettait de se débarrasser d'un poids en vue des négociations de cessez-le-feu dans le Donbass. Les Occidentaux n'ont jamais reconnu la Crimée russe, mais lorsque le Kremlin a lancé son offensive sur l'Ukraine en 2022, le sort de la Crimée semblait encore tabou chez tout le monde sauf, bien sûr, chez les Ukrainiens. Le Kremlin, qui mise toujours sur les faiblesses et les divisions au sein de ce qu'il appelle « l'Occident collectif », l'avait bien compris.

Il est vrai que les 96,77 % d'approbation de l'annexion obtenus lors du référendum ont de quoi convaincre les moins familiers de la notion de démocratie à la russe. Comme pour tous les scrutins organisés sous occupation dans le Donbass, la Russie s'est donné toutes les chances de faire exploser les résultats. Des milliers d'Ukrainiens ont quitté la péninsule à l'arrivée des Russes, qui n'ont pas manqué de s'approprier leurs logements pour en faire des maisons de vacances. Les voix dissidentes ont été martyrisées, arrêtées, torturées, emprisonnées, parfois tuées. Le parlement de Crimée s'est exprimé pour l'annexion, sans la présence d'opposants dont certains ont pourtant retrouvé leur nom chez les votants. Un climat de peur et de terreur a été instauré sur le territoire, envahi par les « hommes polis », dont nous avons déjà parlé. La date du référendum a été changée au dernier moment, aucune voix dissidente n'a été autorisée, les médias sous contrôle ont été univoques. Impossible donc d'avoir la moindre idée de ce qu'auraient voté, dans une situation paisible et démocratique, les habitants de la péninsule.

Moustafa Djemilev, chef de file du Mouvement national des Tatars de Crimée, en exil à Kyiv, avait alors estimé que le véritable taux de participation ne s'était pas élevé à 82 % mais à 32,4 %. Qui pour s'en émouvoir dans une société privée de débats publics, de liberté d'expression et de médias libres ?

Les Tatars, peuple établi dans cette péninsule depuis le XIIIe siècle, paient d'ailleurs le prix fort de cette annexion depuis le premier jour. Attachés à leurs terres, leur opposition n'est à l'origine pas politique, c'est celle d'un peuple qui ne veut pas se laisser déraciner par une nation impérialiste. D'autant plus que ce peuple musulman connaît la chanson. Catherine II avait organisé leur déportation, Staline n'avait pas hésité à s'attaquer à eux durant les grandes purges, puis à les déporter à son tour pendant la Seconde Guerre mondiale.

En 2017, j'ai traversé le détroit de Kertch pour rencontrer ceux qui restent dans leur fief, à Bakhtchissaraï, en plein cœur de la Crimée.

Quatre femmes voilées entrent dans le salon et s'assoient en silence. Mumine, Dilara, Aiche et Zareva ne cachent pas leur inquiétude. Quelques jours plus tôt, six Tatars, dont leurs maris, ont été arrêtés par la police russe.

— À 6 h 20, des hommes ont débarqué chez nous, armés et cagoulés, témoigne Aiche Assanova. Ils ont cassé la porte, jeté mon mari à terre, puis ils ont retourné la maison et cherché des armes jusque dans les lits de nos enfants et les cages des lapins dans le jardin. Les policiers ont volé toutes nos économies avant de partir.

Accusés de terrorisme, les six « suspects » encourent jusqu'à vingt ans de prison. Les autorités, souhaitant donner l'image d'une population acquise à Moscou, multiplient depuis l'annexion les perquisitions et les arrestations dans cette communauté qui représente environ 10 % de la population de la péninsule.

— Quand ils ont perquisitionné ma maison, ils ont cherché des armes dans les livres de mes enfants et dans mes livres d'économie, ironise Mumine Saliyeva, économiste et femme d'un autre Tatar arrêté le 11 octobre. On nous a toujours collé des étiquettes. Au XVIIIe siècle, on nous prenait pour des voleurs ; en 1944, pour des traîtres ; aujourd'hui, on nous qualifie de terroristes. L'histoire se répète.

Le pouvoir russe lutte contre ceux qui pensent différemment. D'après lui, nous représentons un danger. Nous souhaitons juste vivre calmement sur nos terres en pratiquant notre religion. Depuis que la Russie est arrivée, ce n'est plus possible.

Au moins 70 Tatars de Crimée sont actuellement emprisonnés en Russie, dont 25 pour terrorisme.

— Ils ont pris l'habitude de s'attaquer aux citoyens engagés qui s'expriment en public, sur les réseaux sociaux, poursuit Mumine Saliyeva.

Jeune Tatar engagé pour la libération de ceux qu'il considère comme des prisonniers politiques, Server Moustafaev raconte que la répression fonctionne par vagues. À chaque fois que les persécutions prennent de l'ampleur, l'angoisse de la perquisition réapparaît.

— Tous les jours, on se réveille vers 6 heures parce qu'on sait que la police peut débarquer à tout moment. On ne prend plus nos voitures de nuit et on ne voyage plus seuls, car on a déjà eu des cas d'enlèvements ou d'arrestations à la suite de contrôles routiers. On se doit d'être irréprochables parce que, en Russie, tout peut nous mener au tribunal.

Sourinda

En devenant correspondant en Russie, j'ai commencé à être invité à de nombreux voyages de presse organisés par les régions, les ministères ou des entreprises privées. J'ai rarement accepté d'y participer. Ce genre de voyages, partiellement ou entièrement payés, ne représentent pas des conditions idéales pour travailler ; la question de la déontologie se pose toujours. Mais le fait est qu'ils m'ont permis d'accéder à des endroits inaccessibles autrement. J'ai, par exemple, eu l'occasion de visiter l'usine de fabrication d'hélicoptères civils et militaires d'Oulan-Oude, de la société Hélicoptère de Russie. Sur le parking de l'usine, plusieurs hélicoptères militaires vendus à l'Afrique s'apprêtaient à rejoindre leur armée de destination.

J'ai également pu accéder à des zones reculées. Mon dernier voyage de presse avant que la Russie ne cesse d'en organiser s'est déroulé en octobre 2021, dans la région de Krasnoïarsk. L'antenne locale du ministère russe des Affaires étrangères (MID) nous avait emmenés en hélicoptère sur les traces de la catastrophe de la Toungouska, lieu d'une étrange explosion survenue en 1908. Sur le retour, nous avions passé quelques heures dans un petit village de 450 habitants, Sourinda. La taille de ce pays est parfois difficile à se figurer : il nous avait fallu prendre deux avions et un hélicoptère pour atteindre cette zone proche du cercle arctique. Je reviens ici sur ce voyage parce qu'il était à l'image de ce qu'est la Russie : un pays plein de bonnes volontés qui se confrontent à la triste réalité d'un pouvoir qui ne pense qu'à ses intérêts. Un pays riche à la population pauvre. Mais aussi une culture intégrée de la propagande, guidée par un état d'esprit très russe. Un élu communiste de Toliatti m'avait confié, lors d'une interview :

— Nous avons plein de problèmes en Russie, mais nous ne préférons n'en parler qu'entre nous.

Il avait ainsi compliqué mon reportage sur la gestion de l'usine Lada locale par Renault.

Sourinda est situé à 700 kilomètres au nord de la capitale régionale, Krasnoïarsk, en Sibérie, à 300 kilomètres du cercle arctique et à plus de 3 000 kilomètres de Moscou. Pourtant, si le ministère des Affaires étrangères a décidé de nous y emmener, ce n'est pas pour rien. Moscou a un projet pour ce village : il doit devenir le village témoin de l'Arctique russe. En somme, un village moderne avec eau, électricité, hôtels, infrastructures pour touristes, réseau téléphonique… Les organisateurs du voyage sont des locaux motivés par la volonté de faire connaître leur région au monde entier. Ils se voient déjà faire venir des touristes en pleine taïga pour leur faire découvrir la culture évenk, ses chamans, sa cuisine, sa musique, sa langue et sa nature. Et, sincèrement, je serais le premier à signer pour y retourner.

Mais lorsque j'arrive sur place, le village n'a de l'électricité et un réseau téléphonique que depuis deux jours, et des toilettes au frais, au fond du jardin. « Bienvenue à Sourinda. Malheureusement, le gel n'est pas encore arrivé, nos chemins sont boueux », s'excuse Tatiana Savatieva, l'édile du village. La quinquagénaire s'est mise sur son trente et un pour accueillir la pelletée de journalistes, majoritairement français, venus découvrir son village. Son projet, comme celui du Kremlin, est de créer « un village ethnique ». L'accueil est chaleureux, comme il l'est toujours en Russie. D'autant plus que pour beaucoup de locaux, c'est la première fois qu'ils rencontrent un étranger. Mais ceux-ci ne sont pas près d'y mettre les pieds, il n'y a ni hôtels, ni infrastructures, ni même rien à faire au milieu de ce désert magnifique de taïga. Les vols en hélicoptère doivent être arrangés par téléphone avec un aéroport local, la possibilité d'un logement doit être discutée avec le maire du village. La question des enregistrements (nous devons systématiquement être déclarés aux autorités), que même nos accompagnateurs du MID ne sont pas parvenus à régler, empêcherait toute visite d'étrangers…

Mais la maire est optimiste et espère que son tampon « arctique » lui permettra de développer son village.

— Il n'y a rien d'incohérent à ce que le Kremlin nous considère comme village arctique, nous nous sentons plus proches de cette région, nous sommes des gens du Nord. Nous avons une vie semblable à celle des villages du Grand Nord, nous sommes isolés, les températures peuvent descendre jusqu'à −40 °C l'hiver.

Les premiers fonds envoyés par le Kremlin iront à la réhabilitation du village. Des dizaines de maisons en bois qu'il faut isoler, alimenter en électricité, une école à rénover, des services publics qu'il faut rendre accessibles ici, loin de tout. L'initiative paraît périlleuse, mais nos guides nous assurent que le projet connaît déjà des avancées concrètes.

— Douze maisons ont été rénovées et nous avons une petite clinique toute neuve. Un bureau de poste et un hôtel vont bientôt apparaître, se satisfait Tatiana Savatieva. Je suis encore en train d'apprendre mon numéro de téléphone, j'ai eu ma première carte SIM il y a deux jours ! s'exclame l'élue.

Quelques jours plus tôt, le village a vu une antenne relais arriver par les airs, il y a désormais un peu d'Internet dans la taïga. Jusqu'alors, il fallait débourser près de 5 000 roubles par mois (environ 60 euros) pour accéder à l'Internet par satellite.

Le tableau est beau et la visite cadrée. Direction l'un des rares bâtiments en béton du village, la maison de la culture, indispensable en Russie. Nous sommes seuls dans la salle des spectacles, pour assister à une démonstration de danse du peuple autochtone évenk. À l'issue du spectacle, nous rejoignons un enclos, avec quelques rennes et des familles en tenues traditionnelles. La scène, déjà vécue plusieurs fois, est effectivement exotique, ces cultures autochtones sont passionnantes à étudier. Un homme rythme la cérémonie de son tambourin, tandis que nous sommes invités à jeter des morceaux de renne crus dans un feu. Fin de la cérémonie, l'équipe de la mairie et les représentants de la région de Krasnoïarsk et du MID nous ont photographiés pour leur communication. Nous voici embarqués par les femmes dans des *tchoums*, l'habitat traditionnel des Évenks, pour manger du renne sous toutes ces formes : gelée, soupe, pâté, carrés de sang pour le dessert… nous avons droit au repas de fête. Le temps passe et la visite du village, qui patauge dans la boue, ne semble pas être à l'ordre du jour. Tant de kilomètres pour ça…

La langue des Évenks est étudiée dans les écoles de la région et, depuis toujours, les rennes permettent la survie de ce peuple. Certains de ces éleveurs, qui furent sédentarisés de force en URSS, ont repris le nomadisme dans les années 1990. Mais la majorité vit au village, dans ces maisons en bois. Ceux qui ont choisi de s'aventurer plusieurs mois dans la taïga avec leurs rennes laissent leurs enfants à l'internat. Les autres travaillent dans l'élevage industriel, près de 2 000 rennes exploités pour leur viande et leur peau.

— Nous sommes un des rares peuples autochtones à dresser les rennes pour pouvoir les monter, m'explique une jeune femme en tenue traditionnelle.

Cette culture, ce folklore et cette tradition s'inscrivent certainement dans ce que certains Russes et beaucoup d'étrangers qualifient de « Russie éternelle ». Mais le journalisme impose de pousser sa curiosité au-delà de l'émotion et des sentiments. Lasse de voir ce voyage journalistique se résumer à l'affichage et la communication, une consœur me tire discrètement à l'écart du groupe.

La ruelle principale est faite de planches en bois surélevées permettant de circuler sans s'enfoncer dans la boue. Dans le magasin du village, l'enthousiasme des élus se confronte à la misère ambiante. Les prix sont semblables à ceux de Moscou pour un pouvoir d'achat bien moins élevé. Les fruits et légumes sont rares à atteindre la région. L'isolement fait exploser les prix.

— Ma retraite est de 15 964 roubles (environ 195 euros) par mois ; je chasse pour survivre, lance une grand-mère à la sortie du magasin.

Ravie de rencontrer un étranger « pour la première fois », elle exprime sa colère. Incurie, rénovations hâtives de maisons désormais inhabitables, alcoolisme apparu avec la sédentarisation forcée et qui fait des ravages.

Une foule se rassemble autour de moi. Nombre d'habitants sont alcoolisés. On me tire à qui mieux mieux, pour me ramener chez soi. Certains veulent me montrer leurs conditions de vie, d'autres partager leurs liqueurs avec moi. Quasiment tous sont édentés. Face à moi, la jeune femme qui tient le seul magasin reste impassible, gênée, mais habituée à voir les gens du village ivres.

Moscou l'assure, les premiers millions de roubles iront à l'installation de nouvelles infrastructures permettant un accès égal à l'eau, au chauffage et à l'électricité. Mais c'est ainsi en Russie, les roubles se perdent vite en chemin lorsqu'ils ont de la route à faire…

Rare action concrète, les habitants du Nord peuvent bénéficier d'un billet d'avion gratuit tous les deux ans, pour aller visiter leur famille, la Russie, s'offrir des vacances… Le reste de l'année, le village dépend de la météo, que ce soit pour l'usage de l'hélicoptère ou des fleuves et leurs périlleuses routes de glace l'hiver.

Pour conclure ce sombre tableau, la région est la première victime du réchauffement climatique. Contrairement à une idée reçue, la fonte du pergélisol n'entraînera pas un développement de la région, puisqu'elle ne sera pas soudainement cultivable. Au contraire, la disparition de ce sol gelé fera apparaître lacs et maladies. Et les routes de glace, lien avec le reste du monde, ne seront plus disponibles que quelques semaines par an.

À la sortie du magasin, un groupe de personnes âgées nous entoure en parlant fort. Ces Russes-là ne sont jamais écoutés par personne. Nous nous faisons finalement remarquer par un élu régional et un policier, qui avait embarqué avec nous pour faire le point sur la criminalité locale à l'occasion du voyage. Les deux s'empressent de venir nous chercher.

— Mais vous êtes fous, l'hélicoptère s'apprête à décoller ! Vous allez le rater, retournez vite avec le groupe !

En panique, un peu gênés d'avoir peut-être fait attendre tout le monde, nous remontons rapidement jusqu'à la piste d'hélicoptère où nous retrouvons le pilote, seul, en train de fumer une cigarette. Le groupe s'est en fait déplacé vers un autre bâtiment Potemkine, tenu par un local qui a ouvert une petite boutique de produits locaux. À qui est-il destiné d'autre que nous ?

Quelques minutes plus tard, nous repartons en hélicoptère.

Il y a chez les représentants du pouvoir russe comme chez toutes les bonnes volontés du pays une grande difficulté à comprendre comment les journalistes occidentaux travaillent. Tous peinent à imaginer que nous puissions opérer différemment de leurs médias d'État. Combien de fois me suis-je vu proposer la mise en place d'une mise en scène pour un sujet lambda ? À chaque fois, cela partait d'une bonne intention, d'une volonté légitime de ces Russes de montrer leur plus beau visage au monde, dont j'étais *de facto* l'un des représentants, dans une période où l'Ouest s'en prenait régulièrement à eux à coups de sanctions.

Quelques jours après ce voyage de presse, j'ai envoyé, comme convenu, mes publications au responsable du MID de Krasnoïarsk, qui m'a répondu : « Je ne comprends pas… Votre reportage est très dur… » Avant de me rayer définitivement de la liste des journalistes à inviter.

La première chose que vous entendez à Moscou est :

— Attention ! Moscou n'est pas la Russie et la Russie n'est pas Moscou ! La capitale est effectivement une vitrine chargée de cacher la misère dans laquelle la population est maintenue pour mieux la contrôler. Oui, cette ville est affolante de modernité. Moscou fait son job : quand un étranger y arrive, il pense à tous les travers de sa capitale d'origine. Et quand il rencontre un journaliste de son pays, il ne peut s'empêcher de lui demander pourquoi la presse ne parle jamais « des bons côtés de la Russie ». La capitale ne cesse de se développer, on y inaugure une station de métro presque chaque mois. Dans certains quartiers, on peut croiser des robots livreurs Yandex, le Google russe, céder le passage à des voitures sans conducteur de la même société. Les trottoirs sont incroyablement propres, des centaines de camions y déversent l'été, par beau comme mauvais temps, des millions de litres d'eau. Le métro est, héritage soviétique, un musée en lui-même. Ses rames fonctionnent à une fréquence à rendre jaloux les Parisiens. Les restaurants sont adaptés aux familles comme aucun autre restaurant européen ne saurait l'être, les parcs ont été rénovés et comportent de nombreuses infrastructures gratuites.

Puis vient le côté sombre. Les SDF sont cachés en dehors du centre, les chiens errants sont abattus en masse, les employés du métro, des chantiers et des services municipaux sont mal payés, même s'ils demeurent mieux payés qu'une grande partie du pays. Un système de vidéosurveillance à reconnaissance faciale et une omniprésence de la police permettent de limiter la délinquance dans le centre-ville. Mais, en Russie, les opposants sont traités comme des délinquants. Depuis l'empoisonnement d'Alexeï Navalny, les places du centre-ville sont théoriquement ouvertes, mais en fait surveillées par des dizaines de policiers prêts à empêcher toute action hostile au pouvoir. Les migrants originaires d'Asie centrale, qui entretiennent les immeubles et la ville, vivent souvent terrés dans des souterrains, sous les immeubles ou les boulevards. Quand ce ne sont pas les néonazis qui s'en prennent à eux au cours de rafles, ce sont les autorités russes qui s'emploient à les renvoyer chez eux. Depuis le Covid, qui avait poussé de nombreux migrants à rentrer chez eux, et la guerre, qui les avait menacés d'embrigadement sur le front, les rues de Moscou ne sont plus déneigées et nettoyées comme avant…

Tout cela nous a fait vivre la Coupe du monde de football de 2018 avec amertume. D'un côté, il n'y a pas meilleure contre-propagande que de pousser les Russes à rencontrer des étrangers. La communication entre les peuples, sans autres médias, est la plus efficace. Il fallait voir ces grands-mères, que tout le monde connaissait grincheuses depuis l'URSS, sourire jusqu'aux oreilles à la vue des supporters mexicains surexcités avec leurs grands chapeaux dans le métro. Les autorités russes avaient été prises en otage par un événement international, le temps de quelques matches de foot.

Soit, les supporters étaient traités comme des manifestants à la sortie des stades, à se faire crier dessus par des mégaphones et à marcher escortés par des centaines de policiers anti-émeutes. Mais les fans de football ont fait leur loi : la *fan zone* décriée sur l'esplanade de la grande université MGU a été délaissée, forçant les autorités à accepter des foules immenses s'alcoolisant dans la rue à deux pas du Kremlin.

Il faut préciser que la police moscovite ne tolère pas l'alcool dans la rue. Les camions de police, d'ordinaire placés le week-end à côté des étangs de la ville, ramènent au poste des dizaines de Russes tous les soirs, des citoyens qui ont eu le malheur d'ouvrir une bouteille de vin ou une bière à l'heure du coucher du soleil. Mais pendant la Coupe du monde, rien de tout ça n'était condamnable. Une vidéo a fait le buzz à l'époque, dans laquelle des supporters russes qui descendaient des bouteilles de vodka dans la *fan zone* officieuse de la rue Nikolskaïa avaient vu des policiers moscovites leur répondre :

— Attendez la fin des matches, et vous verrez ce qui arrivera.

Ce moment était particulièrement étrange.

Un jour, alors que je m'apprêtais à aller voir un match de l'équipe de France dans un bar, une voiture de police s'est arrêtée et deux hommes en sont sortis avec leur mitrailleuse à l'épaule. Ils nous ont fait signe de les rejoindre, l'atmosphère était telle que j'étais certain que nous allions avoir des problèmes. Une fois à leur hauteur, les policiers ont posé casques et armes dans leur coffre pour nous demander… de les prendre en photo. Je suis resté traumatisé.

Quelques jours plus tard, la France remportait la Coupe du monde et nos joueurs embarrassaient Vladimir Poutine avec malice, en criant son nom en rythme, après s'être écriés devant lui :

— Oh y a Poutine, *wesh* !

J'ai gardé de ce moment un sentiment pessimiste, m'apercevant qu'aucun recul n'avait été pris. Les journalistes devaient faire face à une critique des médias sur leur couverture jugée négative de la Russie. Les Russes, eux, en ont conclu que tous les malheurs qui pouvaient leur arriver n'étaient qu'une question de politique, puisque l'amitié entre les peuples fonctionnait toujours aussi bien. Comme pour les médias, ils estiment que les autres peuples n'ont pas plus leur mot à dire sur les décisions de leur gouvernement qu'eux. Cet événement a donné corps à une sorte de relativisme russe, leur permettant de se dire que ce qui arrive ne les regarde pas.

Mais l'essentiel est là : la Coupe du monde a redonné de la dignité aux Russes, fiers de leur équipe et heureux d'avoir accueilli et organisé un tel événement.

Pourtant, au lendemain de la finale, la Russie s'est réveillée avec une sacrée gueule de bois. Le Kremlin voulait subitement changer l'âge de la retraite de 63 à 65 ans pour les hommes, de 55 à 60 ans pour les femmes, dans un pays où l'espérance de vie tourne autour de 70 ans. La popularité du président russe a chuté de 80 % à 60 % avec cette seule annonce.

Mais le taux de popularité d'un président russe n'est pas celui d'un leader européen. Ces sondages sont utilisés par la population comme un outil démocratique pour faire passer leurs messages. Quand le signal est donné et qu'il faut aller réélire le garant de la stabilité du pays, ceux qui doivent répondre présent n'oublient jamais de le faire. C'est ce qui explique qu'à chaque présidentielle, le Kremlin se contente de communiquer par affiches, appelant à aller voter sans donner le moindre nom.

Comme la France, la Russie n'a pas échappé aux protestations. Engagé dans une radicalisation, le Kremlin a utilisé cette période pour augmenter sa répression. L'opposant Navalny a multiplié les manifestations, jusqu'à finir emprisonné 30 jours, après un rassemblement contre la réélection de Vladimir Poutine, quelques mois plus tôt. Car, avant la Coupe du monde, le président russe avait déjà organisé sa réélection, en cadrant, comme à son habitude, l'opposition dite « systémique », nationaliste et communiste, et en dégottant une opposante factice pour légitimer son scrutin.

Cette année-là, c'est Ksenia Sobchak, la fille de son mentor en politique, l'ancien maire de Saint-Pétersbourg Anatoly Sobchak, qui a accepté de jouer le jeu. Sa candidature a été acceptée, mais encadrée par Vladimir Poutine et ses services, évidemment. Alors l'ancienne présentatrice d'émissions de téléréalité et star du *showbiz* russe n'a pas hésité une seule seconde à saisir cette occasion de faire le *buzz*. Celle qui admet volontiers avoir profité des années sauvages des oligarques pour s'enrichir a joué le jeu à fond, avec une lourde équipe de communicants.

L'un d'eux a d'ailleurs mal fini : l'ancien opposant et homme de médias Anton Krassovski, connu pour avoir été éjecté du système médiatique après avoir annoncé son homosexualité à l'antenne, a fondu les plombs. De façon mystérieuse, cet homme fantasque s'est soudainement retrouvé à la tête d'une émission sur la chaîne de propagande russe Russia Today, renommée RT.

Les téléspectateurs de cette chaîne ont pu y découvrir un homme haineux et génocidaire, qui rêvait de noyer et brûler les enfants ukrainiens et se félicitant de toutes les horreurs qui ont pu arriver à l'Ukraine. Ce propagandiste s'est ensuite amusé du viol des femmes ukrainiennes par des soldats russes, déclarant que « ces mamies dépenseraient toutes leurs économies réservées à leurs obsèques pour se faire violer par des soldats russes ».

Non que ses propos aient choqué RT, mais le rôle de la chaîne étant de présenter un visage respectable de la Russie aux Occidentaux favorables à Vladimir Poutine, décision a été prise de le priver d'antenne.

Au cours de la campagne, Ksenia Sobchak s'est fait plaisir en jouant à la politique occidentale. Elle a ouvert un QG et organisé des tractages et déplacements sur le terrain, à mille lieues de la campagne de Vladimir Poutine, qui n'a jamais vraiment eu lieu. Ses QG ouverts au public n'étaient qu'une façade, le président n'avait aucun programme et n'a fait qu'un seul *meeting*, présenté comme un concert gratuit pour faire venir la foule…

J'ai suivi la candidate le temps d'une journée dans la ville d'Orel, 310 000 habitants, à 360 kilomètres de Moscou. La jeune femme s'est rendue dans les quartiers de la ville, elle y a rencontré des habitants qui regrettaient que la mairie tarde à construire des garages. Nous l'avons suivie, presse et habitants, à pied, jusque dans le bureau du maire. Celui-ci s'est fait tout petit, il savait qu'il ne pouvait pas s'en prendre à une candidate nommée par Vladimir Poutine. Il s'est fait tirer les oreilles, filmé par les télévisions d'État, pour le bien collectif, celui de simuler une campagne d'opposition. En fin de journée, la candidate a organisé une réunion publique, comme dans une démocratie. Pour appuyer son rôle, Ksenia Sobchak avait été autorisée à prononcer le nom de Navalny à la télévision, lors d'un débat auquel Vladimir Poutine ne s'était pas rendu, pour ne pas se montrer au niveau de ses opposants. Elle a également pris sur elle d'affirmer que la Crimée était ukrainienne avant de se rendre, comme un défi, dans le centre de Grozny, où les hommes de Kadyrov ont pris sur eux pour ne pas s'en prendre à elle.

Dans cette histoire, j'ai pris plaisir à savourer mes quelques heures de démocratie russe, le temps d'un déplacement électoral. Nous étions nombreux à presque croire en sa volonté de représenter une opposition, même si les mamies étaient un peu désarçonnées par le personnage. À Orel, à quelques pas de Ksenia Sobchak, une grand-mère m'avait confié :

— Je ne sais pas quoi penser d'elle, on l'a connue débraillée dans ses émissions de téléréalité. Mais je suis contente de la voir, c'est quand même la fille d'Anatoly Sobchak.

Dans le même temps, à Moscou, la « vraie » opposition se divisait. Navalny appelait au *boycott* des élections à coups de manifestations dans lesquelles il poussait ses jeunes partisans à risquer la prison. D'autres opposants estimaient que, malgré les fraudes, le manque de liberté de la presse, d'expression et d'opposition, le vote demeurait le dernier moyen de montrer son mécontentement. Lev Ponomarev, le défenseur des droits de l'homme le plus âgé de Russie, aujourd'hui en exil à Paris, s'était confié à l'époque sur ces dissensions au sein de l'opposition russe, qui, *de facto*, limitaient sa capacité à se faire entendre.

— Ces dernières années, Navalny a plusieurs fois appelé à des *boycotts* de scrutins. Pour moi, c'est une erreur, j'ai l'impression qu'il est influencé par les discours d'opposants basés à l'étranger, qui rêvent d'une révolution en Russie. Mais dans notre pays, une révolution autrement que par les urnes ne serait remportée que par des individus prêts à tirer sur la foule. Et il y en a en Russie : une telle déstabilisation pourrait se produire. Il faut tout faire pour éviter ça et se préparer aux prochaines élections en formant des observateurs à mettre dans les plus de 200 000 bureaux du pays, estimait cet opposant alors qu'il venait d'être qualifié du statut discriminatoire d'« agent de l'étranger ».

Résultat : Vladimir Poutine a été largement réélu avec 76,7 % des voix, Alexeï Navalny s'est retrouvé définitivement pris dans l'engrenage de la répression, qui s'est intensifiée sur l'ensemble de la société. La réforme des retraites a été imposée et le président russe est passé à autre chose.

C'est certainement à ce moment-là que la vie de correspondant, qui est un métier du quotidien, est devenue dure à vivre. La dictature russe s'est construite en vingt ans, jour après jour, peines après peines. Et nous étions les témoins de cette fuite en avant du pouvoir russe, sans savoir si nous en serions aussi les victimes. Peu de correspondants se retrouvent en Russie sans avoir un lien familial, ou au moins une certaine passion pour le pays.

Alors tout devient personnel, empli d'émotions. Couvrir le pays en faisant fi de son implication personnelle demande beaucoup d'efforts. Tout autant que de faire face aux injustices sans broncher, sans laisser transparaître notre colère dans nos articles. Le jour, on gère nos émotions, la nuit, on pense à la déontologie ; on passe son temps à se remettre en question. Je peux l'avouer, je me suis souvent demandé, poussé par les fans de Poutine, particulièrement présents chez les Français de Moscou, qui m'attaquaient sur Internet : « Et s'ils avaient raison ? » Mais la même réponse revenait, les gens que je rencontrais au quotidien n'étaient pas des représentants de l'OTAN ou des États-Unis, il s'agissait systématiquement de citoyens russes maltraités par leur propre pays.

Faudrait-il davantage parler des côtés positifs de la Russie ? Comment faire quand, chaque jour, des citoyens sont envoyés en prison au nom de leurs opinions ? Faut-il considérer, à l'instar d'expatriés français et de certains Russes, que la Russie, par sa taille et sa diversité, ne peut être dirigée que par un « homme fort » ? C'est certainement la remarque qui m'a toujours le plus agacé. Considérer que les Russes ne peuvent être dirigés que par un homme fort, terme d'une pudeur indécente pour qualifier un dictateur, est à mon avis le point de vue le plus russophobe qui puisse exister. Car ce sont les Russes qui paient le prix fort, par leur maintien en pauvreté et la répression qu'ils subissent.

Cette réflexion permanente, ce besoin de répondre aux critiques, parfois légitimes, fait qu'on ne décroche jamais. Les conséquences sur la santé n'ont pas manqué d'apparaître ces dernières années. En premier lieu, de longues crises d'angoisse ont parfois pu me paralyser pendant des jours. Je suis loin d'être le seul à vivre les événements de cette façon. Avec une consœur anglaise, nous avions trouvé l'image de radiations que l'on accumulait au quotidien, à chaque injustice, chaque arrestation, chaque déclaration cynique du pouvoir, chaque menace à notre encontre proférée par les autorités. Régulièrement, cela se transformait en *burns-out* intenses.

Les difficultés semblent parfois insurmontables. Il y a la question du logement, difficile à gérer pour un *free-lance*, qui ne peut pas passer par des agences immobilières coûteuses. J'ai découvert la vie dans l'insécurité. Je me suis fait expulser d'une colocation après que le propriétaire a retrouvé un prospectus que j'avais rapporté d'un QG d'Alexeï Navalny sur mon bureau. Sa femme m'avait qualifié d'agent de l'étranger avant de me chasser. Dommage pour eux, j'étais le seul à payer le loyer. Une autre fois, j'ai dû quitter la colocation en vitesse, alors que les amis alcooliques de l'ancien propriétaire s'étaient mis en tête de nous mener la vie dure. Ils avaient le policier du quartier dans leur camp et me menaçaient, moi et ma colocataire chinoise, de vérifier nos enregistrements qui n'étaient pas faits à cette adresse. Le jour où j'ai quitté cet appartement, l'un de ces hommes avait mis de la colle dans notre serrure…

Enfin, le hasard a fait que nous nous sommes retrouvés à vivre, avec Alexandra, dans un appartement appartenant au ministère des Affaires étrangères. Il en existe beaucoup à Moscou, ils permettent d'ordinaire de loger les rédactions et les diplomates des ambassades. Un jour, alors qu'Alexandra avait eu le malheur d'aller se plaindre du chien que venait d'acquérir notre voisin du dessus, il a appelé un ancien collègue, policier, pour nous mettre la pression. La concierge, qui était dans notre camp, nous a protégés, insinuant tout de même qu'il fallait faire attention, que notre voisin était peut-être un ancien du FSB. En apprenant la venue de ces policiers, sous tension, mon sang n'a fait qu'un tour. En quelques secondes, je me suis retrouvé à tambouriner à la porte du voisin, en lui hurlant qu'il ne pouvait pas me mettre en danger en appelant les autorités et qu'il n'avait pas intérêt à recommencer. Il a souri et nous avons déménagé par crainte de représailles.

Toutefois, au fur et à mesure que le pays s'est refermé sur lui-même, les Russes ont vu d'un bon œil la présence de « derniers étrangers ». Mais au ministère des Affaires étrangères, un combat contre nous est apparu quand la télévision Russia Today s'est développée en Europe. Ce ministère en a fait une affaire personnelle : toute atteinte à l'intégrité de leur média entraînerait des conséquences. À cette époque, nous rencontrions encore parfois ses acteurs personnellement : Sergueï Lavrov, qui nous invitait à une soirée une fois par an ; sa porte-parole, Maria Zakharova, qui organisait des points presse interminables toutes les semaines.

Quand la France a commencé à s'attaquer à Russia Today, le ministère s'est mis en guerre contre son équivalent français, puis contre la presse. J'ai assisté à plusieurs déplacements de l'ancien ministre des Affaires étrangères français Jean-Yves Le Drian à Moscou ; à chaque fois, Sergueï Lavrov, qui l'appelait « mon ami », ne cachait pas son mépris pour son pair. En coulisses, Maria Zakharova commandait des questions à ses journalistes de Russia Today, qui avaient pour mission de systématiquement mettre en contradiction l'exigence de liberté de la presse en France et l'attitude de cette dernière vis-à-vis de RT. J'ai assisté personnellement, une fois, à cette mise en scène. Alors que les ministres discutaient seuls à seuls, j'ai vu Maria Zakharova convoquer la jeune journaliste de Sputnik/RT pour lui imposer une question. Alors que chaque pays se voyait octroyer deux questions, les Russes s'arrangeaient pour en poser le double, ce qui avait le don de prodigieusement agacer les collègues du ministre français. Nous n'avions de toute façon pas plus de questions, nos interlocuteurs avaient les moyens de nous expulser.

C'est Maria Zakharova, la grande gueule de Lavrov, qui s'est lancée, avec grand plaisir, dans une mise sous pression des correspondants étrangers. À l'époque, elle passait du temps à nous surveiller personnellement sur les réseaux sociaux, et validait ou non nos accréditations. Après l'arrestation d'Alexeï Navalny et l'offensive de 2022, c'est le FSB qui a récupéré ces prérogatives. Ce changement de politique a représenté un soulagement, tant Zakharova avait fait de son combat contre la presse européenne un combat personnel.

Deux confrères ont tout de même fait les frais de cette histoire, deux journalistes indépendants qui se sont vu supprimer leurs visas et accréditations pour des prétextes fallacieux. À partir de ce moment-là, les autorités se sont mises à surveiller attentivement nos impôts, que de nombreux collègues, qui les payaient déjà dans leur pays, refusaient de payer en Russie. Des contrôles fiscaux ont été organisés. La France, qui avait des accords avec la Russie, acceptait encore de livrer, via nos banques, les détails de nos comptes bancaires aux services russes.

Un jour, nous avons tenté de parler du cas d'un collègue expulsé avec la porte-parole du ministère, lors d'une des réceptions de Sergueï Lavrov. C'était la petite fête annuelle des correspondants, Zakharova insistait pour que nous venions déguisés. Et tous les ans, les journalistes des pays arabes ou d'Amérique du Sud jouaient le jeu avec enthousiasme, quand nous arrivions les derniers, en bons rabat-joie, en chemise. Nous sommes en janvier 2020 et Maria Zakharova nous accueille en dansant, *kokochnik* traditionnel sur la tête. Les journalistes sont invités à déposer leur carte de visite dans une urne, dans le cadre d'un tirage au sort. Nous étions nombreux à prendre soin de ne pas y participer : il y avait à la clé de nombreux petits cadeaux dont deux jours dans un sanatorium appartenant au ministère et surtout, une interview de Maria Zakharova et de Sergueï Lavrov, que nous aurions été bien embêtés de devoir réaliser.

Une fois les discours et autres jeux terminés, tout le monde s'est jeté sur les petits fours, nous sur la porte-parole. La femme est dure à attraper, les journalistes non européens tiennent à leur *selfie*. Nous finissons finalement par l'interroger sur la situation d'un confrère français, bloqué en France et séparé depuis plusieurs semaines de sa femme et de son enfant (russes) après avoir subi les foudres du ministère.

— Les journalistes qui font des choses illégales n'ont rien à faire en Russie. Votre collègue travaille pour les Suisses ou les Français ? Les deux ? C'est illégal de travailler pour plusieurs médias en Russie, a-t-elle faussement affirmé.

Avant d'ajouter une autre contre-vérité :

— En plus, il ne paie pas ses impôts, ça aussi c'est illégal. Vous, vous êtes tous ici à Moscou, personne ne vous empêche de travailler. Il n'est jamais venu me parler et il m'insulte sur les réseaux sociaux, c'est pas sauvage, ça ? Nos collègues de Sputnik et Russia Today sont eux régulièrement humiliés à Paris, on laisse entrer tous les journalistes sauf les Russes (référence à l'interdiction d'entrée au sein de l'Élysée de plusieurs représentants de Russia Today et Sputnik), c'est sauvage comme attitude ! Quand votre collègue pourra revenir ? Quand nos journalistes auront accès à tous les événements de l'Élysée en France. Ce qu'il faut faire ? En discuter avec votre ambassade, votre ministre des Affaires étrangères. Comment il s'appelle déjà ? Ah, Le Drian ! À chaque fois qu'on lui pose la question en conférence de presse, il fait semblant de ne pas entendre ce qu'on lui demande, à vous de lui en parler ! Et puis votre collègue, il ne veut pas aller vivre en France avec sa famille ? Il paraît que c'est un bon pays pour élever ses enfants.

Dans notre dos, des journalistes étrangers poussent et râlent parce qu'eux aussi veulent approcher la star du ministère pour obtenir leur photo. Un collègue répond diplomatiquement et tout le monde tourne les talons. Cette soirée fut au moins l'occasion pour moi de faire connaissance avec ce qu'on appelle en Russie notre « curateur », notre agent traitant du FSB, qui est tout simplement venu se présenter à moi. En bon fan, il n'aura pas oublié de me citer tous les médias pour lesquels je travaille.

Quelques semaines plus tard, je parvenais, malgré moi, à rendre furieuse Maria Zakharova. Lors d'un discret reportage réalisé en Ukraine, j'avais rencontré Harlem Désir, alors à la tête du combat pour la liberté de la presse au sein de l'OSCE. Je lui avais confié nos problèmes et les menaces auxquelles nous faisions face. Quelques jours plus tard, il avait invité les représentants russes de l'OSCE à en parler, au siège de l'organisation, à Vienne. Résultat : alerte rouge au MID ! Nous avons tous été convoqués un matin au ministère, sans que l'on sache pourquoi. Un conseiller nous a lâché l'intitulé de la réunion, qu'il venait sûrement d'inventer :

— Il s'agit de discuter de manière constructive des problèmes liés aux questions d'entrées et de sorties du territoire, de la façon de travailler des journalistes français et de leurs interactions avec les officiels et notamment ceux du ministère des Affaires étrangères.

Traduction : « Maria Zakharova est furieuse. »

Février 2020. À notre arrivée dans le hall du ministère, nos curateurs, ceux du MID nous attendent le visage fermé. Maria Zakharova, qui effectuait un point presse avec une poignée d'autres journalistes, nous a fait installer face à elle, comme des élèves face à leur maîtresse. Elle répond à une dernière question d'actualité, ce qu'elle aime le plus, souvent sans ses fiches. Un journaliste l'interroge sur la rue de l'ambassade russe aux États-Unis rebaptisée rue Boris-Nemtsov. Elle ironise :

— Le choix des noms de rues n'est pas censé être politique, mais s'ils veulent rendre hommage à Boris Nemtsov, ils peuvent tout renommer avec son nom, même une impasse.

Un collègue l'interroge sur l'affaire Griveaux-Pavlenski, qui venait d'avoir lieu. Comme à son habitude, Zakharova tapote sur son téléphone par pur mépris en faisant semblant de ne pas écouter. Puis elle relève la tête.

— Vous voulez vraiment que je réponde à ça ? Je n'ai rien à commenter…

Les correspondants chuchotent, nous ne comprenons pas ce que nous faisons là. C'est le correspondant du *Monde* qui met les pieds dans le plat.

— Pourquoi vous nous avez fait venir aujourd'hui ?

La question fait l'effet d'une pièce dans un *juke-box*, Maria Zakharova lâche, dans un monologue, ce qu'elle a sur le cœur.

— Figurez-vous que je fais deux *briefings* destinés à la presse chaque semaine, un en off et un public. Les Français ne viennent jamais à mon off. C'est normal, ça ?

Tout le monde se regarde, nous n'avions jamais été invités à ses « off ».

— Vous êtes toujours invités, mais seulement ça n'intéresse personne de venir écouter la position du MID, regrette-t-elle.

Il est vrai que ses longs retards systématiques et jamais excusés qui vous font perdre la journée, suivis de longs sarcasmes indécents, d'attaques personnelles et de *fake news* ne sont pas une priorité pour nous. Elle s'interrompt et lâche, devant notre solidarité :

— Vous êtes une union des journalistes ou quoi ?

Nous restons bouche bée, un collègue rétorque :

— Non, mais nous souhaiterions savoir pourquoi vous nous avez convoqués.

— Vous n'avez pas été convoqués, vous avez été invités à mon off auquel vous ne participez jamais.

— Quel est le problème avec nous alors ?

— Il n'y a pas de problème, je note juste que vous ne venez jamais à mes off, vous ne m'appelez jamais, et là

Harlem Désir de l'OSCE m'appelle et j'apprends qu'il y a un problème avec les Français.

Je deviens tout rouge et glisse à mon voisin que je pense que c'est ma faute. Impossible de savoir si elle connaît le nom de la personne qui a cafté ; je fais profil bas.

— C'est nous qui aimerions savoir s'il y a un problème. Notre collègue est bloqué en France sans visa, il ne peut pas voir sa femme et ses enfants. Serons-nous les prochains à avoir des problèmes ?

— Écoutez, votre collègue est libre de venir en Russie, il y a des centres pour visas en France. S'il a une femme ici comme vous le dites, qu'il vienne vivre ici !

— Oui, mais il aimerait pouvoir faire son travail en Russie, il est journaliste…

— Qu'il vienne et qu'il travaille. Regardez, en France, nos collègues de chez Russia Today et Sputnik sont régulièrement empêchés d'accéder à l'Élysée, ils font leur travail comme ils le peuvent.

— Oui, mais la carte n'a pas la même valeur en France qu'en Russie, ici on ne peut pas travailler sans.

— Mais quoi ? Vous croyez que c'est normal cette discrimination à l'encontre de nos collègues ? Ça fait trois ans qu'on en parle à votre MID, à votre ambassade, à votre ministre, mais rien ne change.

La diplomate se lance alors dans une imitation humiliante et peu diplomatique du ministre Le Drian. Elle le mime en train d'enfiler ses lunettes.

L'un de nous répond :

— D'accord, mais nous avons tous déjà parlé de ces problèmes à l'ambassade ! Que voulez-vous que l'on fasse de plus ? Comment permettre à notre collègue de revenir ici ?

— Mais je ne comprends pas, vous ne comprenez pas ?

Elle surjoue et chuchote « je ne comprends pas » à son assistant, en faisant de grands gestes.

— Qu'il vienne à Moscou ! Il a une femme, c'est ça ? Vous savez s'il est marié ? Qu'il vienne vivre ici, il a le droit d'écrire, mais pas le droit de publier.

Son conseiller rit.

— D'ailleurs, je peux l'aider à trouver un travail chez Russia Today, s'il le souhaite. Vous savez, votre collègue, il ne m'a jamais appelée [plus exactement : elle ne répondait jamais à ses appels], il n'a qu'à venir me parler. J'ai des amis au Japon, je n'ai aucun mal à les appeler. Je suis certaine qu'il y a des téléphones en France.

Mme Zakharova n'écoute plus et termine sa dernière phrase en se levant, dossiers sous le bras.

Notre « curateur » et son chef, qui étaient pâles avant le début de la rencontre, retrouvent le sourire. Ils ont eu chaud, ils ont oublié pendant des mois de nous inviter aux « off » de la diplomate. L'un d'eux me confie :

— Vous savez, c'était du dernier moment tout ça, c'est juste que quand elle a reçu un appel de l'OSCE, ça ne lui a pas plu donc elle a voulu vous rencontrer…

— Devons-nous nous attendre à plus de problèmes ?

— Mais non, tout ira bien maintenant, tout ira bien…

Voici donc le contexte dans lequel les correspondants évoluaient à l'époque en Russie. Depuis, tout n'a fait qu'empirer.

Conflits

Parmi les différents voyages de presse, j'ai tenté de participer à toutes les propositions de l'armée russe, dont le ministère est important. J'ai passé des années à travailler ma relation avec eux, sans que cela ait jamais porté ses fruits. À l'image de la diplomatie russe : vous faites un pas en avant, les Russes vous font signe d'en faire un autre. En 2022, l'attachée de presse a été remplacée par un soldat qui feignait de ne connaître personne, ce qui n'a pas aidé.

Avec l'armée russe, j'ai traversé des dizaines de bases militaires, volé en Mi-26 au-dessus d'un cosmodrome, assisté à de nombreuses offensives de masse, j'ai entraperçu les coulisses de cette armée. J'ai d'ailleurs souvent été étonné de me retrouver en plein cœur de bases que les espions du monde entier auraient sûrement adoré observer et qui avaient toujours été interdites aux étrangers. J'ai été le premier sidéré de voir les tanks russes se prendre les pieds dans le plat durant leur offensive sur Kyiv, alors que de Kaliningrad à Volgograd, j'avais pu observer leur capacité à coordonner toutes leurs armées, tout en accueillant des soldats alliés au sein de leurs troupes. En 2020, au centre de défense aérospatiale d'Achoulouk (région d'Astrakhan), j'ai assisté à des salves de tirs de S-400, Buk M2, Pantsir-S. La même année, j'ai suivi une simulation d'attaque maritime sur la mer Caspienne, à Makhatchkala, dans la région du Daguestan. Quelques jours plus tard, sur le cosmodrome de Kapoustine Iar, j'ai assisté, en présence de Vladimir Poutine, à une magistrale offensive interarmées. En 2021, dans la région de Kaliningrad, nous avons été invités à un passionnant exercice mettant en scène, de façon particulièrement précise, une attaque de l'OTAN sur l'enclave. À chaque fois, les attachés militaires des différentes ambassades européennes ressortaient bluffés par ces démonstrations de force. Ces exercices ont-ils contribué à orienter les comptes-rendus des chancelleries aux capitales lorsque la guerre a gagné toute l'Ukraine ? C'est en tout cas leur fonction.

Avec le temps, je n'ai jamais oublié ma motivation principale : comprendre comment la Russie en est arrivée à envahir son voisin. Pour cela, il m'a fallu redoubler d'ingéniosité pour parler aux Russes. Ce n'est pas un micro-trottoir à Moscou qui vous raconte la Russie. Pour vraiment parler avec les Russes, il faut trouver un moyen de s'inviter chez eux. Une chose loin d'être aisée. Le plus simple consiste à profiter d'un fait d'actualité, mais les manifestations ne sont pas courantes en Russie, où on préfère la colère sourde.

En 2019, un constat s'est imposé à l'ensemble du pays, surtout aux grandes villes : les décharges étaient pleines. Alors, les autorités ont agi comme d'habitude, elles ont agrandi tous ces terrains sans se préoccuper des questions d'écologie et de santé, et surtout, sans consulter la population. L'enjeu était important : Moscou ne peut pas se permettre de voir ses poubelles déborder. Dans certaines villes, la décharge constituait une montagne plus haute que les immeubles…

De quoi faire naître une forte colère chez les Russes de tous âges et de tous statuts. Ils refusaient de voir les déchets de Moscou s'accumuler dans leurs jardins. Si on devait garder quelque chose de cette âme russe fantasmée, c'est l'attachement de ce peuple à la nature, sauvage et indomptée dans la plus grande partie du pays.

Les Russes ont toujours été poussés à considérer la politique comme une affaire extérieure, sale, prompte à apporter des ennuis. La meilleure façon de vivre est donc de se garder d'y participer.

Cette construction de la société est devenue un contrat social : le pouvoir s'occupe de ses affaires, en échange, la population vote « bien » en temps voulu et ferme les yeux sur les histoires de corruption des élites. D'où le combat acharné de l'opposant anticorruption Alexeï Navalny pour relier, lors de ses enquêtes approfondies, les schémas de corruption découverts au pouvoir d'achat des Russes. Avec assez peu de succès, car ce contrat social de la société russe a permis le soutien actif – ou rendu passif par la répression de la population – à la guerre de 2014 à 2022.

Ces histoires de décharges qui débordaient ont touché un point sensible, qui n'entre pas dans le cadre de ce contrat social : le soutien au pouvoir se fait tant qu'il n'y a pas de conséquences sur le quotidien. Or, les décharges qui grandissent illégalement, enrichissent des Moscovites et polluent le sol et l'eau des villes, ne peuvent pas être acceptées par la population. Durant les neuf premiers mois de 2019, plus de 1 500 manifestations ont eu lieu à travers toute la Russie. Manifestants comme policiers faisaient en sorte qu'aucune critique n'atteigne le pouvoir ; comme d'habitude, ce sont les gouverneurs, maires et chefs d'entreprises locaux qui ont pris pour le Kremlin.

En décembre 2019, je me suis rendu dans la ville impériale d'Alexandrov, à 100 kilomètres au nord de Moscou. Cette ville de 60 000 habitants, qui fut capitale de la Russie sous Ivan le Terrible (1564), s'est retrouvée concernée par ce problème de déchets.

— C'est une catastrophe écologique, me lance alors Svetlana, une habitante devenue activiste anti-décharge pour l'occasion.

Cette femme m'a accueilli à deux pas de la décharge. Elle ne s'était jamais engagée en politique, mais l'eau polluée et les 100 camions de déchets par jour ont eu raison de son apathie. Selon le contrat signé en 2017, la décharge devait recevoir un maximum de 25 000 tonnes de déchets. Lors de notre rencontre, elle en avait déjà accumulé plus de 2 millions. Résultat : serviettes hygiéniques, préservatifs et autres déchets en tout genre venus de Moscou volaient partout dans le quartier pour retomber dans les jardins.

Difficile pour moi d'expliquer à la militante que je suis plutôt venu parler politique. Il faut user de toutes les astuces et moyens possibles pour pousser les gens dans leurs retranchements, les approcher des sujets qui fâchent en espérant, sans qu'ils s'en rendent compte, lever une colère camouflée. Mais rien n'est possible avec Svetlana. Elle déjoue tous mes pièges, jusqu'à m'empêcher de poser mes questions « sensibles » aux personnes rencontrées. Raïssa, 79 ans, me confie alors :

— Avant, on vivait, on travaillait, on élevait nos enfants, on ne s'occupait pas de politique. Tout le monde était à sa place.

La petite maison en bois de la vieille femme au dos voûté donne sur la décharge géante, elle s'oppose sans surprise à son agrandissement. Mais que pense-t-elle des dirigeants russes ?

C'est la question de trop. Dans un mouvement destiné à mettre la pression que moi comme les Russes connaissons trop bien, Svetlana a fait un pas en avant. La grand-mère s'éloigne, agacée de ne pas pouvoir en dire plus. Svetlana est à deux doigts de me reprocher cette question qui, d'après elle, n'a rien à voir avec son histoire de déchets. Une autre retraitée s'arrête :

— On est passés à la télé pour demander au président de s'occuper de notre problème. On pensait qu'il pourrait nous aider, mais rien n'a été fait. Nous sommes en colère contre les élus locaux, ce sont des menteurs, me glisse-t-elle, prête à se lancer dans un monologue.

Mais pas de récriminations contre Poutine, je pense qu'elle ne voit pas, elle non plus, le rapport avec le président. Anastasia, une autre militante, la quarantaine, connaît les règles du jeu et les met ouvertement sur la table.

— On ne nous entend pas, donc on sort manifester. Mais attention ! Nous ne demandons pas le changement du pouvoir, nous voulons juste être écoutés, me lance-t-elle comme si elle parlait à un agent des services.

Dans un autre quartier, toujours non loin de la décharge, je me retrouve dans une situation que les poutinophiles français, qui nous pensent détestés et haïs par les Russes, n'imaginent pas.

Et pourtant, il m'est arrivé plusieurs fois ces dernières années de faire face au désespoir des populations, comme si j'incarnais Vladimir Poutine. La nouvelle de ma présence dans le quartier s'est diffusée. Bientôt, une quinzaine de personnes m'entourent. Chacun y va de ses doléances. Vassily, 71 ans, est en colère :

— Le peuple n'est pas pris en compte en Russie et la police est contre nous, dans le camp du pouvoir.

Ce partisan des nationalistes de la LDPR est vite interrompu.

— Les politiciens ne nous écoutent pas, les médias d'État ne parlent pas de nous, les journalistes sont notre dernier espoir, me lancent à tour de rôle plusieurs habitants.

Avec toujours cette question à laquelle je ne peux apporter qu'une réponse décevante :

— Votre reportage ne sera pas publié en russe ?

En 2019, déjà, l'usure du pouvoir se fait ressentir, la population a besoin de mouvement politique. Selon l'ONG « Centre pour les droits sociaux et le travail », entre 2017 et 2019, les parts des Russes souhaitant des changements radicaux au sein de la société est passée de 42 % à 59 %.

La crise des décharges perdure. Beaucoup de manifestations locales sont calmées par quelques arrestations ou des permis de construire annulés. Certains Russes l'avaient emporté contre le pouvoir ! Mais la plus grosse victoire, chose rare dans une société sans débats publics, demeure celle de la décharge de Shies, non loin du cercle Arctique. Sous pression des autorités de Moscou, le gouverneur de la région d'Arkhangelsk a eu l'idée originale de vouloir accueillir les déchets de Moscou en pleine taïga. Lorsque des chasseurs ont découvert le démarrage de ce chantier, non loin du village de Shies, c'est toute la région qui s'est mobilisée pour créer un « Notre-Dame-des-Landes russe », une « zone à défendre » en pleine nature sauvage.

Je me suis rendu sur place en 2019, grâce à l'aide de militants locaux, dont un qui s'est ensuite opposé à la guerre et vit désormais en exil dans les Pays-de-la-Loire. La chose n'était pas aisée : nous sommes peu habitués en France, mais la taïga est sauvage, dangereuse et peu habitée. Les locaux étaient tellement révoltés que ce sont en fait les employés de Gazprom qui ont mené le mouvement, discrètement. Il faut dire que la société pétrogazière du Kremlin est le premier employeur de la région. Ce sont donc des employés qui nous ont fait accéder à une route de service, longeant une ligne de sept gazoducs, pour atteindre les marécages de Shies. Les autorités avaient eu l'idée de construire cette décharge sur la tourbe, qui, à certains endroits, se consume en sous-sol hiver comme été, à quelques pas des gazoducs et sur des sources qui menaçaient de polluer les rivières jusqu'à la mer de Barents. C'est ici, à 1 200 kilomètres au nord de Moscou, que la capitale comptait envoyer 500 000 tonnes de ses déchets : une véritable catastrophe écologique en devenir. Mais loin de tout, les autorités pensaient avoir les mains un peu plus libres qu'en banlieue de la capitale. Ainsi, des agents de sécurité ont-ils tenté d'impressionner les manifestants, vite logés dans un camp de fortune à l'entrée du chantier. Puis, la police a tenté de faire venir le carburant des bulldozers par hélicoptère. Trop coûteux. Des anti-émeutes ont été envoyés pour déloger le camp, onze manifestants ont fini à l'hôpital, mais ils ont tenu. Les militants avaient même posté des hommes dans les bois qui ont crevé les pneus des camions, escortés par les policiers, à chaque tentative de relancer le chantier.

Sur place, j'ai aussi découvert un discours parfois proche du séparatisme, que j'ai entendu dans de nombreuses régions de Russie au cours de mes reportages.

— Ici, on trouve du pétrole, du gaz, de l'or, du bois, on leur fournit tout et eux nous renvoient leurs déchets. Nous faisons pourtant la richesse de Moscou, m'a confié Anton, 33 ans.

Sur son tas de cailloux, il avait vue sur le chemin de fer d'un côté, sur le chantier de l'autre. Lui était déjà ravi. La population de la région s'est déclarée hostile au projet à 95 % dans un sondage. Sous pression, le président Poutine a fait stopper les travaux le temps d'un été, annonçant études d'impact et réunions publiques, misant sur l'usure et la répression. Mais les manifestants n'ont jamais lâché, preuve que les Russes peuvent se mobiliser sur des questions politiques lorsqu'ils sont directement touchés.

Le camp rassemblait tout le monde : des jeunes, des grands-mères (à la cuisine, évidemment !), des partisans de Navalny, des communistes et des nationalistes – tous pro-Poutine –, des paras, des « néo-païens » heureux de camper en pleine nature sauvage…

— On est fatigués mais on ne lâchera rien, m'a lancé Lioudmila, infirmière retraitée, au milieu d'une soupe. Ils ont bien tenté de nous acheter en finançant des chantiers dans les villes de la région mais on n'oublie pas cette expression soviétique : « On ne trouve le fromage gratuit que dans les pièges à souris. »

Non loin, Nikolaï m'a confié :

— Ceux qui ont décidé ce chantier sont des idiots, ils ont oublié que les gens du Nord sont solidaires et attachés à leurs terres. Nous ne voulons pas de l'argent de Moscou, nous voulons que la terre de nos ancêtres reste propre.

Et encore, ces propos séparatistes de Vladimir, 67 ans, ingénieur en automatisation dans une usine à papier, l'autre grande entreprise de la région :

— Je ne faisais pas de politique mais nous n'avons plus le choix, c'est une question de dignité. Au début, en Russie, on était euphoriques avec notre grande armée, mais on a vite compris que rien ne bougeait. On est finalement nombreux à être déçus par la politique de Poutine. On comprend que ça fait longtemps que le pouvoir s'est éloigné des gens, le royaume de Moscou ne peut pas comprendre qui nous sommes.

À l'issue du reportage, j'ai rencontré une journaliste locale, Elena Solovieva. Elle s'est penchée des mois durant sur ce laboratoire politique.

— Les gens en ont marre de l'absence de démocratie en Russie. Les manifestants se sont créé une expérience politique, ils ont réussi à faire en sorte que Vladimir Poutine parle de Shies. Puis ils ont fondé leur communauté avec leurs règles. Ils veulent que la relation entre les gens, les régions et le pouvoir change, ils parlent d'un génocide des régions du Nord. Certains messages minoritaires mais symboliques apparaissent. Ils demandent la démission du président ou parlent de séparatisme en république des Komis… La fracture est visible.

Et l'usure du pouvoir se fait de plus en plus forte, hors des radars du Kremlin, qui s'est détruit lui-même en s'en prenant à tous les baromètres de sa société : médias, instituts de sondage, manifestations, expression sur le Web… Ne restait alors plus à Vladimir Poutine que ses rapports quotidiens du FSB sur l'humeur de la population pour tenter de cerner l'atmosphère de son pays. Risqué.

Covid et Constitution

Un an plus tard, l'usure du pouvoir était dans tous les esprits. En janvier 2020, une angoisse s'est emparée de toute la Russie. Elle était difficilement palpable, mais dans les discussions privées, dans les médias d'État, plus personne ne cachait sa peur à l'idée d'arriver à la fin d'un cycle. Il ne restait plus que quatre ans de pouvoir à Vladimir Poutine et la Constitution était formelle, le bout de la falaise approchait. Toute la population, qu'elle soutienne son président ou rêve d'un nouveau visage, ne voyait que du vide. Tout le monde concédait que le président russe était peut-être personnellement responsable du fait qu'aucun successeur ne semble évident pour la population. Depuis les dernières élections, nous avions cru le voir tester de nouvelles têtes occasionnellement. Même le président russe semblait, de fait, désemparé par cette situation. Nous étions plusieurs à avoir l'impression qu'il fatiguait de son poste et des longues réunions de propagande auxquelles il était contraint d'assister quotidiennement.

Vladimir Poutine allait se faire épingler, une fois de plus, par l'opposant Navalny, qui avait découvert qu'il se faisait construire un gigantesque palais à Gelendzhik, au bord de la mer Noire. L'information n'avait pas choqué grand monde en

Russie, elle avait surtout intéressé les Occidentaux. Mais ce projet en disait beaucoup sur le *vrai Poutine*, loin de l'image façonnée au cours des années d'un président conservateur et exemplaire : il aime les femmes, il a eu plusieurs maîtresses et des enfants plus ou moins cachés ; il aime encore plus l'argent ; c'est un ancien délinquant de Saint-Pétersbourg, il n'a jamais oublié les méthodes de l'époque et dirige son pays comme il dirigeait ses affaires, lorsqu'il commerçait quotidiennement avec les mafias du port de sa ville natale ; il aime l'Europe (il était en vacances sur la Côte d'Azur lorsque le FSB l'a débauché en 1999 pour prendre le relais d'Eltsine), le luxe italien, ne comprend rien à Internet, qu'il n'utilise jamais. C'est aujourd'hui un grand-père d'extrême droite – climatosceptique, complotiste, désinformé –, comme on en trouve des milliers en Europe. Vladimir Poutine ne croit en Dieu que lorsque son représentant sur terre, le patriarche Kirill, est un ancien du KGB, et qu'il n'entrave pas ses schémas de corruption et ses guerres. Comme tout dictateur, le président vit dans une paranoïa qui le pousse à prendre des décisions mal calculées.

En janvier 2021, le site Internet du journal, aujourd'hui en exil, *Novaïa Gazeta*, a publié une tribune du docteur ès sciences politiques Vladimir Pastoukhov, qui livrait une vision originale de Vladimir Poutine. Dans ce média, il usait, au sujet du palais de Gelendzhnik, de l'image du mirage. Il estime qu'au début de son second mandat, en 2005, Vladimir Poutine s'est mis à rêver d'un nouveau système politique dans lequel il aurait les avantages du pouvoir, sans les inconvénients. Un système similaire aura été temporairement mis en place en 2008 avec le président de surface, Dmitri Medvedev, guidé par un Premier ministre et président souterrain, Vladimir Poutine, affalé sur une chaise longue au bord de la mer Noire. Une façon de prendre une retraite politique sans risquer de se voir poursuivre en justice par un successeur trop démocrate…

— À l'époque, ni lui ni son entourage, et encore moins la société russe, n'étaient prêts pour un pouvoir à vie. Poutine devait réfléchir à une transition du pouvoir, estimait Pastoukhov.

C'est à cette période que le projet de financement du palais a été lancé. Poutine se voyait déjà quitter les affaires. Mais, dans les cercles du Kremlin, on craignait que le successeur devienne de plus en plus indépendant et entame des réformes.

— Le palais de Gelendzhik a certainement été créé comme un Vatican russe d'où l'on aurait pu superviser confortablement la façon dont le successeur s'acquittait de ses tâches – et intervenir si nécessaire.

Mais sa survie dépendant de la stabilité politique, l'entourage du président russe ne lui a pas permis de quitter le pouvoir. Le palais, à l'image du rêve de Vladimir Poutine, n'a jamais été achevé. Les architectes n'avaient pas pris en compte l'humidité de la région, il est aujourd'hui encore en chantier, inhabitable. Il est probable que le bâtiment demeure pour toujours un puits à roubles et le symbole d'une Russie passée à côté de ses rêves de démocratie.

Alors que l'ensemble de la population tombait dans une angoisse profonde à l'idée des troubles, potentiellement sanglants, que pourrait vivre la Russie confrontée au vide intersidéral laissé par vingt ans de règne de l'autocrate Poutine, le Kremlin a dû prendre une décision rapide. Car dans les médias, même ceux acquis au Kremlin, des analyses et des sondages commençaient à tomber pour tenter de trouver un nom capable de prendre le relais du président. Vladimir Poutine a donc pris une décision radicale. Celle qu'il avait promis de ne jamais prendre : changer la Constitution. Puisque tout le pays le considérait comme le garant de la stabilité politique et économique de la Russie, et qu'il était pieds et poings liés à ce pouvoir, autant le conserver. C'est ainsi que, en quelques jours, est apparu dans la presse russe, en janvier 2020, la possibilité de changements constitutionnels. L'objectif était de pouvoir se représenter en 2024 pour rester aux commandes, au maximum jusqu'en 2036. Il offrait ainsi de l'air aux Russes, qui pouvaient reprendre une activité normale. Rapidement validés par Vladimir Poutine, ces changements ont été rédigés en quelques semaines, officiellement, devant les caméras, par une poignée de célébrités totalement incompétentes pour ce genre d'exercice. Officieusement, par ses services.

Début 2020, la démarche du président russe se trouvait facilitée par un événement international que personne n'avait vu venir : le Covid. D'emblée, la question des protestations contre cette folie antidémocratique était réglée. Elles ont été interdites pour des questions sanitaires. Quant à l'opinion publique, elle se retrouvait sous pression de l'épidémie, la tête ailleurs. En échange d'une gestion opaque de celle-ci, les Russes pouvaient garder leur liberté de mouvement. Le confinement à la russe s'est ainsi montré bien plus souple que ceux des Européens. Le pouvoir n'avait tout simplement pas la capacité de contraindre sa population, pauvre, à rester chez elle. Le risque social était trop important. Alors le pays s'est tu sur l'état des hôpitaux et sur la gestion inhumaine des malades. Les Russes n'ont d'ailleurs jamais su qu'au moins un million de personnes étaient mortes en un an et demi dans leur pays à cause du traitement catastrophique de l'épidémie.

Cela a permis au Kremlin de cacher ces morts et aussi ses méthodes de pression sur le personnel médical. Les démissions se sont comptées par centaines, les suicides par dizaines. Comme pour n'importe quelle autre crise, chaque échelon se devait de faire remonter de bons chiffres à Moscou. En bas de la chaîne, les médecins aux salaires misérables et aux hôpitaux mal équipés se retrouvaient, sans protection, à devoir faire des miracles.

Il faut noter que, comme pour la question des décharges, le Kremlin s'est heurté à une opposition franche de la population quand il a voulu s'en prendre à sa santé en lui imposant son vaccin maison, le « Sputnik V ». Il était fascinant pour nous, correspondants étrangers, de voir les Russes comprendre de quoi leur gouvernement était capable et être prêts à lui retirer leur confiance. Après les créateurs du vaccin, qui se sont piqués eux-mêmes pour le tester, des soldats désignés volontaires, puis des étrangers de chez Russia Today, ce sont les correspondants étrangers qui ont fait confiance au Kremlin et se sont essayés au Sputnik V. À ce jour, je ne sais pas si cette double dose que j'ai acceptée était une bonne idée mais, à l'époque, le pays, fermé, nous avait imposé des règles strictes, qui nous empêchaient de rentrer chez nous. Il était hors de question d'abandonner le pays au cours de cette période sensible. Je n'ai pas eu le choix du vaccin. Le résultat de ce combat soviétique, qui avait pour seul objectif de montrer que la Russie pouvait être plus efficace que les Américains, est mitigé. Les pays africains et d'Amérique du Sud se sont jetés sur le produit. Le Kremlin, qui n'a jamais voulu autoriser l'entrée des vaccins occidentaux sur son territoire pour contraindre les Russes au Sputnik

V, s'est finalement retrouvé incapable de fournir ses clients comme de convaincre sa population.

Le 15 janvier 2020, le processus de réécriture de la Constitution est donc lancé, et prend fin six mois plus tard, lors d'un référendum tout sauf démocratique. Encore une fois, l'opposition n'aura pas le droit de s'exprimer, il n'y aura aucun débat public, les votes ont lieu dans des conditions plus que troubles. Covid oblige, le Kremlin a autorisé la population à voter pendant sept jours – à distance comme sur le capot de leur voiture. À la fin de la semaine, Vladimir Poutine s'enorgueillissait d'avoir obtenu 77,92 % de soutien à ses changements constitutionnels. C'est certainement la première fois qu'un résultat de vote représentait aussi peu la vraie position des Russes, pourtant matraqués par la propagande.

Plusieurs médias critiques du pouvoir, s'appuyant sur des sources internes, avaient établi que le réel résultat de ce vote était certainement à l'inverse : une opposition massive de la société au pouvoir à vie de Poutine. Le taux de participation officiel de 68 % avait été, lui aussi, manipulé. Le président avait une nouvelle fois bénéficié de dissensions au sein de l'opposition russe, dont une partie estimait qu'il fallait voter contre, quand les partisans de Navalny se refusaient à légitimer le vote en y participant.

Autre signe que le président russe décidait d'assumer son nouveau profil de dictateur – lui qui avait arrêté, à peine un an plus tôt, d'utiliser le mot « démocratie » dans ses discours sur la Russie – : il a établi l'immunité pour les présidents sortants et affirmé, officiellement, que la Constitution russe primerait désormais sur le droit international. Sachant qu'il devrait s'appuyer sur la Russie conservatrice pour permettre à son modèle dictatorial de subsister, il a interdit les mariages homosexuels, pris des mesures sur l'enseignement patriotique à l'école et ajouté la mention de la foi explicite en Dieu dans la Constitution. Des bases conservatrices et ultra-orthodoxes, qui rejoignent sa description fantaisiste de l'Occident, tantôt qualifié de « décadent », tantôt de « *Gayeurope* »…

Navalny

Cette séquence est restée douloureuse pour les Russes qui, pour la première fois, ont eu en grande majorité l'impression de s'être fait voler un scrutin. Cela peut étonner en Europe, mais la population était loin d'être prête à accepter la perspective d'une vie sous dictature. Les Russes veulent un leader garant de la stabilité et du développement du pays, pas un dictateur. Mais ce référendum au goût si amer a vite été oublié. La règle n'a pas changé en Russie : le pouvoir s'occupe de la politique, le peuple s'en détourne tant que les actions des politiciens n'ont pas de conséquences néfastes sur leur vie.

Cette séquence d'une population d'abord angoissée, puis rassurée par un changement de Constitution, a représenté une dernière étape dans la fuite en avant du Kremlin. Car, quelques semaines après l'organisation de ce référendum humiliant pour les Russes, Vladimir Poutine a tenu à indiquer d'une façon radicale, encore, quelle voie prenait son pays. Le 20 août 2020, son opposant principal, Alexeï Navalny, était empoisonné par les services de sécurité dans sa chambre d'hôtel, à Tomsk, en Sibérie.

L'opposant qui tentait alors d'imposer une alternative démocratique dans le pays, ouvre des représentations de

Kaliningrad à Vladivostok, fait campagne, écoute les Russes. Ce jour-là, un agent avait déposé du Novitchok, un poison innervant, dans son caleçon. Quelques heures plus tard, alors qu'il s'envolait pour Moscou, Navalny a commencé à subir les conséquences de cet empoisonnement. Son avion a été dérouté à Omsk, où des secouristes qui n'avaient pas été mis dans la confidence des assassins lui ont sauvé la vie. Le FSB a alors pris en otage tout le service de l'hôpital où il était pris en charge, forçant les médecins à limiter les soins prodigués à l'opposant. Mais le poison n'a pas tué Navalny, et le Kremlin a dû se résigner à le laisser s'envoler pour une clinique allemande, en pariant sur le fait qu'il ne remettrait plus les pieds au pays… C'était une erreur. Il ne sait que trop bien l'importance de s'opposer au contact des Russes, de parler depuis son pays, d'autant plus dans une société éduquée dans la méfiance des ingérences étrangères. À l'époque, toutes les grands-mères du pays estimaient que les activités d'Alexeï Navalny étaient financées par l'Ouest… Ambitieux, malin, le politicien a bien observé les différentes déclarations des opposants basés à l'étranger depuis des années, qui passent leur temps à qualifier Vladimir Poutine de Hitler et à fantasmer le futur de la Russie.

Navalny veut appuyer sur la corruption depuis la Russie, démontrer à la population, par des sources russes, que les ressources de leur pays finissent dans les poches d'une élite méprisante et vulgaire. C'est peut-être sa dernière enquête sur le palais de Vladimir Poutine en construction à Gelendzhik, qui a rendu furieux le président russe. Car, si la dénonciation de l'ampleur de la corruption paie difficilement chez les Russes, s'attaquer à l'image personnelle du chef du Kremlin, façonnée durant de longues années, n'est pas tolérable.

Dans les semaines qui suivent l'empoisonnement d'Alexeï Navalny, les fatigués du Kremlin vivent dans la stupeur. Malgré ses dénégations, Vladimir Poutine a, encore une fois, assumé sa vision d'un futur autoritaire de la Russie. La violence de la répression a surpris.

Certes, les enquêtes de Navalny diffusées sur YouTube gagnaient en popularité, ses QG dispersés aux quatre coins du pays en visibilité, mais la situation était maîtrisée. L'opposition n'avait pas accès aux médias ni aux élections, et ne pouvait presque plus manifester alors que le contrôle d'Internet s'organisait rapidement.

Cet empoisonnement « raté » a également rappelé que cette dictature est freinée par l'ampleur de sa corruption, de la bureaucratie, le manque de professionnalisme d'un grand nombre de « *siloviki* » (représentants des forces de sécurité). Et par une population qui observe ces méthodes de mafieux avec distance : dans le cas de Navalny, les premiers médecins à être intervenus sur le tarmac de l'aéroport savaient qui ils soignaient et se sont vite doutés que l'opposant ne s'était pas empoisonné tout seul. Ils l'ont pourtant soigné comme n'importe quel autre patient.

Quelques mois plus tard, à peine remis, Navalny a insisté pour revenir se battre en Russie. Escorté par les agents en civil du service de protection des hautes personnalités allemand jusque dans son avion, il a été accueilli par des hôtesses russes heureuses de le rencontrer. Elles se sont, comme la moitié de l'avion, empressées de prendre une photo avec lui. À tel point que le pilote a dû menacer de se poser avant Moscou, tant le couloir de l'appareil était encombré.

Mais, arrivé à Moscou, le 13 janvier 2021, la chute a été brutale. Les hôtesses ont dû justifier leur attitude auprès de la direction de leur compagnie et l'opposant s'est rendu, stressé, au poste frontière. Il a été arrêté et emprisonné aussitôt, sans grand espoir d'être libéré un jour.

Les raisons de son arrestation importent peu, tant la chose n'est que politique et cynisme. Il était reproché à Alexeï Navalny de ne pas avoir pointé dans un commissariat de police de la banlieue de Moscou, alors qu'il se soignait de son empoisonnement en Allemagne. Cette peine avait été conçue exactement pour cela, pour pouvoir s'en servir au besoin. Elle était elle-même le résultat d'un procès monté de toutes pièces par les services de renseignement. Ils avaient mis la société Yves Rocher sous pression pour accuser l'opposant et son frère de ne pas avoir honoré des obligations contractuelles. Manipulée par les services, la société avait finalement affirmé n'avoir subi « aucun dommage », mais le mal était déjà fait.

Le retour d'Alexeï Navalny dans la gueule du loup n'a pas été compris de tous. Savait-il qu'il signait son arrêt de mort en rentrant au pays ? L'opposant estimait certainement qu'il s'inscrirait dans l'histoire dramatique de la Russie, dans l'histoire d'un régime dont personne ne ressortirait les mains propres. Il devait penser tirer sa future légitimité de leader politique d'un séjour martyr en prison. Mais un an plus tard, la question qui se posait à son sujet n'était pas de savoir quand il sortirait de prison, ni avec quel statut, mais s'il en sortirait vivant. Torturé, malmené, maltraité jour et nuit, privé d'une grande partie de ses droits, l'opposant pourrait bien ne jamais survivre à cet acte de patriotisme radical.

À Moscou, pour un grand nombre d'opposants, il n'était plus question de soutenir ou non les méthodes d'Alexeï Navalny, l'heure était à la mobilisation. Mais le Covid, meilleur allié des dirigeants, a permis au Kremlin d'interdire les rassemblements. Le 10 septembre 2020, je me suis rendu au QG moscovite de l'opposant. En catastrophe, les militants, qui savaient que leur temps était compté, formaient les volontaires aux derniers outils démocratiques à leur disposition. En première ligne, l'observation d'élections.

— Il arrivera souvent que l'on vous demande de rester à votre place, sur la chaise réservée aux scrutateurs. Mais souvenez-vous que vous avez tout à fait le droit de vous déplacer dans le bureau de vote pour suivre le déroulement du scrutin. Si on vous explique que vous gênez et que l'on vous empêche de regarder, envoyez une plainte à la commission, explique un formateur à la vingtaine de personnes présentes.

L'empoisonnement de l'opposant n'a pas ralenti le travail des proches de l'avocat blogueur. Son « fonds de lutte contre la corruption », qui allait être qualifié d'organisation extrémiste quelques mois plus tard, a continué de publier des enquêtes contre des élus corrompus du Tatarstan et de la région de Tomsk. Les QG de Navalny en région ont continué de faire campagne pour le « vote intelligent », système qui pousse les électeurs à choisir les candidats d'opposition ou, le cas échéant, les candidats non liés au Kremlin. À l'époque, on préparait des élections régionales.

— Nous savions qu'Alexeï risquait sa vie, son empoisonnement n'est pas une surprise, assure Oleg Stepanov, responsable du QG. Avoir peur ou ne pas avoir peur, qu'est-ce que ça va changer pour nous ? Nous connaissons bien les risques, nous savons qu'à tout moment, même maintenant, quelqu'un peut entrer dans notre local et nous agresser. La police peut débarquer et faire une perquisition : c'est déjà arrivé pendant des formations et, à chaque fois, la police repart avec tout notre matériel et les téléphones des participants. Nous connaissons les risques, mais il était clair dès le début qu'ils allaient de pair avec l'engagement.

Le responsable est d'un fatalisme désarmant.

Un autre militant, Artem, 26 ans, est dépité.

— Ce qui s'est passé avec Navalny m'a ouvert les yeux. Tout ne va pas bien dans le pays, il est temps de prendre des initiatives, de prendre les choses en main. On a un pays fort, un des meilleurs au monde avec une histoire riche, des bons et des mauvais moments, et ce qui se passe actuellement défie toute logique. Pourquoi nous ne pouvons pas vivre en Russie comme dans les autres pays développés ?

Dans l'entrée du QG trônent quelques photos de l'opposant au Kremlin. Le local est à son nom, mais la perspective d'un futur sans Navalny semble taboue. La priorité est claire : accompagner les candidats d'opposition tant qu'ils existent et espérer un retour rapide de l'opposant, que l'on considère dans son QG comme le plus apte à enquêter sur sa propre tentative d'assassinat.

— L'opposition n'était pas prête à une disparition brutale de Navalny, qu'il soit à l'étranger sans pouvoir donner d'ordres, prendre des décisions, c'est du jamais-vu, analysait Alexeï Venediktov, alors encore rédacteur en chef de la radio Écho de Moscou, désormais interdite en Russie, et aujourd'hui en exil.

— Tout le monde se mobilise pour les élections de ce week-end, mais à partir de lundi, ce sera le grand vide dans l'opposition. Et après, on fait quoi ? ajoute-t-il.

Paranoïa

Pendant ce temps-là, Vladimir Poutine vivait terré dans sa résidence de Novo-Ogaryovo, en périphérie de Moscou. Il s'est enfermé dans son *bunker*. Nul ne sait vraiment si son célèbre bureau, aménagé pendant le Covid pour rencontrer ses interlocuteurs par visio-conférence, est réellement situé dans un sous-terrain. Le fantasme s'est imposé de lui-même chez ceux qui savent que les dictateurs finissent souvent leur carrière dans une cave. Mais ce bureau, que Vladimir Poutine a fait dupliquer dans sa résidence de Sotchi pour qu'on ne sache jamais d'où il travaille, est au moins devenu la prison intellectuelle d'un grand-père isolé du monde, guidé par sa désinformation et son obsession de ce que l'histoire retiendra de lui après sa mort. De quoi lui valoir le surnom de « papy dans son *bunker* » par l'opposition, utilisé en masse sur les réseaux sociaux.

En 2020, le président préférait encore diriger le pays sous les palmiers de Sotchi que dans l'humidité froide de Novo-Ogaryovo. J'ai eu l'occasion de visiter une petite partie de sa résidence de Sotchi, à l'occasion d'une rencontre avec le président turc Erdogan, en 2020.

La résidence *Rivière Bocharov* est située au bout d'un lotissement quelconque, un quartier simple, mais propre comme le centre-ville de Moscou. Lorsqu'une personnalité y est attendue, des policiers se dressent en quelques minutes à tous les carrefours. Cette propriété, qui porte le nom d'une rivière qui la traverse, n'est pas une de ses nombreuses demeures construites avec des roubles de la corruption. Construite en 1960, elle ne lui appartient pas. Ce palais a vu défiler Khrouchtchev et Brejnev, le maréchal Tito y a passé un été. L'URSS volatilisée, la villa *Rivière Bocharov* est devenue la seule résidence présidentielle de la mer Noire et le centre de ce que le Kremlin concevait de plus en plus comme une autre capitale de la diplomatie.

À chaque rencontre officielle, Vladimir Poutine accueille ses invités sur le côté droit de la demeure. Les berlines sont garées sous les palmiers. Les invités s'installent ensuite dans un salon qui donne sur la mer Noire. Le ciel y est toujours bleu, les jardins de la villa sont luxuriants. Les cuisines ne sont pas loin ; l'endroit est aménagé pour recevoir côté cour les quelques journalistes qui suivent le président russe au quotidien, à l'écart de la partie privée. Le président possède un yacht en contrebas. Une piste d'hélicoptère a également été aménagée. Le tout est entouré d'une grande muraille verte, surveillée par le FSO, en charge de la protection des hautes personnalités.

Sotchi, cette Riviera russe de 443 000 habitants, s'est retrouvée au cœur de l'actualité mondiale en 2014, lorsque le président y a organisé les Jeux olympiques d'hiver puis, dès le lendemain, quand les troupes russes ont envahi la Crimée. Vladimir Poutine n'aime pas le Kremlin. Cette vieille ville touristique est difficile d'accès, pleine de musées. Il faut, à chaque déplacement, paralyser la circulation du centre-ville pour faire descendre le convoi présidentiel jusqu'aux murailles rouges. Avec la paranoïa, la perspective de survoler Moscou en hélicoptère n'est plus une option.

Dans la résidence de Sotchi, un journaliste russe bien connu des téléspectateurs, qui suit le président sur le terrain, m'avait confié dans un excellent français :

— C'est vrai que quand on est envoyés à Sotchi, ce sont des missions fatigantes. On doit tout prévoir, le président peut décider de passer de la ville aux pistes de ski, de rencontres officielles à des événements publics, on peut annoncer des chefs d'État au dernier moment... On vient toujours ici avec de grosses valises, sans être certains de rentrer à l'heure prévue à Moscou.

Époque bénie où ces gens-là nous parlaient encore...

Verte, à l'air pur, la ville de Sotchi est devenue une des destinations incontournables des catégories sociales aisées. Elle fait office de cité balnéaire l'été, de station de ski l'hiver, et de ville des grands événements, avec le parc olympique régulièrement réutilisé comme lieu de forum ou d'événements sportifs en tous genres. Avant le Covid, le président russe venait y tourner tous les hivers une séquence incontournable, au cours de laquelle il affrontait une équipe de hockey sur glace... et l'emportait à chaque fois.

— En faisant venir à Sotchi les dirigeants et les sportifs du monde entier, Vladimir Poutine entendait utiliser la puissance symbolique du sport pour leur faire entériner sa sanglante politique tchétchène, mais aussi la politique russe au Caucase : de l'exil meurtrier des Tcherkesses dans les années 1860 au soutien des républiques séparatistes géorgiennes, dont l'Abkhazie qui se trouve à une quinzaine de kilomètres des sites olympiques de 2014, explique Régis Genté, journaliste, auteur de *Poutine et le Caucase*[1].

Le pic de la station olympique Rosa-Khutor caresse les frontières de la région séparatiste. Une partie des pistes de ski et des téléphériques est interdite aux étrangers à cause de sa proximité avec cette zone, qui était difficile à sécuriser il y a quelques années encore.

— Il y a aussi tout un travail lié à la mémoire, que l'on avait vu à l'œuvre à l'occasion des J.O. de Sotchi, puisque l'un des deux sites olympiques se trouvait être celui de Krasnaïa Poliana, où cent cinquante ans tout juste avant le début des épreuves, l'empire tsariste avait célébré ce qu'il considérait comme la victoire finale sur le Caucase, analyse le journaliste.

Mais, paranoïa oblige, le président russe a vite dû renoncer à diriger le pays depuis la mer Noire. Le plus sûr, quand on craint un *putsch*, c'est de rester à proximité du pouvoir, au Kremlin. C'est ainsi que Vladimir Poutine a fait installer un système de défense anti-aérien dans son jardin de Novo-Ogaryovo, puis a fait relier sa demeure aux lignes de chemin de fer les plus proches après avoir fait blinder un train personnel. Ce train, réplique mobile de ses résidences officielles, serait destiné à devenir son moyen de transport le plus sûr, à l'instar du dictateur nord-coréen, Kim Jong-un, qui se déplace de la même façon.

En 2020, à l'occasion des vingt ans de Vladimir Poutine au pouvoir, je me suis de nouveau intéressé à son histoire. J'ai beaucoup discuté avec le journaliste de l'*Écho de Moscou*, Alexeï Venediktov, qui faisait partie des rares journalistes

---

1. Buchet Chastel, 2014.

à avoir accès au Kremlin. Mes visites chez ce journaliste fantasque se concluaient toujours par cette question :

— Comment va Mikhaïl Sergueïevitch ?

Ce proche de Mikhaïl Gorbatchev mangeait avec lui un week-end sur deux, comme on va voir son grand-père. J'avais beau deviner la position critique du « premier et dernier président soviétique », comme adore le dire Alexeï Venediktov à propos de Vladimir Poutine, je ne suis jamais parvenu à en savoir plus.

Venediktov est un ovni pour la société russe. Étiqueté libéral, il dirige lui-même un média critique du pouvoir. Il est également désigné comme « agent de l'étranger ». Mais son média, né grâce à Gorbatchev, était, avant sa dissolution en Russie, financé par… Gazprom-Media. Autant dire le Kremlin. Venediktov a toujours évolué sur un fil, capable de parler un jour à Navalny, le lendemain à Loukachenko, puis de passer ses soirées bras dessus bras dessous avec l'une des pires propagandistes du régime, Margarita Simonyan. Son image d'opposant a été écornée lorsqu'un jour il a été photographié en bas de sa rédaction, sur la grande avenue Novyi-Arbat, en pleine discussion avec le porte-parole de Vladimir Poutine, Dmitri Peskov. Force est de constater que, en 2020, il avait bien cerné le chef du Kremlin.

— Il y a deux choses importantes pour lui : sa sécurité et celle de ses proches qui ont gagné beaucoup d'argent. Ensuite, il y a l'après-Crimée. Il veut poursuivre sa mission de protection du monde russe. Autrefois, Poutine était cynique, bureaucratique, mais après la Crimée, il a cru en sa mission céleste. Il veut diviser le monde, rêve d'un Yalta où chaque grand pays prendrait la responsabilité de ses voisins. Mais il ne comprend pas que cette mission n'a pas de fin !

Son passé soviétique de sous-colonel a refait surface avec le poids des affaires. C'est un fanatique du contrôle. Quand il a le choix entre le progrès et la sécurité, il choisit toujours la sécurité : c'est l'éducation KGB, m'avait-il confié.

En 2022, Vladimir Poutine savait qu'il devait rester au pouvoir jusqu'au bout. Au quotidien, son travail consistait donc à consolider le vernis idéologique de sa folie impérialiste, tout en gardant un œil sur les loups, qui devaient se battre en coulisses pour mieux stabiliser le régime. Il devait tout de même s'assurer en permanence qu'aucun ne prenne le dessus, ou pire, ne gagne en influence et lui fasse de l'ombre.

Si la gestion de son entourage nous est inconnue, tant elle se règle en privé, son lâcher-prise idéologique fut fascinant à observer. En quelques années à Moscou, j'ai vu Vladimir Poutine accélérer la fin de la démocratie dans son pays, ne plus prêter attention à l'image renvoyée par la Russie à l'étranger et foncer tête baissée vers une répression insensée, présentée comme nécessaire. Cette fuite en avant, caractéristique de tout dictateur, qui a fini par le mener au 24 février 2022, début de l'offensive en Ukraine.

Au cœur de ce vernis idéologique impérialiste, on retrouve deux articles, présentés comme écrits par Vladimir Poutine en personne, diffusés par le Kremlin. Dans le premier, publié le 19 juin 2020, le président réécrivait l'histoire d'une façon troublante. Dans un parallèle créé entre la « grande guerre patriotique » (nom russe de la Seconde Guerre mondiale) et la guerre en Ukraine, il accusait les Occidentaux d'une… réécriture de l'histoire. Il y faisait référence à la catastrophe d'Odessa :

— La méchanceté peut aussi être sanglante comme dans la situation où ceux qui se prononcent contre les néonazis et les successeurs de Bandera sont tués et brûlés.

Il semblait aussi préparer la population à une entrée en guerre :

— Je suis persuadé que l'un des traits caractéristiques des peuples de Russie est de remplir leur devoir sans s'apitoyer sur leur sort lorsque les circonstances l'exigent. Des valeurs telles que l'altruisme, le patriotisme, l'amour de leur foyer, de leur famille et de la patrie restent fondamentales et font partie intégrante de la société russe à ce jour.

Dans cet article, destiné à affirmer que l'URSS s'était battue seule contre les nazis et un Occident corrompu et malhonnête, le chef du Kremlin a rappelé l'entrée en guerre de Staline, qui pourrait s'appliquer aux premières semaines de 2022.

— Les dirigeants soviétiques ont reçu des informations vérifiées sur l'imminence d'une agression nazie. Dans les mois d'avant-guerre, ils ont pris des mesures pour améliorer l'état de préparation au combat du pays, La guerre n'était pas une surprise, les gens l'attendaient, s'y préparaient.

Un écho à la ligne du Kremlin, qui considère que son entrée en guerre, en 2022, était une réponse à une offensive occidentale à venir, certainement de l'OTAN, contre le Donbass. Le président russe répondait déjà aux accusations auxquelles il fait face aujourd'hui, se croyant engagé dans une nouvelle guerre contre les « nazis en Ukraine ».

— Je crois qu'il est inacceptable d'assimiler les libérateurs aux occupants. Je ne peux considérer la glorification des collaborateurs nazis que comme une trahison de la mémoire de nos pères et grands-pères, et une trahison des idéaux qui ont uni les peuples dans la lutte contre le nazisme.

Enfin, il faisait état de valeurs qui sont désormais centrales dans la société russe, le sens de la « lutte héroïque et sacrificielle contre les nazis ».

Si ce premier article devait faire le lien idéologique entre la « vieille guerre » et l'actuelle, faisant de la deuxième une suite logique de la première, le second, publié le 12 juillet 2021, était encore plus glaçant. Les premiers mots de ce texte justifient le crime à venir :

— Au cours de la récente *Ligne directe* [une émission de télévision durant laquelle le président répond aux questions des Russes], lorsqu'on m'a interrogé sur les relations russo-ukrainiennes, j'ai dit que les Russes et les Ukrainiens formaient un seul peuple, un tout. Ces propos n'étaient pas motivés par des considérations à court terme ou par le contexte politique actuel. C'est ce que j'ai dit à de nombreuses reprises et ce que je crois fermement.

S'ensuit une négation totale de l'identité et de l'indépendance de l'Ukraine.

Poutine y décrit la Russie comme une citadelle assiégée, garante d'une Union des Slaves, à l'image de l'URSS, qui n'aurait été qu'une évidence culturelle, religieuse et idéologique. L'allégeance de ces pays envers le Kremlin serait aujourd'hui encore inévitable. Les découpages territoriaux actuels ne seraient qu'une erreur du dernier dirigeant soviétique, influencé par l'Ouest.

— Une chose est claire : la Russie a été volée. Il est aujourd'hui d'usage de condamner les « crimes du régime soviétique », en leur attribuant même des événements avec lesquels ni le Parti communiste de l'Union soviétique

(PCUS), ni l'URSS, ni même la Russie plus moderne n'ont rien à voir. Cependant, les actions des *bolcheviks* visant à séparer la Russie de ses territoires historiques ne sont pas considérées comme un acte criminel. La raison en est claire. Comme cela a conduit à l'affaiblissement de la Russie, cela convient à nos adversaires, estime le président russe.

L'article affiche clairement une obsession proche de la paranoïa du président Poutine pour la question ukrainienne, mauvaise élève dans sa vision du « monde russe ». Le chef du Kremlin justifie l'annexion de la Crimée et la guerre dans le Donbass. 2014 est un « coup d'État réalisé par des nationalistes avec le soutien des pays occidentaux », un « projet anti-russe », un « changement d'identité forcé dans lequel les Ukrainiens sont poussés à croire que la Russie est leur ennemi ». Poutine l'affirme sans détour : en l'état actuel des choses, « il n'y a pas de place pour une Ukraine souveraine ». En somme, dans cette appréhension de l'histoire, la Russie aurait tout fait pour aider Kyiv à accéder à son indépendance. Mais le pays, ingrat, n'aurait pas compris que son indépendance allait de pair avec une soumission naturelle envers Moscou. En conclusion de son manifeste, le chef du Kremlin justifie une nouvelle fois la guerre à venir de cette façon.

— Il ne serait pas exagéré de dire que cette course à une assimilation violente, vers la formation d'un État ukrainien ethniquement pur, agressif envers la Russie, est comparable dans ses conséquences à l'utilisation d'armes de destruction massive contre nous [...] Nous ne permettrons jamais que nos territoires historiques et que les personnes qui nous sont proches et qui y vivent soient utilisées contre la Russie. Et à ceux qui feront une telle tentative, je tiens à dire qu'ils détruiront ainsi leur pays.

Nous sommes donc en 2021. Vladimir Pastoukhov frémit à la lecture de ce texte. À l'antenne de la radio Écho de Moscou, il exprime sa position.

— Ce que je vois, c'est la justification idéologique d'une future guerre, une tentative de donner une interprétation religieuse, une volonté de rendre cette guerre sacrée.

Vladimir Poutine s'est, lui aussi, fendu d'une explication de texte quelques heures plus tard. En quelques mots, il a confirmé qu'il fallait voir en son article une menace adressée à l'Ouest. Et aussi qu'il fallait saisir sa vision du monde, qu'il comptait bien conter aux Russes et, en premier lieu, aux militaires : cet article a été intégré à la liste des textes obligatoires lors de la « formation militaro-politique » des soldats russes.

En janvier 2022, la tension est à son comble. Les Américains multiplient les fausses alertes, embrouillant même les Ukrainiens. À Moscou, il n'y a rien de nouveau à signaler. Des camps ont bien été installés à proximité de la frontière ukrainienne, mais la technique du coup de pression n'est pas neuve. Je suis même allé, quelques semaines plus tôt, jusqu'à Rostov et Taganrog, à deux pas du Donbass, pour y chercher des tanks. Un convoi militaire ferroviaire a bien été aperçu quelques nuits plus tôt, mais depuis, rien. L'OTAN, qui n'avait, dans les faits, jamais vraiment dérangé Vladimir Poutine, était soudain revenue au cœur des obsessions de la propagande.

Le 7 février 2022, je me presse, seul, pour rejoindre l'entrée de l'ambassade de France à Moscou. La nuit tombe déjà, Emmanuel Macron est attendu au Kremlin. Peu de journalistes français ont été autorisés à assister à l'événement. Je patiente, avec les gendarmes de l'ambassade et les journalistes refoulés du Kremlin, cantonnés, tout comme moi, à un bout de retransmission diffusée sur un écran plat. Mais la délégation se fait attendre et ça ne m'arrange pas, car, le lendemain matin, je dois prendre la route tôt pour un voyage inattendu. Je n'ai partagé l'information avec personne, par peur que mon projet tombe à l'eau. Les séparatistes du Donbass, après des années d'interdiction, m'ont donné l'autorisation de revenir à Donetsk. Ce courriel, auquel je ne m'attendais pas du tout, faisait suite à l'acceptation d'une équipe du bureau moscovite de France 2. J'ai beaucoup douté de ce retour, car je me suis fait quelques ennemis dans le Donbass. Et si c'était un piège monté par des Français de Donetsk ? Je peinais également à comprendre – et je n'ai toujours aucune explication – pourquoi ils m'avaient accepté, avec ma connaissance de la situation et ma capacité à travailler seul. Peu serein, je craignais qu'ils ne tapent de nouveau mon nom sur Google et changent d'avis. Mais Emmanuel Macron était en retard. Enfin, lui était à l'heure, mais le Kremlin lui avait concocté une petite provocation. Venus avec leurs tests PCR, les membres de la délégation se sont vu contraints de réaliser un second test au Kremlin.

Les Russes ont laissé dire qu'il fallait mettre cette exigence sur le compte de la paranoïa de Vladimir Poutine. Il était surtout question d'embêter tout le monde. Emmanuel Macron, qui ne souhaitait pas offrir sur un plateau sa salive au président russe, a donc refusé, jusqu'au bout, de se plier à ce test surprise. De quoi occasionner un retard, bien voulu par Vladimir Poutine. Puis il y a eu cette séquence qui a fait le tour du monde : cette fameuse table blanche de six mètres de long et ce dialogue de sourds entre les deux chefs d'État. L'un voulait rentrer à Paris avec un bout de victoire diplomatique à exposer à l'Occident. L'autre avait certainement déjà la suite des événements en tête et subissait, avec tout le mépris du monde, cette rencontre sans intérêt qui n'allait servir qu'à sa propagande, pour montrer que le chef du Kremlin était allé au bout des négociations.

À l'issue du face-à-face, la délégation était bien loin de la réalité des choses. Le service de presse a passé le vol retour à se triturer le cerveau pour vendre aux journalistes une quelconque victoire obtenue sur Vladimir Poutine. Mais rien n'y a fait, en cinq heures de discussion, le chef du Kremlin n'a fait que parler aux Russes, en leur déroulant les mots clés de l'offensive à venir. Il a répété :

— On essaie de nous calmer avec l'assurance que l'OTAN est une organisation pacifique et de défense.

Les éléments de langage destinés à la justification de la guerre étaient fin prêts. Aux Russes, l'ennemi commun, la peur des nazis ukrainiens. Aux Occidentaux, l'OTAN vue comme une menace. Et aux idiots utiles, la nécessité vitale de contrer une alliance entre néonazis qui souhaiteraient s'en prendre aux habitants du Donbass.

Donbass

Le 8 février, je m'envole pour Rostov, le cœur serré. J'ai attendu tant d'années de pouvoir revoir Donetsk, où j'ai abandonné ma jeunesse pour la guerre… Mais vais-je passer la frontière ? Un taxi me récupère et prend la route du poste frontière de Matveev Kurgan. La situation est la même depuis des années, un jeune homme parcourt mon passeport de long en large avec une loupe. Il le lève à la lumière, le secoue dans tous les sens, puis souffle. Il appelle un collègue. C'est toujours un homme avec un képi deux fois plus grand que sa tête qui débarque ensuite. Il regarde mon passeport avec un air sérieux, me fait signe d'attendre, et disparaît avec.

J'ai déjà vu des étrangers paniquer à ce moment du contrôle. Mais il faut laisser faire, ce chef est en fait parti annoncer ma venue au FSB, qui prend dix minutes pour peser le pour et le contre d'un interrogatoire. Le pour : c'est un journaliste étranger qui veut entrer dans le Donbass. La procédure impose un minimum de questions. Le contre : l'approche de l'heure du repas et la pile de paperasse à entrer dans les logiciels. Il est déjà arrivé que des interrogatoires soient annulés au dernier moment, parce que le fonctionnaire avait fini ses heures de travail. Mais, pour une première fois, pas le choix, le temps de réunir le « bon » agent et celui qui jouera le « méchant », et c'est parti !

Me voici en quelques minutes dans la partie FSB du poste frontière. Sur l'étagère de la pièce quasiment vide, trônent un portrait du jeune Vladimir Poutine et un gilet pare-balles. Je suis assis sur un banc métallique, collé au mur, dans un angle. Le gentil est devant son ordinateur, l'autre se balade dans la pièce, l'air de rien. Cela a pris vingt minutes au premier pour me poser les questions d'usage : Où vais-je dormir ? Que viens-je faire dans le Donbass ? Suivi de la question déroutante, « et pourquoi allez-vous écrire un reportage là-bas ? », qui tombe toujours au moment où je me demande justement ce que je fais là. Il ne tape pas sur son ordinateur au rythme de ses questions, il en est encore à entrer les quatre prénoms de mon passeport. Le méchant a sa méthodologie, il pose une question évidente : « Comment êtes-vous entré en Russie ? » Puis une question de fond : « Qu'est-ce que vous pensez de la situation actuelle ? » Le moment n'est pas propice à un instant de vérité douloureuse. Ils ne sont pas dupes, mais quand même, ils veulent entendre leur vérité de ma bouche.

J'explique que je ne suis pas Emmanuel Macron, que je vois que les Russes n'aiment pas l'OTAN, qu'ils ont besoin de se faire entendre, et que je suis convaincu que, en peuple pacifiste, la Russie n'attaquera jamais. Amen. L'homme semble satisfait. Mais il est agacé par les Français. Quelques heures plus tôt, l'un d'eux a réalisé un direct à deux pas du poste frontière. Je signe ainsi pour quelques questions supplémentaires et une vérification poussée, afin de s'assurer que je ne me suis pas arrêté dans la zone frontalière pour réaliser un reportage en venant de l'aéroport. Il est vrai que la chose était tentante : les villages étaient pleins de soldats russes venus acheter de la nourriture et des cigarettes. Mais je connais la règle, les villes fermées et les zones frontalières sont interdites aux étrangers. Il faut, avant chaque reportage, s'assurer avec les points GPS disponibles sur les sites des FSB régionaux qu'on ne s'approchera pas d'une zone interdite. Une amende peut mener jusqu'à l'expulsion du pays.

L'interrogatoire terminé, le méchant m'offre un tour de passe-passe dont je me serais bien passé. Il me demande mon téléphone en me le prenant des mains, tape un code dedans, puis le pose sur une plateforme à côté de son ordinateur. Le tour a pris deux secondes. Enfin, le gentil me demande poliment d'accepter sa séance photo de face et de profil devant une toise, après avoir pris mes empreintes. Voilà de quoi compléter mon dossier au FSB !

Une heure et demie après le début de l'interrogatoire, me voici libéré, autorisé à rejoindre le poste frontière d'en face. C'est l'ancien poste ukrainien, occupé désormais par les séparatistes. Au guichet de la « douane » locale, je tombe sur une version mignonne du FSB russe : un père de famille, qui m'accueille derrière un comptoir. Son interrogatoire ne sera pas poussé, il part du principe que les Russes ont déjà fait le job.

Il concède qu'ils n'ont pas laissé entrer beaucoup de journalistes ces dernières années, « mais ils ne disaient pas la vérité sur notre République ». Puis je me retrouve du côté de celui qui pose les questions, preuve qu'il a encore du travail pour atteindre le niveau de ses confrères du FSB. La vie a été rude pour les habitants du Donbass séparatiste durant ces huit dernières années. Il me laisse entrer librement dans la région, à ma grande surprise.

Deux heures d'une route miteuse relient la frontière à Donetsk. De ce côté-là, les soldats se font discrets, les nombreux *checkpoints* qui ponctuaient les routes en 2014 ont disparu. Dans les campagnes, un semblant de normalité s'est installé. La femme de mon chauffeur, Oksana, a toujours travaillé dans le tourisme. Depuis l'arrivée du Covid, les difficultés à traverser le front se sont multipliées, les séparatistes fournissent peu d'autorisations de sortie du territoire. Cette quinquagénaire souriante en a fait un business : elle organise des voyages à destination de la Russie ou de l'étranger pour les habitants du Donbass qui peuvent se le permettre. Son mari, Andreï, assure la navette jusqu'à l'aéroport de Rostov. Lui, il utilise son bagout pour pousser les gardes-frontières à accélérer leurs vérifications et faire en sorte que ses clients ne ratent pas leur avion.

— Le problème principal en République populaire de Donetsk (RPD), ce sont les routes : des cratères d'obus partout, qui nous demandent des heures pour parcourir quelques kilomètres, raconte-t-il.

Il réserve sa seconde critique au responsable de la RPD, Denis Pouchiline :

— Ça fait huit ans que nous vivons sous couvre-feu, on sait tous que c'est pour mieux nous contrôler et qu'il n'a plus lieu d'être.

Depuis 2014, les habitants ont interdiction de mettre un pied dehors entre 23 heures et 5 heures, au risque de devoir payer une amende et de finir la nuit au poste. La situation est pesante pour la population. Des jeunes qui avaient 15 ans en 2014 ne sont jamais rentrés chez eux après 23 heures à 23 ans !

Le drapeau en soutien aux paras russes accroché sur son pare-brise trahit l'attirance d'Andreï pour le grand voisin. Cet ancien prof de sport souscrit à la vision radicale des événements assenée par la propagande russe. Depuis huit ans, les médias ukrainiens n'émettent plus dans la région. Il valide la théorie de « nazis ukrainiens poussés par l'OTAN à faire une révolution à Kyiv et à s'en prendre aux gens du Donbass ».

À cette vision des choses, s'ajoute un fonds de nostalgie de l'URSS, nostalgie d'autant plus forte que la stabilité de l'époque contraste avec l'anarchie apportée par la guerre.

De quelle nationalité est Andreï ?

— Je ne sais pas, répond-il, surpris par la question. J'ai un passeport de RPD qui ne sert pas à grand-chose, un passeport ukrainien que je n'utilise plus et un passeport russe. Je dirais que nous sommes des Slaves, notre place est au côté de la Russie. La RPD, c'est une république mais pas une patrie. Ce que nous voulons, c'est rejoindre la Russie. Allez savoir si ça arrivera un jour.

Au moment de notre rencontre, plus de 770 000 habitants du Donbass ont déjà reçu un passeport russe. C'est beaucoup et c'est peu, quand on sait qu'il reste 3 710 000 habitants dans la région et que la passeportisation est la technique principale usée par le Kremlin pour annexer progressivement et discrètement un territoire. Toutefois, ces chiffres sont à prendre avec méfiance, car il n'y a plus de recensement dans le Donbass. Une partie de la population a attendu de voir de quel côté le vent allait tourner ; une autre, peut-être plus petite, a utilisé le refus du passeport russe comme un moyen de prouver à l'Ukraine, si elle revenait un jour, qu'ils n'auront pas collaboré avec l'ennemi.

Oksana a un point de vue plus modéré que son mari sur la situation.

— C'est difficile de vivre dans ce territoire, il n'y a pas de communication normale avec le monde extérieur, pas de banques ni de postes internationales, on ne peut rien envoyer à l'étranger, regrette-t-elle.

Comme de nombreux habitants, elle se souvient avec un peu de nostalgie de l'avant-guerre. Non pas que l'Ukraine lui manque, mais la vie y était meilleure.

— Beaucoup de choses ont changé depuis le temps où nous faisions partie de l'Ukraine. De nombreux événements qui se sont produits font qu'un retour dans le giron de l'Ukraine ne sera pas possible rapidement. Ou alors, il faudrait changer le gouvernement à Kyiv de telle sorte qu'on puisse redevenir un seul pays. Je ne sais pas à quel côté il faudrait s'accrocher. Ce que je vois, c'est que pour l'instant, ni la Russie ni l'Ukraine n'ont besoin de nous.

Je découvre que, dans le centre de Donetsk, la force de résilience des habitants permet de redonner un certain dynamisme à cette ville. Des théâtres et cinémas fonctionnent encore et accueillent régulièrement artistes et équipes de films russes, qui terminent généralement sur une liste noire qui leur interdit l'entrée sur le territoire ukrainien. En traversant la ville, un sentiment de gâchis émerge face à ces centaines d'immeubles, de chantiers, de magasins et d'appartements figés dans le temps, abandonnés, dont les lumières ne s'allument plus jamais le soir. Un million et demi de personnes auraient fui la région depuis 2014, surtout en direction de la Russie et de l'Ukraine.

Les marques internationales sont parties aux premières heures du conflit, parfois récupérées par des malins, comme cet ersatz créé en 2015, « Don Mac », qui a investi les locaux des anciens McDonald's. L'ancien pub *Liverpool*, prisé des supporters européens en 2012, est toujours à l'abandon. La statue des Beatles qui en ornait l'entrée a disparu, des sacs de sable bloquent encore l'accès à ce bâtiment, transformé en prison secrète en 2014. Dans les supermarchés, les rayons ont repris des couleurs depuis les premières années de guerre. L'aide humanitaire avait dû pallier les impressionnantes pénuries de denrées alimentaires. Désormais, ce sont la Russie et le Bélarus qui abreuvent les magasins de produits, à des prix élevés. Les banques et le système bancaire international ont également disparu. Une « banque républicaine » a été créée, ses distributeurs de roubles tournent en circuit fermé.

Je réserve une chambre à l'hôtel *Ramada*, celui qui avait accueilli toute la presse internationale en 2014. Je n'avais jamais eu les moyens d'y dormir en 2014. Je ne faisais que squatter le *lobby*, à la rencontre des collègues et de leurs tuyaux, avant de retourner dans mon appartement miteux avec les autres *free-lances*. Fin janvier 2022, les autorités séparatistes avaient enfin une bonne nouvelle pour la jeunesse de la région : le couvre-feu, en vigueur depuis 2014, était levé le week-end.

À un jet de pierre de la place Lénine, une discothèque qui n'a rien à envier à celles des grandes capitales internationales, est installée dans un bâtiment moderne. Je décide de m'y rendre avec le correspondant français de Russia Today. Peu bavard, il est d'une froideur effrayante. Quelques verres plus tard, je comprends qu'il se méfie surtout des journalistes occidentaux. Il est convaincu que le moindre de ses propos peut finir dans une enquête. Alors, il se tait tout en observant les gens – lui aussi serait capable de ressortir mes propos dans son média. Cette discothèque est assez étonnante, le propriétaire est forcément proche des autorités. Il y vend de l'alcool, des cigarettes et organise des soirées visiblement salvatrices. Rien à voir avec les discothèques discrètes qui étaient apparues ces dernières années. On y arrivait vers 22 h 30 et on acceptait d'y rester enfermé jusqu'à la fin du couvre-feu.

Dans une vitrine, une femme danse en tenue légère. Les vigiles, peu avenants, sont accompagnés d'un soldat, kalachnikov en bandoulière. Dans la boîte, l'ambiance, loin de la guerre, semble surréaliste, aucune chance que le son d'un tir d'artillerie ne ramène les fêtards à la réalité. Sur la scène, un *DJ* fait vibrer les murs, tandis que deux danseuses escortées par des vigiles entrent dans la salle. Les femmes sont très apprêtées : maquillage professionnel, jupes, talons... Les hommes font de leur mieux, ils ont sorti leur plus belle chemise. Après huit ans de boîtes de nuit qui ouvraient à 18 heures pour fermer à 22 heures, le besoin de s'éclater est fort. Et la drague est directe :

— Pas de temps à perdre, on se dit les choses, ça fait huit ans qu'on attend ça. On en a marre de ce couvre-feu et de ces contraintes liées à la guerre, me glisse Elmira, une traductrice locale de l'OSCE, un verre à la main.

Le coin est visiblement déjà connu des étrangers, mercenaires et autres militaires de passage. Mon camarade de chez Russia Today, lui, a la drague agressive, limite violente, il est dans son élément. Mais attention, les gros bras veillent au grain.

Les autorités m'ont accepté à Donetsk pour une raison que j'ignore. Une femme, tout juste polie, m'a lancé mon accréditation dans le hall d'une ancienne banque reconvertie en « centre de presse ». Elle s'est félicitée de m'offrir, par la même occasion, une « accréditation militaire ». Ce document donne le droit d'aller couvrir la guerre sur le front, mais n'a que peu de valeur : une ligne de front ne s'atteint pas comme ça. Il faut l'autorisation d'un responsable de la presse, qui prend bien soin de ne répondre qu'aux personnes qu'il connaît. Ou il faut ruser, avoir de bons contacts au sein de l'armée, des « fixeurs » locaux, qui peuvent vous arranger les choses. Mais, en 2022, à Donetsk, il ne reste plus grand monde qui soit capable de ça, à moins de feindre une amitié avec les propagandistes russes, qui ne sont pas naïfs.

Dans le hall de mon hôtel, la deuxième équipe de télévision française qui a obtenu un accès à la zone a trouvé son fixeur : Erwan Castel, une vieille connaissance qui m'apprécie peu. Ce quinquagénaire au visage fatigué, aux traits parfois durs, parfois boursouflés, fut indépendantiste breton, officier dans l'armée française, guide en Guyane, jusqu'au jour où il a vu dans le Donbass la possibilité d'un combat frontal contre l'OTAN. L'attrait pour cette région de ces Français tient à peu de choses : ici encore, à une femme. Il confiait à *Charlie Hebdo*, en février 2022, avoir décidé de s'engager après avoir appris la mort d'une femme du Donbass avec qui il correspondait sur Internet. C'est ainsi qu'il a rejoint les troupes séparatistes de la guerre de l'information avant de s'engager comme *sniper* sur le terrain. Erwan Castel défend le droit des peuples à disposer d'eux-mêmes et estime que c'est ce qui se joue dans cette zone, qu'il y a une culture et une langue à protéger. À l'idéologie rouge, un peu verte, légèrement brune qui s'ignore, il tient un décompte assez précis des bombardements qui ont lieu chaque nuit autour de Donetsk, sur un blog aux audiences généreuses. De quoi faire de lui celui qui diffuse le plus efficacement la propagande séparatiste en France.

En 2016, il lui est arrivé un gros souci. Le Kremlin n'avait pas encore facilité le séjour des étrangers dans la région, et il avait perdu son passeport, après l'avoir envoyé à un contact pour obtenir un nouveau visa en Russie. Taquine, l'ambassade de France à Moscou lui avait suggéré de contacter l'ambassade du pays dans lequel il séjournait, autrement dit l'ambassade en Ukraine. Celle-ci lui avait suggéré de traverser le front pour venir les rencontrer. Impossible de mettre le pied chez ses ennemis. Désespéré, il était allé jusqu'à écrire une lettre à Vladimir Poutine pour débloquer sa situation. Situation qui venait tout juste de se régler en 2022.

En février, tous les matins, à l'heure du petit déjeuner et du *briefing* avec son équipe de télévision, je l'ai croisé, en l'évitant, par crainte qu'il ne s'en prenne à moi. Chaque matin, je l'ai écouté faire un point sur le front, divaguer sur ses exploits et tenter de trouver des solutions pour approcher des combats. Il s'est vanté auprès de ces journalistes d'être parvenu « à tuer un *sniper* ukrainien en pleine tête » en mimant la chute du corps au sol. Puis la perte d'une partie de son bras dans les combats l'a relégué au statut de simple propagandiste de bureau. À sa décharge, cet ennemi de la « presse *mainstream* » a toujours fait partie de ceux qui répondaient à ces journalistes. Il m'assurait même, à l'époque, souhaiter nous voir accrédités. Cohérent, capable de critiquer l'impérialisme russe, il voyait d'un mauvais œil la perspective d'annexion de la zone par Moscou.

Lors de ce premier retour à Donetsk, pour présenter une république qui n'attend que la fin de la guerre pour se développer, les autorités locales ont organisé un voyage de presse pour une poignée de journalistes européens. Moment fort du programme, la conférence de presse de Denis Pouchiline dans un hôtel huppé de la ville. L'événement, retransmis par les médias locaux, est calqué sur la conférence de presse annuelle de Vladimir Poutine : porte-parole sur scène dans le rôle du passe-plat, écran dans le dos du politicien et pancartes pour se signaler auprès du chef d'orchestre. J'y ai croisé cette Française qui avait contribué à mon interdiction de territoire, ahurie et bouche bée de me voir de retour.

Deux heures durant, Pouchiline a listé les « crimes de guerres ukrainiens » et milité pour une reconnaissance, par l'Ukraine, de l'indépendance de la zone, en assurant que l'ensemble de ses administrés le souhaitent. Il justifie aussi ce maudit couvre-feu :

— Une mesure nécessaire. Plusieurs de nos combattants légendaires sont morts dans des attaques terroristes, qui ont eu lieu la nuit. Nos services spéciaux ont empêché des actes grâce à ce couvre-feu, c'est pourquoi il est indispensable.

De fait, l'homme craint pour sa vie. Son prédécesseur, Alexander Zakharchenko, est mort le 31 août 2018 dans une explosion, alors qu'il entrait dans un restaurant, transformé depuis en mémorial. Plusieurs autres chefs de guerre réputés ont été assassinés durant ces années de *black-out* informationnel sur le Donbass séparatiste. Les séparatistes ont à chaque fois accusé l'Ukraine de ces actes, qui s'expliquent plutôt par une volonté de Moscou de faire le ménage et par des conflits internes. Engagé dans une prise en main de ces régions, le Kremlin a pu vouloir se débarrasser des hommes les plus investis et incontrôlables. Car, certains, à la tête de milices armées, n'étaient en fait pas si pressés de voir la Russie diriger la zone. Ces chefs de guerre, qui enchaînaient, pour la plupart, des petits boulots avant la guerre, n'avaient aucun intérêt à ce que la guerre s'arrête. Ainsi, une dizaine d'hommes ont été tués lors d'attentats savamment planifiés.

Le plus célèbre d'entre eux, Mikhaïl Sergueïevitch Tolstykh dit Givi, était un homme du coin et, accessoirement, un criminel de guerre craint par ses propres hommes. Ses exactions, actes de torture et exécutions de soldats ukrainiens de son bataillon Somalie n'étaient un secret pour personne. Il a été tué le 17 février 2017 dans une explosion survenue dans son bureau.

Givi est né en 1980 à Ilovaïsk, non loin de Donetsk. J'ai rencontré, quelques minutes, ce grand maigre aux yeux cernés, ancien manutentionnaire dans une usine et agent de sécurité dans un supermarché en 2014. J'en ai gardé le souvenir d'un homme ultra-violent, qui était devenu fou de son pouvoir et du rôle médiatique qu'il avait obtenu dans ce conflit. L'histoire a pourtant fait de lui un héros de la République populaire de Donetsk, le plus charismatique. Il avait d'abord fait parler de lui alors qu'il faisait le malin, cigarette au bec, dans une vidéo YouTube. Autour de lui, des mortiers tombaient, ses hommes partaient s'abriter en panique, lui restait, impassible. Jusqu'à la fin de cette courte vidéo, où il ironisait en ramassant un morceau de métal encore chaud qui était tombé sur son pied.

Je l'ai rencontré par hasard en 2014. J'étais avec Olya et un autre collègue dans le quartier de l'aéroport de Donetsk, qu'il défendait avec ses hommes lorsqu'un soldat s'est présenté à nous, déboussolé. Cette zone, construite en quadrillage, est un labyrinthe. Nous lui avons indiqué la direction à prendre pour rejoindre son QG. Rassuré, l'homme en a profité pour nous arrêter et nous conduire au siège du bataillon Somalie.

Tassés à l'arrière de sa voiture, le ventre écrasé par nos gilets pare-balles, nous avons ensuite été déversés devant un étrange immeuble, dont la façade était ravagée côté piste, encore en état côté ville. C'est dans cet immeuble avec vue sur le front que Givi passait une grande partie de son temps. Quelques jours plus tôt, il avait tiré à la kalachnikov depuis sa fenêtre, en direction d'une équipe de télévision française, qui en avait conclu qu'il était tout simplement fou.

Givi s'est approché de nous en nous hurlant dessus, au point de faire sortir quelques hommes curieux qui s'étaient établis dans une villa qu'ils avaient réquisitionnée. Il m'a menacé de me « couper les couilles ». Nous n'avions rien à répondre à son excès de colère, nous n'attendions pas de merci pour avoir aidé son petit soldat à rentrer chez lui. Ses hommes ont profité d'un appel pour nous sortir de là et nous ramener en ville, à travers un quartier dévasté.

Quelques mois plus tôt, le 16 octobre 2016, c'est un autre criminel de guerre, un de ses amis, qui avait été assassiné. Un petit roux russe, Arsen Pavlov dit Motorola, dont le corps s'était totalement désintégré dans une explosion survenue dans la cabine d'ascenseur de son immeuble.

Lui qui avait participé aux guerres de Tchétchénie, avait abandonné femme et enfant pour aller se battre dans le Donbass. Et au passage, se marier avec une jeune femme du coin. Il dirigeait l'autre bataillon « star » du Donbass séparatiste, le bataillon Sparta. Tout comme son ami Givi, il devait sa réputation à ses nombreux crimes de guerre.

Le 1er janvier 2015, c'est une célébrité de Lougansk qui a été assassinée lors d'une attaque au lance-roquette sur son convoi : Alexander Bednov dit Batman. Dans cette région, il a existé une forte opposition aux accords de Minsk, vus comme une trahison. La position de ces hommes était qu'il fallait vivre dans une « *Novorossiya* indépendante », non dans une région ukrainienne indépendante manipulée par la Russie comme le voulaient les accords. J'ai aussi eu l'occasion de rencontrer cet ancien policier ukrainien dans son QG. « Batman » était accusé de nombreux crimes de guerre, mais c'était certainement le plus cultivé de tous. J'ai passé une soirée à discuter de fond, d'idéologie, avec lui puis sa femme.

Déjà accusé de maltraiter ses prisonniers, il nous avait permis de rencontrer des soldats ukrainiens qu'il retenait en captivité dans une bibliothèque, qu'il avait réquisitionnée pour montrer sa bonne foi. Nous n'avions pas voulu utiliser ces témoignages, mais notre présence avait au moins donné la possibilité à ces hommes d'appeler leurs proches en Ukraine.

Le 23 mai 2015, c'est Alexeï Mozgovoï, un homme de la région, cuisinier à Saint-Pétersbourg, ancien soliste de danse folklorique, qui a été assassiné lors de l'attaque de son convoi entre Lougansk et Alchevsk. Cet ultra-nationaliste dirigeait lui aussi un bataillon, Prizrak (« fantôme »), également réputé pour ses crimes de guerre. Il a activement participé à l'arrivée des Russes sur le territoire ukrainien en 2014. Son bataillon avait pour particularité d'accueillir une unité « continentale », composée d'étrangers et fondée par des néonazis français. Mozgovoï était parvenu à faire parler de lui jusqu'en Russie, lorsqu'il avait affirmé son désir d'arrêter toutes les femmes qu'il voyait dans les bars. C'était sa définition de la Russie : les femmes doivent vivent à la cuisine et faire des enfants. Même en Russie, sa vision ultra-conservatrice de la vie n'avait pas convaincu. Il s'était aussi fait remarquer en jouant le juge autoproclamé. Car, depuis 2014, les deux républiques autoproclamées séparatistes du

Donbass organisent leur propre justice, dans laquelle la peine de mort a été réhabilitée. Mozgovoï a également brillé en octobre 2014, lorsqu'il a créé un système de justice « démocratique et non basée sur la jurisprudence », qui permettait à 300 habitants de voter pour la condamnation à mort d'un homme soupçonné d'avoir violé une adolescente.

C'est finalement son manque d'enthousiasme à l'idée de perdre son indépendance et de rejoindre l'armée de la LNR, et son opposition à un cessez-le-feu, qui ont amené à son assassinat en règle.

Le 12 décembre 2015, c'est le responsable d'un bataillon cosaque de la région de Lougansk, Pavel Dremov dit Batia, qui a été tué dans l'explosion de sa voiture. Les Ukrainiens, qui assistaient à ce ménage en se frottant les mains, en avaient déduit que sa mort pouvait être liée « aux bagarres entre les chefs cosaques et leurs tuteurs russes ».

Cette purge des « anciens de la révolution du Donbass » s'est poursuivie jusqu'au coup le plus impressionnant, filmé par des caméras de vidéosurveillance : l'assassinat d'Alexander Zakharchenko, président de l'autoproclamée république de Donetsk, le 31 août 2018.

Provocations

À Donetsk, au lendemain de la conférence de presse, suivie d'une visite des dernières industries locales encore actives et des hauts-fourneaux, j'ai voulu enquêter sur une mort survenue en avril 2021 et qui m'avait marqué. À une quarantaine de kilomètres de la capitale régionale, le village d'Aleksandrovka a vécu la mort d'un enfant de 5 ans. Le drame est resté caché, car la propagande séparatiste s'est empressée de récupérer l'histoire de cet enfant en visite chez ses grands-parents soudain retrouvé mort dans le jardin. Quand je m'y rends avec la photographe qui m'accompagne, Nanna, il neige, il fait froid et humide, le bourg est quasiment désert.

Les Russes ont utilisé le drame pour dénoncer l'usage par l'Ukraine de drones turcs. La guerre des drones s'annonçait à peine. Mais les habitants ont rendu le sujet tabou. La vraie raison de la tragédie pourrait être liée à un accident.

— Certains pensent que c'est un drone ukrainien, d'autres disent que c'est le grand-père qui a trouvé une mine, qu'il l'a laissée dans le hangar et que l'enfant a joué avec quand il avait le dos tourné. Peu importe quelle est la vraie raison, on ne reverra pas l'enfant et c'est le plus terrible, m'a confié

Sergueï, accoudé à sa vieille Jigouli soviétique, dans le garage du village, géré par Nikolaï.

Les pédales doivent être ressoudées. Les deux quadragénaires enchaînent les cigarettes et discutent volontiers.

— J'ai voté pour la RPD pendant le référendum, mais je pense que si on avait su ce qui nous attendait, personne n'aurait voté pour eux, glisse d'emblée ce mécanicien spécialisé dans le matériel agricole.

Sourire malin, il tâte le terrain, cherche à savoir « quelle vérité les journalistes veulent raconter ». La confiance prend du temps à s'établir : d'habitude je suis le seul à chercher à comprendre quelle vérité mon interlocuteur va souhaiter me confier. Rapidement, je comprends que ces deux potes ne sont pas fans de la Russie.

— Vous voyez les choses par vous-même, la vie est très difficile ici. Au point que je me dis que l'Ukraine est mieux, qu'ils ont ce qu'il faut pour vivre. Avant, on sortait de chez soi, on était ukrainien, on pouvait aller où on voulait. Maintenant, on est confinés, confie-t-il.

Le patron du garage acquiesce. Comme beaucoup d'habitants du Donbass, les deux ont rêvé d'une indépendance avec seulement des avantages et des liens commerciaux entre le Donbass, l'Ukraine et la Russie. Naïvement, ils n'avaient pas pensé aux conséquences des rêves impérialistes de Vladimir Poutine.

— On a pensé qu'on pourrait faire partie de l'Ukraine, comme une région indépendante. Mais maintenant on a compris que c'est une impasse. Beaucoup de gens rêvent de revenir à la situation d'avant. Que ce soit l'Ukraine, l'Italie, les États-Unis, la Russie ou la France qui nous accueillent, on s'en fiche, on veut de la stabilité, s'agace-t-il, dans une colère froide.

Ils s'inquiètent aussi de l'image que l'autre camp a de la région, si la guerre n'a pas creusé un fossé insurmontable…

— Ils disent que nous sommes des bandits. Le plus horrible, c'est qu'ils ont changé l'histoire : ils ont détruit les monuments de Lénine, mais c'était aussi notre histoire, on ne peut pas changer ça ! Et puis, avant la guerre, tout le monde s'en foutait qu'on parle russe ou ukrainien, moi je parle les deux, fulmine Sergueï.

Les deux hommes nous le font comprendre clairement : il ne sert à rien de venir chercher la moindre vérité dans ce village. Au fond, tout le monde se fiche de savoir qui a tué cet enfant. Le fait est qu'il n'est plus de ce monde et qu'aucun des deux camps ne le ramènera à la vie.

Je comprends et j'accepte, mais je rumine sur le chemin du retour. Je n'ai jamais aimé désigner tel ou tel camp à la suite de bombardements, tant l'artillerie disperse le malheur de façon égale partout où elle agit. Deux camps s'affrontent, ils sont tous deux coupables de morts civiles. Mais dans le cas de ce jeune garçon, j'aurais aimé pouvoir établir un tant soit peu de vérité, que les habitants du Donbass séparatiste aient autant le droit à un établissement de fait. De l'autre côté du front, les malheurs font l'objet d'enquêtes policières et journalistiques.

Le lendemain, nous nous rendons avec Nanna dans le quartier de l'aéroport. Alexander, la trentaine, y vit avec sa mère et sa grand-mère. À aucun moment, la famille n'a pensé quitter la zone, n'en ayant pas les moyens. La balle qui a traversé la fenêtre de la cuisine en 2015, puis l'épaule de sa grand-mère Macha, pour se loger dans le placard à vaisselle, n'était qu'une expérience traumatisante de plus pour la famille. Les vitres de la maison ont plusieurs fois volé en éclats, le toit est amoché et les plafonds parsemés de trous causés par des éclats d'obus.

— Ça fait plusieurs mois que c'est très calme, parfois on n'entend presque rien de la journée, raconte le jeune homme, cheveux courts, les yeux ronds baissés par timidité.

Il propose une balade dans le quartier et commence par la maison carbonisée des voisins.

— Ils sont partis vivre en Ukraine après l'explosion. On surveille les décombres, on entretient leur jardin, on leur donne des nouvelles, mais ils ne reviendront plus ici. À côté, il y a quelqu'un. Là-bas, ils sont partis.

Au bout de la rue, une dernière habitation est ravagée, « un enfant est mort ici aussi », souffle Alexander. C'est ici que finit la zone séparatiste. Au bout d'une plaine, à 2 kilomètres, apparaît le petit village de Pisky, ravagé par les bombardements, sous contrôle ukrainien. La présence de *snipers* n'inquiète pas ce « voisin d'une ligne de front ».

— Ils savent qu'il y a des civils ici, les gens viennent y marcher parfois. Quand j'étais petit, je traînais tout le temps sur cette route, dans ce champ qui est maintenant certainement miné. Aujourd'hui, les gens viennent jeter leurs poubelles, ils ont fait du front une décharge. Les soldats parviennent plus ou moins à se viser entre eux. Les bombes nous survolent et passent de positions en positions. Ça n'enlève rien au stress, mais c'est déjà ça.

Plus loin, apparaît le gymnase du quartier. C'est le dernier bâtiment avant les positions séparatistes. Des bus viennent y faire demi-tour pour reprendre la direction de la ville et des curieux viennent regarder cette route qui ne mène plus à rien. Le *checkpoint* n'est même plus occupé. Alexander doit retourner s'occuper de sa mère handicapée, il nous prévient :

— Ne vous approchez pas du *checkpoint*, on ne sait pas qui peut nous observer. Notre armée – il sourit –, enfin leur armée, celle de la RPD quoi, est positionnée derrière les arbres, au niveau de la mine.

Nous sommes le 15 février 2022 et quelque chose ne va pas. La Russie stationne plus de 100 000 hommes à la frontière ukrainienne et la Douma a proposé à Vladimir Poutine de reconnaître l'indépendance des deux régions sécessionnistes. Une décision en contradiction avec les accords de Minsk. Ils prévoyaient le retour de ces territoires sous le contrôle de Kyiv, tout en leur conférant un statut particulier. Le fonctionnement du Parlement est connu. Ses requêtes sont en réalité des requêtes du président auxquelles il a été prié de se conformer. Vladimir Poutine prépare quelque chose, mais quoi ? À Donetsk, la tension monte. Vladimir Poutine a désormais les moyens de reconnaître l'indépendance des régions du Donbass quand bon lui semblera.

Mais surtout, les accords de Minsk, que les deux camps rechignaient à appliquer depuis 2014, sont morts. Avec le recul, il était peu probable que ces accords, totalement en faveur du Kremlin, puissent être appliqués un jour. Ils ont été écrits sous la menace des armes russes, soutenus par les présidents français et allemand qui croyaient naïvement qu'une indépendance de ces régions ramènerait la paix. Le Kremlin, lui, a joué de la façon habituelle : il n'a fait aucune concession et exigé de ses interlocuteurs qu'ils fassent indéfiniment des pas en avant, sans jamais rien obtenir en retour. En position de force à cette période, Vladimir Poutine savait que sa stratégie paierait.

L'Ukraine, via son Parlement, n'a pas voulu voter le point clé des accords de Minsk, le numéro 3, qui prévoyait une autonomie des deux régions du Donbass, ainsi que le point 9, l'organisation d'élections locales, qui auraient été *de facto* injustes. Cela signifiait pour l'Ukraine l'acceptation éternelle d'un cheval de Troie russe sur son territoire, autrement dit l'impossibilité de toute indépendance à court et moyen termes.

De son côté, la Russie refusait de retirer ses troupes du Donbass (point 10), dont elle niait d'ailleurs la présence. De quoi permettre à Vladimir Poutine de jouer régulièrement à réchauffer le front, en violation du premier point de ces accords. De son côté, attaquée dans sa chair, l'Ukraine ne parvenait pas à briser le tabou du point numéro 6, qui devait permettre aux criminels de guerre du côté séparatiste d'échapper à toutes poursuites ou sanctions.

Le 15 février, il était déjà trop tard pour faire un bilan de ces accords, Moscou s'était lancé dans une dégradation de la situation sur le terrain. La chose n'était pas aisée car l'Ukraine, contrairement aux affirmations russes, s'est employée à répondre le moins possible aux provocations sur le front. Vladimir Poutine s'y est donc pris avec méthode pour parvenir à ses fins.

Le 16 février, il a demandé aux deux leaders séparatistes, Denis Pouchiline (Donetsk) et Leonid Passetchnik (Lougansk) d'enregistrer une vidéo dans laquelle ils devaient appeler à l'évacuation des femmes et des enfants et à la mobilisation des hommes. Le président russe a gardé au chaud ces deux vidéos jusqu'au 18 février, le temps de mettre en scène des provocations. L'objectif était de pouvoir défendre un élément clé de la propagande russe :

— Les Ukrainiens préparent une offensive contre les habitants du Donbass, il faut agir.

Le 17 février, le grand cirque à la russe a été lancé. L'armée du Kremlin a commencé par un tir d'artillerie sur une école maternelle de Stanitsa Louganska, ville alors située sur la ligne de front, à deux pas de Lougansk. Les séparatistes, qui avaient bien reçu leurs éléments de langage, ont alerté sur « une offensive ukrainienne à venir ». Jusqu'alors, le front était pourtant totalement calme. Dans le même temps, l'armée russe a rallumé une toute petite portion de front en lançant des bombardements sur une vingtaine de localités. Le reste de la ligne de contact ne faisait l'objet d'aucune pression. Les images satellites montraient que l'armée ukrainienne ne préparait aucune offensive. À Donetsk et Lougansk, des milliers d'habitants ont senti la tempête approcher et se sont rués dans les banques, stations-service et supermarchés. Sur Internet, une vidéo montrant un camion de l'armée ukrainienne déplacer un véhicule décrit comme « plein d'explosifs » est apparue. Les représentants de la RPL ont créé un récit :

— Un train devait passer le long du viaduc ferroviaire, une heure seulement après que nous avons trouvé une voiture pleine d'explosifs, destinée à tuer des femmes et des enfants évacués par la Russie.

Problème, cette vidéo qui ne montrait qu'une voiture en panne datait de juin 2019…

Le 18 février, Moscou a sorti l'artillerie lourde en matière de mise en scène. Une vidéo montrant des soldats ukrainiens et polonais en plein sabotage d'un réservoir de chlore dans la région de Gorlovka a été mise en ligne par la Russie. La police de Donetsk a affirmé avoir récupéré ces images sur le corps d'un des soldats. Mais les données de cette vidéo, qui voulait alimenter le fantasme persistant d'une « bombe sale », indiquent qu'elle avait été créée dix jours plus tôt et la bande son modifiée, récupérée d'une vidéo finlandaise datant de 2010…

Cette journée fut stressante, car les informations de ce type se sont multipliées. Or, il n'est pas toujours évident de se rendre compte immédiatement de l'ampleur des manipulations. Il faut du temps pour déterminer ce qui relève de l'information et ce qui relève de l'infox. À la suite d'un après-midi à écrire à l'hôtel, je me suis torturé l'esprit, comme tous les observateurs de la situation, à essayer de donner un sens à tout ça. D'autant plus qu'en fin de journée, les deux vidéos tournées le 16 ont été diffusées. La Russie appelait à déplacer les civils vers son territoire, sans expliquer pourquoi. Vladimir Poutine enfonçait le clou en demandant à son ministère des Situations d'urgence de « créer des conditions d'accueil pour les réfugiés du Donbass » en leur promettant 10 000 roubles « d'accueil ». Il s'est également « inquiété de la rapide dégradation des tensions dans la région ». L'évacuation des civils commencerait le soir même.

Quelques minutes plus tard, une sirène avertissant d'un danger a retenti dans le centre de Donetsk. Abreuvé de dépêches de médias russes qui annonçaient une offensive ukrainienne, j'ai imaginé un bombardement massif de la ville. J'ai passé l'heure qui a suivi à travailler depuis la salle de bains, pièce généralement la plus sûre d'un logement, car située au fond. À la nuit tombée, une forte explosion a retenti à quelques centaines de mètres de mon hôtel. J'ai cru à une attaque, il s'agissait en fait d'une nouvelle mise en scène. Une petite voiture militaire avait été placée sur un parking, en haut de mon avenue, à côté de l'administration régionale, et les séparatistes l'avaient fait exploser pour faire croire à un attentat. La voiture était évidemment vide, et la plaque provenait de la vraie voiture du personnage concerné, le responsable de la police militaire de Donetsk.

Le 19 février, c'est un obus de mortier tombé au-delà de la frontière russe qui a excité la propagande de Moscou. Ses médias ont expliqué qu'il avait été tiré par l'Ukraine, sans que personne ne puisse confirmer la véracité de ces affirmations.

Au lendemain de l'annonce officielle de l'évacuation du Donbass, je décide de me rendre à Makeevka, où doit s'arrêter l'un des rares trains affrétés pour évacuer la population. Sur le quai de la petite gare, tout le monde est perdu, personne ne sait quel danger il faut fuir.

— Je ne comprends pas, c'est inhumain, me lance une grand-mère.

Ce samedi, en début d'après-midi, elle s'est rendue dans cette gare dans laquelle ne circulent plus que des petits trains régionaux depuis 2014, pour évacuer sa fille et ses trois petits-enfants. Elle souhaite rester anonyme. Elle-même restera chez elle, elle ne veut pas partir.

— Je sais bien que cette situation est étrange, que ce voyage vers la Russie n'est pas nécessaire. Mais on ne comprend pas ce qui se passe et, dans le doute, on préfère mettre les petits-enfants à l'abri, confie-t-elle d'un ton fataliste.

Sa fille a entassé les vêtements de la famille dans des sacs à dos et des sacs plastique. Le Kremlin a pour ambition d'évacuer 700 000 personnes, les plus proches du front, pour la Russie. Mais ce 19 février, rares sont les familles à franchir le pas. La sexagénaire aux cheveux blancs me décrit la situation inconfortable qui la pousse à laisser partir sa fille et ses trois petits-enfants.

— Évidemment, on ne ressent pas le danger. Je vivais à Yassinovata en 2014 (à une vingtaine de kilomètres au nord-est de Donetsk), et c'était bien plus violent qu'en ce moment. Et, à l'époque, personne ne nous parlait d'évacuer. Je comprends donc qu'il y a quelque chose derrière, mais de quoi sont-ils capables contre nous ? raconte-t-elle, les larmes aux yeux, sans toutefois désigner nommément le « ils ».

L'appel des autorités à évacuer semble avoir été peu entendu : une soixantaine de personnes de Makeevka et ses environs ont répondu au rendez-vous ce jour-là.

Plus loin, une femme a entassé quelques bagages, un paquet de couches, des jouets et des peluches dans le hall sans vie de la gare.

— Les enfants ne sont pas traumatisés, pour eux c'est un peu une aventure, confie-t-elle.

Les visages sont tendus, le voyage s'annonce comme un aller sans retour dont le lieu de chute, pour certains, demeure un mystère. Une fois arrivés à la frontière, les passagers évacués descendront du train avant de monter dans des bus qui les emmèneront côté russe, sans doute à Rostov-sur-le-Don ou dans sa région, mais leur destination finale reste inconnue. Et surtout, ils ignorent à ce moment-là qu'ils devront franchir un « camp de filtration ». Ce passage dans des tentes installées à la frontière par le ministère des Situations d'urgence et, les pompiers russes, permet au FSB de trier les civils. Femmes et enfants d'un côté, les hommes de l'autre. Tous les cas sont étudiés, les hommes courent le risque d'être accusés d'avoir trop de liens avec l'Ukraine.

Aux pires heures de l'évacuation, certains civils ont passé plusieurs jours à vivre dans des conditions difficiles, et ont été parfois maltraités lors des interrogatoires du FSB.

— On nous a demandé de partir, on a des enfants à protéger, donc on en profite. C'est inattendu, c'est de la dernière minute, ajoute seulement la jeune femme, visiblement tendue.

Rouillé, cabossé, le train entre en gare : il n'a pas servi depuis longtemps. Des familles arrivées de Donetsk, à 15 kilomètres de là, apparaissent aux fenêtres de wagons pleins. Un appel est effectué par des représentants de la mairie qui ont listé les candidats au départ. Des militaires en armes encadrent l'embarquement. Un chef de gare siffle le départ, la buée apparaît sur les vitres, pour le plus grand bonheur des enfants écrasés par les nombreux bagages.

Les habitants du Donbass en ont vu d'autres, les coups de chaud ne datent pas d'aujourd'hui.

Mais c'est une autre annonce qui inquiète désormais la jeunesse du Donbass. Les hommes entre 18 et 55 ans se retrouvent enfermés dans leur république autoproclamée, poussés à participer à la « mobilisation générale » instaurée plus tôt dans la journée. Rencontré à Donetsk, Alexander, 30 ans, a le visage fermé. Un appel d'un ami sur son téléphone a crevé l'abcès. Il faut prendre une décision, mais il est trop angoissé.

— Tu pars ou pas ? Si tu veux partir, je pense que c'est maintenant ou jamais, lui a lancé son ami, lui suggérant ainsi d'aller à la campagne pour essayer d'échapper à cette mobilisation.

Alexander semble tourmenté, craignant de devoir y passer à son tour.

— Ça fait huit ans qu'on vit là-dedans. Mon appartement est à 4 kilomètres de la première position ukrainienne, la guerre, c'est déjà mon quotidien, je n'ai pas envie de m'engager, pas plus que de m'enfuir… confie-t-il.

En fin d'après-midi, plusieurs réunions d'accueil de nouvelles recrues sont organisées dans des gymnases et des écoles de la ville. À l'issue de ces réunions, les jeunes hommes partent directement en casernes.

Le lendemain, retour dans une gare, dans un quartier est de Donetsk. L'évacuation semble prendre de l'ampleur. Natacha, la quarantaine, jeune grand-mère, a les joues rouges, des larmes coulent sur son visage. Au contraire, ses enfants et petits-enfants montent, excités, dans les wagons aux fenêtres noircies de boue.

— On part parce que la situation est effrayante, qu'il faut les protéger… On nous l'a demandé, il y a maintenant des haut-parleurs jusque dans les supermarchés pour appeler les gens à partir. En 2014, on a été sévèrement bombardés et la moitié des voisins sont partis vivre en Russie. Cette fois-ci, c'est notre tour, explique-t-elle.

Le train, bondé, va bientôt partir. Les hommes qui ont aidé à monter les valises sautent sur le quai. Ils ne partiront pas avec leurs familles. Ils ont interdiction de quitter les deux républiques autoproclamées, car ils sont mobilisés pour partir au front.

— De ce qu'on a vu à la télévision, on sait juste que les évacués seront mis dans des tentes, puis emmenés dans un lieu sûr. On leur a trouvé une carte SIM russe, on pourra rester en contact, soupire Natacha qui, elle aussi, ignore l'existence des « camps de filtration », au cours desquels certains effets personnels sont parfois saisis.

Une locomotive toute neuve des chemins de fer russes vient amarrer les vieux wagons rouillés, et le train prend le chemin de la frontière russe.

Avec Nanna, nous cherchons un commissariat militaire, pour comprendre comment se prépare la mobilisation. Partout dans Donetsk, gymnases et maisons de la culture ont été transformés en lieu d'accueil pour les hommes de 18 à 55 ans. Dans le nord de Donetsk, c'est le gymnase jouxtant une caserne militaire qui a été réquisitionné. Ce dimanche, le flot d'hommes venus s'enrôler ne s'arrête pas. Ils ont dépassé la trentaine, la majorité a au moins 50 ans. Les très jeunes gens sont rares. Des femmes attablées attendent les conscrits pour recueillir leurs passeports et les interroger sur leurs motivations. Pour pouvoir partir au combat, il faut le feu vert de docteurs, peu regardants, plutôt du genre à pousser les malades à s'engager… Soudain, un homme entre dans la salle, visiblement alcoolisé, et demande à en être. Au fond du gymnase, les récentes recrues, assises sur des chaises éloignées les unes des autres, ne bronchent pas. Des soldats armés sont postés dans leur dos. L'homme crie qu'il veut absolument aller se battre mais titube. Calme, un soldat lui conseille de rentrer chez lui, de se reposer et de revenir le lendemain.

Stoïque, pensif et la coupe déjà militaire, Evgueny, la trentaine, entretient le mystère :

— J'ai déjà servi dans l'armée, mais je n'en dirai pas plus.

Il explique sa motivation :

— Les Français, vous avez su défendre votre territoire, Staline a su défendre le sien, on va défendre le nôtre. Je ne sais pas encore ce que je vais faire dans l'armée, mais je vais faire de mon mieux.

Evgueny connaît quelques mots de français, hérités de sa grand-mère bilingue. Il demande :

— C'est encore Sarkozy, votre président ?

Plus loin, deux hommes discutent. Maxim, 43 ans, est venu s'engager pour la seconde fois de sa vie.

— La première, c'était en 2014, je n'ai pas grand-chose à en dire, il y avait de l'aviation, c'était difficile, se rappelle-t-il, sans émotion visible.

Bien couvert, pull kaki et crâne dégarni, l'homme a apporté une pelle pliable héritée d'un proche ayant participé à la gestion de la catastrophe de Tchernobyl en 1986.

— Comprenez bien, je ne suis pas venu pour des questions politiques. La Russie ou l'Ukraine je m'en fiche, la question c'est celle de ma maison, je veux pouvoir y vivre dans le calme avec ma famille, confie-t-il.

Maxim regrette que les dirigeants internationaux n'aient pas ramené la paix et liste ses griefs, tout de même majoritairement adressés à l'Ukraine. Le père de famille considère que la révolution de Maïdan est l'œuvre de néonazis ukrainiens.

— On a payé un tel tribut durant la Seconde Guerre mondiale qu'il est hors de question de laisser revenir le nazisme. Et puis, franchement, leur président ukrainien est un *clown*. Un homme comme ça ne devrait pas être au pouvoir.

Au sud de Donetsk, un autre bureau militaire tolère notre présence. L'heure est à l'embarquement des nouvelles recrues vers des camps d'entraînement. Dans le gymnase, le silence des recrues est glaçant. Ces hommes sont plongés dans leurs pensées, certainement convaincus qu'ils risquent de ne jamais revoir leurs proches. Dans la rue, un énième bus s'apprête à partir vers un lieu secret. À l'intérieur, un homme lance, entre ironie et dépit :

— On part à l'usine à viande !

Les visages sont tendus, personne n'a envie d'être là. À travers la vitre du bus, le regard d'un autre, proche de la soixantaine, est fixé sur un petit garçon resté sur le trottoir. Fier et plein d'amour.

— Il est invalide, mais on l'a poussé à prendre ses médicaments et à partir, glisse sa fille Elena, 31 ans. Mais il y est tout de même allé de bon cœur, il veut protéger sa famille. J'espère qu'il pourra garder contact avec nous, c'est la première fois de sa vie qu'il part à la guerre. On se dit que quand on aura gagné, il y aura la paix…

Elena demande à son fils, Artem, ce qu'il comprend de la situation. Le jeune garçon de 6 ans répond d'une voix timide :

— Grand-père part à la guerre.

Le lendemain, 21 février, la situation se dégrade encore quand Vladimir Poutine décide de reconnaître l'indépendance des deux républiques séparatistes autoproclamées du Donbass. Il était 22 heures, déjà l'heure de s'enfermer chez soi avant le couvre-feu, lorsque le président a pris cette décision. Dans la journée, une autre « provocation ukrainienne » montée de toutes pièces avait eu lieu. Un poste du FSB situé sur le territoire russe avait été bombardé. Le poste en question était en fait une maison abandonnée en plein bois… Peu importe pour la propagande russe qui travaillait dur à entretenir une menace ukrainienne qui n'y mettait pas du sien en répondant le moins possible aux tirs d'artillerie.

Dans le centre de Donetsk, l'annonce de Vladimir Poutine a laissé place à un silence. Puis une vingtaine de personnes sont apparues au pied de l'autre hôtel des journalistes, le *Donbass Palace*, pour jouer une scène destinée à la presse. Ils ont dégainé des oriflammes toutes neuves en quelques minutes, avant de laisser place à un feu d'artifice conçu pour être diffusé en direct à la télévision russe. Les Russes, eux, ont vu un peuple heureux d'être enfin reconnu par leur pays. La réalité est que tout le monde célébrait ou craignait la suite des événements chez soi ce soir-là. En réalité, le son du feu d'artifice se mêlait à celui des tirs d'artillerie.

Le lendemain, cherchant un moyen de trouver des témoignages sur le sujet, je décide de me rendre à Olenivka, au sud de Donetsk, non loin du front, où les gens, touchés au quotidien par la guerre, sont généralement les plus virulents à l'encontre de l'Ukraine.

— C'est pas compliqué, quand Vladimir Poutine a commencé à parler, les Ukrainiens ont arrêté de tirer. Quand il a terminé son discours, ça a repris dans la minute, s'écrie, furieuse, Svetlana, maire du village d'Olenivka, alors que je suis au sud de la ville.

Au loin résonnent des tirs d'artillerie.

— Les Ukrainiens n'arrêtent pas, on n'avait pas vécu ça depuis 2014, raconte-t-elle.

Autour de ce petit village de fermiers apparaissent d'immenses plaines descendant vers le front ukrainien, « à environ 2 kilomètres d'ici », précise l'édile.

Du discours de Vladimir Poutine, elle n'a retenu qu'un grand soulagement, qu'elle estime « collectif ».

— Je crois à la fin de la guerre, les Russes vont venir nous protéger et tout devrait s'arranger. Dites-le, ça fait huit ans que tout le monde attend cette décision, s'exclame-t-elle.

Autour, une dizaine de bénévoles de la Croix-Rouge s'affairent pour installer au plus vite une citerne au centre du village. Ce sont eux qui m'ont permis d'accéder au village.

— Ça fait plusieurs jours qu'on n'a plus d'eau, les Ukrainiens ont tiré sur une station qui alimente les deux côtés du front. Ce genre de situations ne se règle pas en deux jours. Et ça complique vraiment notre vie, un homme sans eau, c'est comme un homme sans pain, ajoute-t-elle.

Les bénévoles s'agitent. Un jeune homme, Daniil, 14 ans, traverse sa cour d'immeuble de deux étages, des pots de fleurs à la main.

— Des voisins sont partis, on récupère leurs plantes, glisse-t-il. Il a grandi avec la guerre, il était enfant lorsque le bout de son jardin est devenu une ligne de front.

— Évidemment que le discours de Poutine était attendu, son intervention devrait pouvoir calmer les choses.

Plus loin, son père est heureux de pouvoir pratiquer son français pour la première fois depuis longtemps.

— On a regardé Poutine à la télé parce que, ces derniers jours, les tirs ukrainiens sont particulièrement forts. Nous sommes tous des Ukrainiens, mais le souci c'est qu'ils nous tirent dessus, nous traitent de séparatistes, dit-il.

Un peu méfiant, il ajoute :

— Vous savez, on aurait tous préféré que personne n'ait à venir nous protéger des tirs d'artillerie. Nous sommes des gens qui aspirons à vivre sans la guerre. Je ne sais pas ce qui va nous arriver maintenant, je ne m'intéresse pas à la politique, mais ce que Poutine a dit était bien.

Dans le centre-ville de Donetsk, les Russes, que l'on imagine pressés de prendre contrôle de la zone une fois pour toutes, se font toujours attendre. Il se dit que les tanks ont déjà traversé la frontière depuis un moment, qu'ils ne se déplacent que la nuit. Les bombardements se font rarement entendre et il y a encore de l'eau ici. Dans les avenues, des haut-parleurs appellent régulièrement à l'évacuation de la ville, comme si une guerre de grande ampleur était sur le point d'éclater.

Au *Donbass Palace*, trois couples de futurs mariés apprêtés se prêtent au jeu des séances photos. Autour des fontaines de l'hôtel, les photographes tentent de faire entrer les amoureux dans un cadre qui exclut les nombreux journalistes attablés dans leur dos.

— On avait prévu cette date en décembre, on n'a rien lâché, explique Valeria, 25 ans. La maison de mes parents a été bombardée, mais je n'ai pas peur.

Lui est garde-frontière, elle est policière, et pour ce jeune couple, la guerre ne tue visiblement pas l'amour.

— Aujourd'hui, on ne pense pas à la politique. C'est le plus beau jour de notre vie. On a dû changer plusieurs fois de photographe, ils partent tous. Il manquera certainement des invités, mais ce soir on mangera en famille et on fera la fête toute la nuit. On verra plus tard pour ce qui est de la guerre.

L'offensive

Le 24 février à 5 h 30, heure de Moscou, Vladimir Poutine annonce sa terrible décision. J'enchaîne sur plusieurs jours de reportages, avant d'être invité à quitter la zone alors qu'on m'ajoute, une nouvelle fois, à la liste des journalistes indésirables dans le Donbass.

Le coup de massue est fort, la guerre a éclaté, la bataille de Marioupol est devenue sanglante, et je suis, comme la majorité de mes collègues, bloqué à Moscou. Parmi les rares médias à avoir été autorisés à couvrir la suite des événements, trois sont français : TF1, France 2 et RFI.

À Moscou, l'annonce de la guerre a assommé tout le monde, mais c'est surtout la suite qui va le plus entraver notre capacité à couvrir les événements. Pour le Kremlin, qui a réussi l'exploit de s'embourber dans sa guerre en quelques heures, affaibli par l'ampleur de sa corruption et la faiblesse de ses renseignements, mettre le pays sous cloche est devenu une urgence. Le plus important est de poursuivre au maximum, à l'intérieur de ses frontières, les éléments de langage initiaux, selon lesquels la Russie serait intervenue pour voler « au secours des populations russophones du Donbass victimes d'un génocide ». Le tout, dans une situation où dans les heures qui ont suivi l'attaque de Kyiv, beaucoup de Russes, sous le choc eux aussi, se demandaient pourquoi Moscou bombardait la capitale ukrainienne.

C'est une loi qui a mis hors d'état de nuire tous les journalistes du pays, russes comme étrangers. Du jour au lendemain, nous risquions jusqu'à quinze ans de prison en qualifiant cette guerre… de « guerre ». Un terme a été inventé pour ne pas angoisser les Russes et signifier le caractère éphémère de la crise : le conflit devenait une « opération spéciale » destinée à « dénazifier » et à « neutraliser » l'Ukraine… N'importe quel citoyen russe, n'importe quel ressortissant étranger qui remettrait en question la version officielle encourrait désormais jusqu'à quinze ans de prison. Dans les semaines qui suivront, cette loi sera agrémentée d'autres trouvailles juridiques destinées à empêcher les Russes de critiquer la guerre.

Me voici donc contraint de couvrir la guerre à distance, en dehors du Donbass. La pluie de sanctions qui est tombée sur la Russie a enflammé beaucoup de rédactions qui m'ont régulièrement demandé d'en raconter les conséquences. Plusieurs fois, je me suis retrouvé à aller compter les magasins fermés dans les centres commerciaux. C'étaient en réalité les seules conséquences visibles de sanctions, qui ont mis du temps à avoir un effet sur l'économie russe. La vie à Moscou est devenue difficile psychologiquement. Quand Alexandra risquait sa vie à couvrir la chute de Marioupol avec France 2, je faisais face à la violence de la guerre affichée sur les réseaux sociaux – en contraste avec les terrasses pleines et l'insouciance des Moscovites. Anesthésiés par le Kremlin, ils ne se sont révoltés que lorsqu'ils ont eu à affronter le départ d'IKEA, McDonalds et quelques enseignes de prêt-à-porter… Comme une gueule de bois insurmontable après plus de vingt ans à l'écart de la politique, la réaction des Russes, pleine d'incompréhension, s'est fait attendre.

À la suite de l'annonce de cette offensive, mes confrères et moi-même avons tous limité nos publications depuis Moscou. Certains ont quitté les réseaux sociaux par sécurité, d'autres ont décidé de faire preuve de souplesse en écrivant sur la guerre sans la nommer ainsi. De mon côté, après quelques jours sans publications, j'ai pris la décision de continuer à utiliser le mot « guerre ». Je ne menais pas une vie difficile à Moscou pour, en plus, écrire sans liberté derrière. Après chaque publication, je dormais mal, craignant d'être la cible d'une poursuite judiciaire, de devenir l'exemple qui suit généralement l'apparition de nouvelles lois. De nombreux confrères occidentaux ont décidé de quitter le pays, parfois en claquant la porte, nous laissant bien seuls avec les autorités russes. Les Américains et les Anglais ont pris la décision de ne pas se rendre dans le Donbass côté russe, notamment pour ne pas se faire interdire d'Ukraine ensuite. Cette décision m'est apparue étrange : c'est le prix à payer pour que les civils des deux camps aient un droit de cité.

Le FSB a interprété la décision des « Anglos » comme une prise de position politique en soutien à leur ministère des Affaires étrangères respectifs. Les Français se sont démarqués, malgré eux, dans cette situation, en décidant à l'unanimité de ne pas quitter le pays, et même d'accepter de couvrir la partie russe du conflit. Ceux qui ont finalement décidé de partir ne l'ont pas fait à cause de la guerre, mais à cause d'une nouvelle loi passée quelques mois plus tôt, qui nous imposait des tests médicaux annuels contraignants et personnels dont les résultats devaient ensuite être envoyés à la police.

Le FSB a accueilli positivement la position des Français, interprétée comme une marque d'indépendance de notre part. Les services sont convaincus que les médias occidentaux ont le même lien avec leurs ministères que les médias russes. Le FSB a cru que nous avions fait un doigt d'honneur à notre gouvernement.

Il faut tout de même noter que le ministère des Affaires étrangères français a fortement insisté auprès de certaines rédactions pour qu'elles rapatrient leurs journalistes. Sans succès.

Les autorités russes, pourtant, nous ont vite fait payer le statut de « représentants de pays inamicaux » obtenu par le soutien de la France à l'Ukraine, faisant de notre vie un enfer. Nos visas et accréditations d'un an ne sont subitement plus valables que trois mois. À peine un processus bureaucratique est-il réglé qu'il faut déjà lancer le suivant, en prenant soin de ne jamais défaire sa valise : le ministère des Affaires étrangères russe prend désormais un malin plaisir à nous délivrer nos droits au visa en toute dernière minute.

Alexandra est partie couvrir le Donbass. Chaque jour, elle prenait des risques. J'ai fini par me retrouver dans la situation de celui qui attend à la maison. Je voyais les horreurs à distance. Je m'inquiétais de chaque bombardement avec la frustration extrême de ne pas pouvoir me rendre dans la zone pour documenter cette nouvelle phase de la guerre. À chaque retour du front, rendu épuisant par l'arrêt du trafic aérien dans la région, je me retrouvais incapable d'écouter ses récits de guerre, trop douloureux, paralysé par mon impuissance. J'avais envie et même besoin de pouvoir voir de mes propres yeux le calvaire vécu par les habitants de Marioupol.

À plusieurs reprises, Alexandra est rentrée de Marioupol avec de petits morceaux de papier que lui avaient confiés les habitants. Après une grasse matinée, elle allait s'asseoir dans la cuisine et appelait chacun des numéros. Elle annonçait à ses interlocuteurs qu'elle était journaliste, qu'elle avait rencontré leurs proches au cours d'un reportage et qu'ils lui avaient demandé de leur dire qu'ils étaient encore vivants. À chaque fois, l'interlocuteur fondait en larmes en la remerciant. Bien sûr, aucun message n'était possible dans l'autre sens… Sur le terrain, elle avait entendu tous ces témoignages. Ils affirmaient que la Russie envoyait ses bombardiers à la nuit tombée pour viser la ville. Il est vrai que ceux qui vivaient la guerre depuis les caves, sans aucun contact avec l'extérieur pendant près de deux mois, étaient particulièrement sensibles aux rumeurs des Russes qui affirmaient que la ville était détruite par les Ukrainiens. Mais c'était bien Moscou qui frappait la ville, engagée dans un siège abominable. Le Kremlin a exploité la faiblesse des victimes de ses bombardements jusqu'au bout, allant jusqu'à installer une prise électrique au pied d'un écran géant branché sur Rossiya 24, la chaîne d'information russe, dans le centre de la ville. Le temps de recharger votre téléphone pour la première fois depuis deux mois et vous aviez absorbé un concentré de propagande russe.

Comment ensuite remettre un pied dans la rue, au supermarché ou pire, en terrasse, sans avoir la tentation de mettre le nez des Russes dans ce carnage quand vous êtes à Moscou ? À chaque fois que j'éprouvais une colère intense contre les Russes, je décidais de ne pas sortir de chez moi et de ne plus écrire. Cela pouvait prendre quelques heures, une journée ou deux, et le premier Russe que je rencontrais ensuite me rappelait, sans le savoir, qu'il était aussi victime de cette situation. Ces interactions me rééquilibraient systématiquement, loin du jugement et de la colère, barrières à l'écriture.

Alexandra, qui était tombée dans le journalisme un peu par hasard quelques années plus tôt, n'avait jamais imaginé devenir reporter de guerre. Son caractère avait beau être plus fort que le mien, son équipe ne lui a rien épargné.

Progressivement, elle s'est sentie fatiguée moralement sans vraiment l'avouer. J'atteignais de mon côté une limite dans le soutien que je pouvais lui apporter, submergé par mes crises d'angoisse, les émotions liées à la guerre, la colère, la frustration, le stress de devoir couvrir une guerre depuis un lieu où elle est invisible.

Début juin, un reportage auquel elle a contribué a représenté une rupture dans ce cercle vicieux qui nous détruisait. Lors d'un reportage à Marioupol, elle s'est retrouvée au milieu d'une morgue qui débordait. Les cadavres étaient étalés sur le sol, en plein soleil. Des habitants qui cherchaient leurs proches y défilaient. Plus loin, elle a découvert un gigantesque cimetière composé de milliers de tombes récentes. Sur place, une femme lui a fait part d'un problème : son mari mort dans un bombardement avait été balancé dans une fosse commune que les autorités ne voulaient plus ouvrir. Pour qu'elle puisse retrouver le corps de son mari, il fallait que l'ensemble des familles concernées par cette fosse commune, dont le monde n'avait jamais entendu parler, donnent leur accord. Impossible. Quelques minutes plus tard, elle s'est retrouvée à filmer cette fosse commune à côté de laquelle une seconde avait été creusée.

À son retour, elle a décidé de ne plus retourner dans le Donbass et nous avons estimé que nous avions besoin de vacances.

Je n'étais pas serein pendant cette pause estivale. Le fait de ne pas pouvoir aller à Marioupol me rongeait. Je voyais mes collègues acceptés dans des voyages de presse que le ministère de la Défense organisait toutes les semaines dans la zone. À mon retour, fin août, j'ai pris la décision d'appeler mon contact du FSB pour tenter de débloquer la situation.

— Vous le savez, Paul, je suis pour l'ouverture de la zone aux journalistes, pour que vous puissiez y travailler librement. Mais c'est encore la RPD qui décide de tout, je ne peux pas vous aider, m'a-t-il répondu.

Comme c'est original, le FSB affirmait avoir du mal à se faire respecter des séparatistes !

Quelques semaines plus tôt, en mai, je suis allé en reportage en Crimée, à défaut de pouvoir couvrir le Donbass. J'ai découvert la petite ville de Djankoï, à deux pas de la frontière entre la péninsule et l'Ukraine. Cette ville de 30 000 habitants est une base arrière de la guerre. En arrivant en bus en ville, on longe un champ de tanks. Dans le centre-ville, un aérodrome militaire, parfois la cible de drones ukrainiens, complète le tableau. C'est aussi à proximité de cette ville que les Russes avaient installé un camp de filtration pour laisser entrer sur le territoire les Ukrainiens qui fuyaient Marioupol par le sud. Djankoï est un lieu stratégique, c'est palpable. Dans toutes les supérettes, des soldats viennent acheter leurs cigarettes, des camions de ravitaillement en carburant déboulent toutes les vingt secondes dans l'avenue principale, de retour ou en direction du front ukrainien.

J'y ai rencontré Igor Valentinovitch, le directeur de l'internat de la ville. Depuis le début de l'opération militaire, son centre accueille les réfugiés d'Ukraine fraîchement sortis des zones de guerre par l'armée russe. Sur son bureau, il a placé un drapeau de la Russie Unie, le parti du pouvoir, et une tasse « ministre de ce qu'il reste ». Le sud de l'Ukraine a un humour qui lui est propre.

— Aux premiers jours de la guerre, plus de 400 personnes ont été amenées ici, aujourd'hui c'est plus calme. Ils se reposent quelques jours puis ils sont envoyés dans les régions russes. Certains décident de rester en Crimée, ils ne s'attendaient pas à un tel accueil. C'est pourtant normal, nous ne sommes qu'une seule nation, affirme-t-il, soucieux de montrer qu'il maîtrise la situation mais pas très à l'aise à l'idée de recevoir un étranger.

Sur la porte de son internat, des dizaines de petits mots ont été laissés. Certains réfugiés cherchent du travail, certains des proches. Beaucoup d'entreprises locales jouent le jeu de la solidarité et ne proposent du travail qu'aux réfugiés. Assez pour alimenter la jalousie de certains Criméens…

À la sortie de la ville, l'eau est revenue dans le canal Dniepr-Crimée. C'était un des objectifs principaux lors du lancement de l'offensive en février, mettre fin au blocus ukrainien. En quelques heures, l'armée a fait sauter la partie du barrage de Nova Kakhovka qui empêchait l'eau de s'écouler jusqu'en Crimée. Depuis, l'eau monte, progressivement : elle s'est élevée de plusieurs mètres avant d'être relâchée vers l'est. La station de pompage de la ville reprend du service. À Djankoï, l'eau est relevée de quelques mètres afin de pouvoir s'écouler naturellement dans tout le nord de la péninsule.

— Des centaines d'emplois sont à la clé, assure un élu municipal qui ne souhaite pas être cité.

Un employé de la station, au chômage technique depuis le début du blocus ukrainien en 2019, n'en a pas cru ses yeux quand il a vu l'eau revenir.

— On voyait que ça montait, puis notre chef a reçu l'information que l'armée commençait à relâcher l'eau. On a remis les pompes en marche, on a nettoyé le canal. Ça prendra plusieurs semaines mais les canaux secondaires seront alimentés cet été, les agriculteurs pourront reprendre leur production.

Les agriculteurs de Crimée, qui s'apprêtaient à lancer de nouvelles productions, ont dû tomber de haut lorsque le 6 juin 2023, la Russie a fait sauter l'ensemble du barrage de Nova Kakhovka, minant pour un long moment toute perspective de pouvoir de nouveau irriguer la Crimée.

Fortement militarisée depuis 2014, la péninsule est en état d'alerte totale depuis le début de l'opération militaire russe. Les routes sont encombrées de véhicules militaires. Dans le ciel, fermé à l'aviation civile depuis début mars, on entend régulièrement des grondements de bombardiers et d'avions de chasse. À Sébastopol, à 170 kilomètres plus au sud, pourtant très loin du front, des *jets* survolent la ville toutes les 20 minutes. Une corvette est également positionnée à l'entrée du port militaire. La Russie craint des actes de sabotage de sa flotte en mer Noire, privée depuis le 14 avril de son navire-amiral, le *Moskva*. Le 6 mai, la frégate *Amiral-Makarov* aurait été touchée à son tour par un missile ukrainien.

Grand, maigre et d'un dynamisme à toute épreuve, Stas, trentenaire, a fui Marioupol fin mars 2022 pour venir se réfugier à Sébastopol.

— Ça bombardait tout le temps, les Ukrainiens tiraient depuis les cours d'immeubles donc forcément on se prenait les tirs retour, raconte-t-il, heureux d'avoir atteint la Crimée ensoleillée, vivant.

Il montre sur son téléphone des toits détruits, des immeubles éventrés…

— J'ai échappé au pire. On se réveillait tous les matins en vérifiant qu'on avait encore nos jambes et nos bras. Ensuite, la nourriture a manqué. Quand les soldats russes sont venus frapper aux portes pour nous demander de partir, je ne me suis pas fait prier !

Le jeune homme a quelques proches en ville, il s'est engagé comme volontaire pour aider les autres réfugiés parfois arrivés sans argent, sans vêtements.

— J'ai hésité à m'enfuir par l'Ukraine, mais des amis m'ont dit que j'y aurais certainement eu des problèmes, dit-il, louant la solidarité des Criméens et des Russes.

Sur la vitrine du local d'une organisation étatique qui aide les réfugiés, des dizaines d'entreprises ont collé des petites annonces, promesses d'embauches pour les citoyens ukrainiens.

Dans le nord-est de la péninsule, j'ai conclu mon reportage à Kertch, au pied du pont de Crimée. La ville vit sous la menace d'une attaque de son précieux et seul lien avec la Russie, inauguré en mai 2018 par Vladimir Poutine et endommagé à deux reprises par l'armée ukrainienne.

— Avant, notre gare était un terminus, aujourd'hui c'est une porte d'entrée, sourit la cheffe de la gare qui accueille les trains à l'extrémité criméenne du pont.

— Ce chantier a changé notre vie, assure la responsable. Je pense que Poutine est l'homme d'État le plus fort du monde. Ce n'est pas que l'Ukraine ne s'occupait pas de nous avant mais ce n'était pas pareil. Maintenant, on a plein de routes neuves, de ponts…

La femme est émue à l'idée de me confier son point de vue sur les choses. Elle adore l'Europe et vit mal cette situation conflictuelle, à en avoir les larmes aux yeux. Il y a une incompréhension totale de la position des Occidentaux.

Le lendemain, je m'offre un tour de bateau à proximité du pont. Le dispositif de sécurité est impressionnant, bien qu'insuffisant. L'armée est positionnée en travers de la route, prête à tirer des deux côtés du pont. Depuis les deux explosions qui ont endommagé la route, tous les véhicules sont fouillés et contrôlés. En mer, une unité de la garde nationale veille en permanence, appuyée par un système de sonars installé aux pieds des pylônes. Côté Crimée, quelques kilomètres après le pont, des systèmes de défense antiaérienne S-400 et Pantsir-S sont également opérationnels. Tous les piliers des ponts sont barricadés, et des centaines de caméras de surveillance filment chaque recoin à soixante kilomètres à la ronde.

Voyage de presse

J'ai passé l'été 2022 à réfléchir aux voyages de presse de l'armée. D'un côté, je vivais mal le fait de ne pas être invité. De l'autre, je ne parvenais pas à démêler le nœud déontologique qu'impliquait un reportage en zone de guerre encadré par l'armée russe. Je ne les connaissais que trop bien, capables d'organiser des mises en scène lourdingues, parfois piégeuses, car, comme dans tous les voyages de ce type, les organisateurs attendaient des résultats. Je ne voulais pas me retrouver en position de perdre mon accréditation pour une mystification foireuse mal racontée.

Des collègues s'étaient retrouvés quelques semaines plus tôt au sein de l'usine Azovstal de Marioupol. Les soldats leurs avaient présenté une cache des « Azov » : une pièce toute propre, un exemplaire de *Mein Kampf* tout neuf posé sur une table et des croix gammées mises en évidence… Difficile de prouver que cette pièce n'a pas été occupée par des « Azov », même si tout laisse penser qu'elle a été aménagée pour les besoins du voyage. Expérimentés, mes confrères s'en étaient sortis avec brio par quelques pirouettes journalistiques, mais je craignais de me retrouver dans la même situation.

J'ai fini par suggérer l'idée de m'inviter à mon « curateur » du FSB. Lui n'était pas certain de pouvoir convaincre son ami du ministère de la Défense. Il n'appréciait pas trop, sans me le reprocher frontalement, que je me sois remis à piger pour *Libération*.

— C'est vrai que *Ouest-France* n'a pas la même ligne éditoriale que *Libération* sur la Russie, *Libération* est totalement anti-russe, m'avait-il affirmé.

Après quelques échanges destinés à rassurer les uns et les autres, je me suis retrouvé convoqué avec le correspondant de Radio-France à l'entrée du ministère, en pleine nuit. Direction l'aéroport militaire de Chkalovsky, au nord de Moscou, sous escorte policière, avec une vingtaine d'autres journalistes, majoritairement russes. L'aviation civile est interrompue à l'ouest de la Russie depuis le début de la guerre, mais l'armée utilise l'aéroport militaire situé non loin du centre-ville de Rostov-sur-le-Don comme un *hub* pour transporter ses hommes, leurs dépouilles et leurs proches.

Nous sommes en septembre 2022, et notre car étroit atteint le poste frontière de Matveev Kurgan à l'aube. Le soleil est à peine levé que plusieurs dizaines de chauffeurs de poids lourds demandent à entrer en RPD. En vérité, le flux de ces camions qui transportent fenêtres, canalisations, parfois même des façades entières d'immeubles en béton, ne cesse jamais. Les camions sont estampillés « Compagnie de construction de l'armée russe ». C'est le ministère de la Défense et plusieurs dizaines de sociétés qui lui sont liées qui gèrent la reconstruction. Ces ouvriers ont pour objectif d'effacer au plus vite les conséquences de la guerre dans les villes de l'est et du sud de l'Ukraine conquises par l'armée russe.

C'est d'abord à Donetsk que les organisateurs ont souhaité s'arrêter. Denis Pouchiline, président de cette république autoproclamée, veut mettre en lumière un état de fait : jamais Donetsk n'a été autant touchée par les bombardements que durant ces dernières semaines de guerre. Presque sept mois après le début de l'offensive russe, l'armée ukrainienne est encore aux portes de la ville. La situation est angoissante pour des habitants régulièrement privés d'eau courante, parfois d'électricité. L'Ukraine semble viser des bases militaires et des lieux symboliques, mais avec l'intensification des tirs, la destruction d'immeubles d'habitation, et donc le nombre de morts civils, ont également augmenté. Le 23 août, un missile ukrainien a touché le bureau de Denis Pouchiline en son absence. Quelques minutes plus tard, c'est un hôtel qui a été pris pour cible. Celui-ci était rempli de propagandistes russes. En passant devant, un militaire me glisse :

— C'est sûrement un obus français ou américain qui a été tiré.

Le message est bien passé.

L'inertie des voyages de presse est terrible. Il y a les journalistes lents, ceux qui ne comprennent rien à rien, ceux qui se croient en vacances et ceux qui ont des privilèges, dont celui de faire attendre le reste du groupe à l'envi. Notre groupe n'échappe pas à la règle. Il y a les télés d'État, qui ont parfois le droit de nous suivre dans une voiture et qui obtiennent des interviews exclusives. On trouve aussi deux Italiens, payés par le ministère des Affaires étrangères russe pour participer au voyage, qui ne parlent pas un mot de russe et ne comprennent rien à la situation – eux se font littéralement balader. Enfin, reste une pelletée de petits blogueurs, propagandistes russes, communistes ou néofascistes – généralement les deux à la fois. L'attaché de presse du ministère de la Défense et notre « curateur » du FSB ont l'honneur des places situées derrière le chauffeur. Le bus s'est organisé naturellement avec les télévisions à l'avant, les étrangers inutiles à l'arrière et quelques radicaux russes sur les derniers sièges. L'inertie du voyage nous amène sur le parking d'un grand supermarché de bricolage détruit lors d'un bombardement ukrainien. Nous sommes en plein soleil, il fait une chaleur de plomb et les gilets pare-balles sont obligatoires.

Mais il faut nourrir les journalistes et faire le plein du bus, qu'une citerne militaire vient effectuer sur place. Encore une fois, nous nous retrouvons avec cette horrible ration alimentaire de l'armée russe. C'est un cadeau que le ministère adore faire et qui est assez peu adapté aux voyages de presse. La grosse boîte verte est pleine de choses rendues infâmes par la chaleur. De la viande dans un bain de gras, des biscuits secs fades, du bacon, des chewing-gums, des allume-feu pour chauffer le tout (peu pratique dans un moyen de transport) et des dizaines d'autres aliments peu utiles.

J'ai appris avec le temps à faire le plein de Twix, d'eau et de nouilles déshydratées pour voyager avec l'armée, qui, il est vrai, n'est pas une agence de tourisme. Entre deux piles de matériaux de construction, nous mangeons avec mon collègue français à l'écart des autres participants, au son des tirs d'artillerie. Ces voyages sont pénibles car très longs, fatigants et avec un programme souvent inconnu. Du sud de Donetsk, nous rejoignons la mer en passant par Volnovakha. À partir de là, c'est un autre monde qui surgit. Celui que la Russie estime avoir libéré depuis le 24 février. Le coût de cette « libération » est effrayant. La ville de Volnovakha est complètement ravagée, partiellement rasée. C'est le destin commun de nombreuses agglomérations situées à proximité du front, où les combats ont été rudes depuis 2014. Volnovakha a été détruite à 85 %, 21 000 personnes y vivaient avant l'arrivée des Russes, contre 9 000 aujourd'hui.

C'est le chantier d'un hôpital qui est présenté par l'armée russe aux journalistes.

— Il y aura un service de chirurgie avec deux blocs opératoires, [...] l'hôpital reconstruit sur les bases du précédent comptera dix bâtiments, explique Irina Panasenko, la directrice de l'hôpital, en l'absence du médecin-chef qui, lui, a quitté la ville.

Deux infirmières interrogées par une nuée de reporters se félicitent de la construction de ce nouvel établissement. Mais la directrice veille à les empêcher de s'exprimer. Tout autour, des soldats cagoulés contrôlent un périmètre serré. Les habitants qui apparaissent aux fenêtres sont hostiles à ce cirque et crient aux journalistes de ne pas filmer leurs maisons amochées. Certains de ces journalistes russes portent un tee-shirt « Z » en soutien à « l'opération spéciale » menée par le Kremlin, d'autres sont en treillis.

Pour reconstruire les villes en territoires occupés au plus vite, la Russie a demandé à ses régions de participer à l'effort de guerre. À Volnovakha, c'est le district autonome d'Iamalo-Nénétsie, l'une des régions les plus riches du pays, à cause du gaz, dans l'Arctique, qui règle une grande partie de l'addition. À côté de son drapeau, flotte celui de la Tchétchénie. Envoyés sur le front face à l'armée de Kyiv, les hommes de Ramzan Kadyrov apparaissent désormais en contremaîtres et ouvriers sur les chantiers du Donbass, qui emploient majoritairement des locaux.

Le car reprend sa route au milieu des maisons détruites et prend la direction de Marioupol, plus au sud. Le moment est émouvant, éprouvant pour moi, cela faisait des mois que je souffrais de ne pouvoir y remettre les pieds. Malheureusement, il faudra se contenter de voir la ville à travers les vitres du véhicule. Nous entrons et, rapidement, je suis pris de colère et d'une étrange sensation de découvrir une ville que j'ai connue vivante, énergique, soudainement morte, assassinée.

Dans certains quartiers, les murs sont là mais ils ne vivent plus, les tramways ont disparu, une grande partie des habitants aussi. J'ai du mal à assimiler ce que je vois, comme si quelqu'un avait construit un décor de cinéma pour film de guerre. La résilience est forte, comme toujours, mais dans la limite d'une ville qui ne peut plus fonctionner. Cette nouvelle réalité est dure à accepter, sans existence physique, sans vie, images, sons ou odeurs, il n'y a plus de nostalgie, plus que des souvenirs de plus en plus vagues d'une ville autrefois paisible.

Le moment est désagréable, car je ne peux même pas me plonger dans mes pensées, un voisin, propagandiste russe, me raconte sa vie. J'exprime mon horreur face à toutes ces destructions. Il me répond que la ville n'est pas si détruite. Lui est en colère contre la Russie, parce qu'au temps de l'URSS, estime-t-il, Moscou aurait déjà reconstruit une grande partie de la ville. Abasourdi par son indignation de communiste dépourvu de décence, je lui réponds que la Russie a fait une grosse bêtise à Marioupol, qu'elle entachera son image pour un moment.

— Pourquoi tu dis ça ? Tout ça, c'est de la faute des Ukrainiens, ils ont amené les combats en ville.

— C'est ton pays qui a tout détruit et tué une partie importante des habitants pour sauver Poutine.

Il change de ton, devient agressif et crie pour que les responsables de l'armée m'entendent.

— Quoi ? Tu racontes n'importe quoi, la ville n'est même pas détruite, la majorité des immeubles sont encore debout. Ose répéter ça !

— La Russie a tué des milliers de gens, désolé que tu ne puisses pas l'entendre, c'est un fait.

— Je vais te jeter hors du bus, je vais te frapper. Tu es en train de dire que c'est la Russie qui a tué des milliers de personnes ?

Ses cris me contraignent à me taire. Je m'imagine arrêté sur place par le FSB, poursuivi pour avoir créé un acte de provocation à Marioupol. Je suis frustré de ne pas pouvoir balancer quelques vérités de plus à mon nouvel ami. Mais j'ai raté quasiment toute la traversée de la ville et nous voilà déjà là où les soldats voulaient nous emmener. Le car s'arrête devant un édifice grand et blanc, un immeuble témoin quasiment terminé, comme on en trouve peu en Russie. Quoique la mauvaise qualité des finitions soit assez commune dans le pays. C'est le premier immeuble d'un chantier massif de reconstruction lancé par l'armée russe dans cette ville. Le bâtiment étincelant détonne tragiquement avec l'autre côté de l'avenue, détruit, noir, carbonisé. Je n'écoute rien de cette visite sans intérêt pour propagandistes sans cerveaux.

Je repère mon communiste en train de cafter auprès des soldats russes. Je m'en inquiète, j'ai vraiment peur de m'être attiré des ennuis. Mais le responsable de la presse lui signifie de laisser tomber. Après tout, ils me considèrent comme un ennemi, normal que je tienne ce genre de propos…

Après moins d'une heure sur place, le car reprend la route. La destination n'est pas très claire, les militaires nous promettent une surprise et finissent par nous emmener au bout d'un banc de terre, dans la ville de Berdiansk. Nous sommes en zone fraîchement occupée et les militaires craignent une attaque sur notre groupe. Ils craignent aussi que nous puissions nous enfuir dans la soirée pour aller faire un reportage imprévu. Mais nous sommes tellement épuisés que nous courons nous coucher. Après toutes ces heures sans dormir, les Russes se battent pour avoir de bonnes chambres. Je me retrouve assigné dans une chambre avec mon collègue de Radio-France, ce qui nous arrange bien.

Le lendemain matin, les Russes n'osent pas nous dire ce qu'ils ont en tête. Nous embarquons sans savoir de quoi sera faite notre journée. La chaleur est étouffante, le car est encombré de nos casques et gilets pare-balles, et la climatisation ne fonctionne toujours pas. Nous roulons, escortés par des véhicules militaires, un *pick-up* et un poste de communication mobile, jusqu'à l'arrêt au milieu d'une route bordée d'arbres. Les militaires s'agitent, puis font demi-tour… Leur plan vient visiblement de tomber à l'eau. À la place, ils nous emmènent voir le chef de la police de la route de Berdiansk, pas l'officiel, mais celui placé par les Russes. Six jours plus tôt, son adjoint, Alexandre Kolesnikov, a été assassiné dans un attentat attribué à des partisans ukrainiens.

Le maire collaborationniste de la ville est également de la partie, escorté par deux hommes armés. Alexandre Saoulenko n'attendait qu'une seule chose, que la Russie formalise, par un référendum, l'annexion de sa région. Mais le référendum en question est sans cesse repoussé, par la pression d'une contre-offensive ukrainienne.

— Nous sommes prêts à l'organiser, mais il faudra encore attendre. En attendant, les attaques des Ukrainiens blessent et tuent, les gens d'ici veulent la paix, la bienveillance et la prospérité qu'offre la Russie, estime-t-il.

Nous sommes sur le parking d'un commissariat de police, bouclé par nos soldats cagoulés en quelques secondes. L'objectif est de nous exposer comment avance la russification. On nous montre d'abord des plaques de voitures ukrainiennes remplacées par des russes. Dans le centre-ville, on nous emmène dans un centre de délivrance de passeports.

À Berdiansk, ville de 107 000 habitants, les personnes âgées sont les premières à en solliciter. Tatyana, ronde et souriante future retraitée de 58 ans, est assise sur un banc et attend son tour.

— C'est rapide, on donne nos documents et on reçoit le passeport quelques jours plus tard, se réjouit-elle. Papiers en main, elle assume sa nostalgie de l'URSS :

— Cela fait longtemps que je suis pour la Russie, nous avons déjà vécu sous ce pays, sous l'Union soviétique. Nous vivions amicalement, tout était paisible, il n'y avait pas de frontières. Nous vivions bien mais, après 1991, nous nous sommes séparés. Pourquoi se séparer ? Avant que l'Amérique ne vienne fourrer son nez ici, tout allait bien.

À quelques centaines de mètres, un couple discute sur un banc. L'arrivée de l'escorte militaire n'est pas passée inaperçue.

— C'est un sujet effrayant à aborder, on peut avoir des problèmes à trop parler ici, glisse l'homme. Il n'y a plus de travail, les usines sont fermées, certaines personnes travaillent pour se payer de l'eau, c'est le bordel.

La femme tente une critique, l'homme tapote sa cuisse.

— Nous voulons de la paix et de la stabilité, heureusement on a échappé aux bombardements, ajoute-t-il. Pour le passeport russe, on préfère encore attendre. Le référendum sur le rattachement à la Russie, on verra en temps voulu.

Je comprends que s'il jouissait de la liberté d'expression, le couple se montrerait certainement particulièrement critique vis-à-vis des Russes. Mais il fait le dos rond en attendant la suite. L'homme me glisse une dernière remarque, un conseil, peut-être une menace :

— Faites attention, vous, eux, tout le monde ne vous apprécie pas ici, il y a des gens capables de plein de choses…

C'est certainement pour ça que plusieurs soldats m'ont à l'œil. Après cette petite demi-heure de semi-liberté, la suite du reportage imposé nous conduit dans une école de la ville. Nos soldats en armes quadrillent l'école en quelques secondes, au milieu des jeunes enfants. Je suis mal à l'aise. Les parents de ces gamins n'ont jamais donné l'autorisation pour qu'ils servent la propagande russe. La mise en scène est infâme.

Je ne sais où me placer, gêné par la situation. Exactement ce que je redoutais en acceptant ce voyage. Je profite d'un confrère engagé dans l'interview d'une puéricultrice pour tenter de récolter quelques citations.

— Bien sûr que mon cœur tremble en regardant les infos.

Le journaliste insiste :

— Que pensent les enfants de ces changements ?

La jeune femme panique à la vue des soldats.

— N'est-ce pas beaucoup de questions pour moi seule ? Je risque d'avoir des problèmes… Je dois garder les enfants, désolée.

Et elle s'enfuit.

C'est Galina Petrovna, employée de mairie chargée de l'éducation par la Russie, qui prend le relais. La quinquagénaire se félicite d'avoir remplacé les manuels ukrainiens par des manuels russes.

— Les œuvres enseignées à nos enfants allaient au-delà de la littérature correcte. Ils étudiaient Bandera et Choukhevytch. Nous les avons récupérées pour les envoyer à un service spécial chargé d'étudier ce matériel.

Ce « service spécial » n'existe pas vraiment, si ce n'est le FSB, qui ne prendrait pas la peine de lire ces livres pour les qualifier d'extrémistes. Pas plus que cette littérature, qui n'est pas de l'âge de ces enfants. Légèrement glaçante, la femme explique avec un grand sourire qu'à la rentrée, la langue ukrainienne ne sera plus enseignée dans les écoles, avec pour but de la faire disparaître « simplement, en douceur ».

Sur une pelouse, une dizaine d'enfants jouent ensemble quand mon « curateur » du FSB, se joint à la partie. Il attrape les enfants, rit avec eux, leur lance la balle, en leur disant :

— Tout va bien se passer maintenant, la Russie est là, elle va s'occuper de vous.

Il me fait un instant penser au héros de *OSS 117*, puis une bouffée de dégoût me saisit à en avoir les larmes aux yeux. Je me mets à l'écart, l'attaché de presse de l'armée s'en inquiète.

— Vous savez, Paul, nous pouvons organiser toutes les interviews que vous voulez. Je peux vous le promettre, demain sera plus intéressant pour vous.

J'en profite pour préciser que, officiellement, Igor (nommons-le ainsi) ne travaille pas au FSB, il est « employé au ministère des Affaires étrangères ». Lors de nos différents contacts, j'ai tenté à plusieurs reprises de le titiller en disant « vos collègues » à propos du FSB. Il s'en est déjà poliment agacé, sans jamais insister. Mais les expériences se partagent de collègue en collègue, Igor a beau être à peine plus âgé que moi, cela fait un moment qu'il « gère » les Français.

Après sa partie de football avec ces enfants ukrainiens, il revient vers moi et je tente une blague :

— Bah alors Igor, vous adorez les enfants, vous devriez vous reconvertir dans ce domaine !

Il ne saisit pas la blague et me répond au premier degré.

— Vous savez, Paul, nous les *militaires*, nous adorons les enfants.

Je suis enfin parvenu à le piéger et ça me fait ma journée.

L'après-midi se termine tôt, tout ne s'est visiblement pas passé selon leurs plans aujourd'hui. Nous rejoignons notre hôtel, bien contents de ne pas endurer plus de « séquences » pour aujourd'hui. Sur la route, des drapeaux russes ont fleuri sur certains panneaux municipaux, mais c'est bien le bleu et le jaune de l'Ukraine qui domine partout. Enseignes et vieilles publicités sont encore en ukrainien. Les panneaux publicitaires sont vides ou agrémentés d'affiches de propagande : « La Russie, c'est le bonheur », « Nous sommes un seul peuple », « La Russie, c'est l'amour », « La Russie, c'est le futur ». Dans un supermarché, où nous nous arrêtons le temps de quelques courses, les clients peuvent payer en roubles russes ou en *hryvnias* ukrainiennes, et les caissières, rendent la monnaie, calculatrice en main, dans un mélange des deux devises.

Nos chefs nous donnent rendez-vous sous un grand auvent en bois au bord d'une piscine pour briser le secret du reportage mystère.

— Nous voulons essayer de vous emmener dans la centrale de Zaporijia mais c'est compliqué. Nous avons essayé aujourd'hui, mais les combats étaient trop importants. Nous sommes en relation permanente avec nos hommes sur place, tout dépend de l'activité militaire sur la zone, mais nous pensons que ce sera possible demain. Ça peut ne pas marcher, auquel cas nous rentrerions à Moscou. Pour cela, il faut respecter certaines règles de sécurité. Tout d'abord, ne prévenez personne de ce voyage, même pas vos rédactions, elles peuvent attendre. Ensuite, ne mettez rien sur les réseaux sociaux. Demain, je veux que tout le monde porte son gilet pare-balles du début à la fin de la journée et que vos téléphones restent en mode avion. La suite demain, bonne soirée !

Nos camarades propagandistes étaient certainement déjà au courant, ils débarquent en maillot de bain, bière à la main, et se jettent dans la piscine. L'équipe de Russia Today est vite rejointe par Igor, désormais en short et chemise hawaïenne qui pique les yeux, avec de grosses lunettes de soleil sur le nez. Ils sont en zone occupée et n'ont aucun scrupule à se croire en vacances.

L'un des deux Italiens, rédacteur en chef d'un journal dont je ne sais toujours pas s'il est publié ailleurs que sur Facebook, n'a encore rien compris à la situation. Nous l'attrapons avec mon collègue de Radio-France en train d'enregistrer une vidéo dans laquelle il raconte qu'il se rendra à la centrale de Zaporijia le lendemain. Je crains pour notre sécurité, n'ayant ni confiance en mes « confrères » ni en ces soldats russes… Le voyage est émotionnellement assez douloureux comme ça, mon collègue et moi optons pour une soirée boulot, dans notre chambre.

Nous sommes le 1er septembre 2022 et nous prenons la direction d'Energodar, la ville où est implantée la centrale.

— Mettez vos téléphones en mode avion, 50 téléphones qui bornent en même temps, les Ukrainiens vont le voir. Si vous tenez à votre vie, coupez vos réseaux, exige un membre du service de presse de l'armée russe qui vérifie tous les téléphones.

Le bus, surchauffé, s'engage sur les routes de la région de Zaporijia. Nos troupes d'élite escortent le convoi. Devant nous, dans le camion qui transporte un module de communication, j'entraperçois des soldats qui ne lâchent pas un grand téléphone. En traversant les villages, je ressens bien cette sensation d'être considéré comme un occupant. Les Ukrainiens nous jettent des regards noirs.

On nous a prévenus, si les tirs d'artilleries venaient à se multiplier à proximité de la centrale, journalistes et délégation feraient instantanément demi-tour. Mais nous atteignons Energodar sans problème, si ce n'est une alerte venue de nulle part avant d'entrer sur le territoire de la centrale.

— Les Ukrainiens viennent de lancer une attaque, nous allons nous réfugier dans un sous-sol. Que personne ne filme l'endroit que nous allons traverser, prévient le militaire du jour en charge de la communication, que j'avais déjà croisé à Moscou.

Le car fait demi-tour et nous emmène en plein centre-ville, dans un bâtiment utilisé comme une base par l'armée russe. Nous sortons du véhicule en courant, contournons un mur de sacs de sable avant de nous engouffrer dans une succession de couloirs plongés dans le noir. Des matelas sont installés un peu partout, des soldats dorment dans les lieux. L'atmosphère est chaude et humide, et je perds au jeu de la chaise musicale. Je me retrouve debout, le corps dégoulinant de transpiration. L'attente est longue, je manque de sommeil et de nourriture, je sens ma tête commencer à vaciller lorsqu'un confrère allemand me fait cette remarque :

— Les Russes viennent de passer tout ce temps dehors, la porte de la cave n'a même pas été fermée…

L'attaque ukrainienne a-t-elle au moins eu lieu ? Rien de moins sûr : lorsque nous sortons de notre trou, nous découvrons que personne n'a quitté sa position. Dans le car, notre chef du jour nous l'assure pourtant :

— Vous pourrez écrire dans vos reportages que vous avez été témoins d'une attaque de l'armée ukrainienne, que nous avons repoussée. Des hommes ont tenté de traverser le Dniepr, ils ont été éliminés. Quelques minutes plus tard, l'Ukraine a bombardé Energodar, comme vous avez pu l'entendre depuis le sous-terrain.

Nous échangeons un regard avec mon confrère français, rien de tout ça n'a eu lieu.

Pendant ce temps-là, nous venions seulement de l'apprendre, une mission spéciale de l'AIEA, l'Agence internationale de l'énergie atomique, venait de traverser le front pour rejoindre la centrale. La Russie jouait depuis le début de l'été avec trois menaces, agitées régulièrement : une destruction du barrage de Nova Kakhovka, la création d'un incident à la centrale de Zaporijia et l'usage d'une bombe nucléaire.

Cette centrale est la plus grande d'Europe. Elle est aujourd'hui menacée par la guerre qui oppose la Russie à l'Ukraine. Depuis plusieurs semaines, les deux pays s'accusent mutuellement de viser les réacteurs de la centrale avec leur artillerie. L'Ukraine veut récupérer cette infrastructure qui lui permet d'alimenter un quart du pays en électricité. La Russie se verrait bien, elle, alimenter la Crimée, et les régions du sud de l'Ukraine occupées depuis février, avec cette centrale.

Nous sommes entrés dans la centrale nucléaire comme peu en ont eu l'occasion dans leur vie. Nous sommes encadrés par des hommes armés et cagoulés qui en avaient les clés. Sur place, au pied des réacteurs, deux groupes ont été formés. L'un, uniquement composé de télévisions russes, pour participer à la mise en scène du jour, l'autre, avec les journalistes qui allaient être pris dans une provocation à leur insu. Alors que les journalistes ukrainiens et occidentaux qui venaient d'Ukraine avaient été stoppés sur le front, nous devions nous jeter sur le convoi du chef de l'AIEA pour le pousser à déclarer que l'Ukraine visait la centrale.

Mais lui ne s'attendait pas à un tel accueil. Au moment de descendre de sa voiture, nous étions une quinzaine à lui tomber dessus. Enfin nous, les Français, sommes restés à l'écart, mais l'un des attachés de presse m'a bien confié ensuite que c'était un piège qui avait été mis en place. Tentant de se concentrer lors de l'inspection d'une cuve, Rafael Grossi, le chef de la mission, n'a pas caché son agacement, alors qu'un représentant de Rosatom, aux airs de bonimenteur italien, lui faisait la visite d'une centrale qui ne lui appartenait pas.

À 30 mètres de la délégation, les traces d'une roquette tombée au tout début du conflit font froid dans le dos.

— Ces citernes sont régulièrement bombardées avec des obus à fragmentation, c'est effrayant de penser à ce qu'il se passerait si ces 240 tonnes de fuel s'enflammaient, s'empresse, malicieusement, de lâcher Renat Karcha, le représentant de Rosatom.

Il a pour objectif de politiser la rencontre avec tout le cynisme du monde. Il martèle son message :

—Si l'Europe continue à fournir des armes, elle approche d'une situation d'une extrême dangerosité.

Rafael Grossi ne bronche pas, les micros de la presse russe sont au-dessus de sa tête.

Après l'arrivée de la Russie sur le site, la centrale a pris des allures de forteresse (radioactive) occupée. Des *checkpoints* ont été construits à chaque carrefour qui mène aux bâtiments. Des hommes armés effectuent des rondes sur les toits de la centrale, à la recherche de drones. Au sol, plusieurs campements militaires ont été installés dans les allées, autour des réacteurs. Il y a aussi des blindés de transport de troupes.

Les hommes sont souvent cagoulés, sans insignes permettant d'identifier leur appartenance à l'armée russe. Un drapeau russe a été hissé sur la haute cheminée de l'usine, certainement visible des positions ukrainiennes de l'autre côté du Dniepr, particulièrement large à cet endroit. Les parkings de la centrale sont vides, les employés rares. Un soldat confie :

— Bientôt, Rosatom prendra entièrement en charge la gestion de la centrale et remplacera la direction et les postes stratégiques par ses spécialistes. Pour l'instant, ce sont bien des Ukrainiens qui maintiennent la centrale à flot.

Il y a peu, un obus est tombé encore plus près des réacteurs, un autre, à une centaine de mètres du numéro 4. À chaque fois, il s'en est fallu de peu, quelques dizaines de mètres, qu'une catastrophe majeure survienne. C'est vers ce dernier obus, encore planté dans le sol, que le responsable de la délégation de l'AIEA s'est laissé entraîner par son guide.

Devant un mur de cameramen et journalistes, le responsable russe déclare :

— Vous savez, chez Rosatom, nous ne voulons pas la guerre, nous voulons la paix.

Une confession traduite instantanément au chef de la mission par une traductrice russe. L'homme insiste sur le thème de la Russie pacificatrice. Mais, face à la presse, Grossi tourne les talons en lançant un laconique : « Oui, oui, j'ai compris. »

Situation ironique, ce missile planté dans le sol l'était dans une direction qui incriminait les forces russes. Ce qui se prouve, boussole à l'appui.

— Mais ce sont bien les Ukrainiens qui ont tiré ce missile. En touchant le sol, avec l'inertie, il s'est retrouvé dans l'autre sens, assure un soldat.

La séquence terminée, les Russes essaient de tendre un dernier piège à Rafael Grossi. Alors que le responsable termine sa visite de la centrale par l'intérieur des parties nucléaires, nous sommes invités à installer nos micros et trépieds au milieu d'une route menant vers la sortie pour contraindre le chef de l'AIEA à participer à une conférence de presse improvisée. Nous attendons plus d'une heure, assis sur le bitume, à deux pas des réacteurs et au son de mortiers qui tombent de plus en plus près de la centrale.

J'ai au passage pu voir – et savourer – ce qui arrive lorsqu'un propagandiste ne respecte pas les ordres de son maître. Un cameraman de la chaîne, populaire, du ministère de la Défense, Zvezda, a filmé un camp de soldats à proximité de notre groupe. Cela nous était interdit. Dénoncé par un soldat, il s'est fait attraper par le col par un militaire, qui l'a copieusement insulté avant de le lancer dans un buisson. Toujours en l'insultant et en le traînant par terre, il l'a menacé de ne pas lui permettre de rentrer à Moscou en l'écartant du groupe. Je ne suis même pas certain de l'avoir revu ensuite.

Quant à notre ami italien, il croit encore à ce jour qu'il a fait un reportage à Zaporijia, pourtant située à 70 kilomètres de la centrale et de l'autre côté du front, sous contrôle de l'Ukraine…

Au retour, nous avons de nouveau traversé Marioupol, de nuit. Les stigmates du siège y étaient terribles même si difficilement visibles sans éclairage urbain. L'hyper centre-ville, dans lequel notre chauffeur s'est perdu, n'existait plus. Ne demeuraient plus que des lambeaux de façade qui pendaient, mettant à nu des appartements abandonnés du jour au lendemain. Sur la route, il fallait zigzaguer entre les roquettes encore plantées au sol. Quasiment tout le car s'était endormi, deux Russes qui multipliaient les blagues se voyaient bien « organiser un film sur Stalingrad ».

Déni

De retour à Moscou, je suis toujours incapable de me rendre dans le Donbass par moi-même. Mais force est de constater que ça bouge en Russie. La population se fatigue de cette « opération spéciale » qui devait être ponctuelle. L'idée d'une mobilisation générale panique. Une ligne dure de nationalistes pro-guerre qui existe depuis 2014 a gagné en influence. Et, en septembre 2022, ils ne sont pas contents. Une petite musique se fait entendre, Vladimir Poutine serait mal informé sur la réalité du terrain :

— Le tsar est bon, mais il est entouré de mauvais boyards.

Kadyrov frôle la critique présidentielle en déclarant :

— Si, aujourd'hui ou demain, aucun changement de stratégie n'est apporté, je serai obligé de parler avec les dirigeants du ministère de la Défense et les dirigeants du pays pour leur expliquer la situation réelle sur le terrain.

Sa milice, dirigée personnellement, s'est démarquée par son omniprésence sur les réseaux sociaux et sa faible efficacité sur le terrain. Les « Tchétchènes TikTok », comme ils ont été surnommés pendant leur participation au siège de Marioupol, sont soupçonnés de préférer l'affichage à l'action.

La rédactrice en chef de Russia Today, Margarita Simonyan, vit un moment de découragement qui la pousse à appeler à l'amitié entre les peuples un samedi soir – avant de reprendre du poil de la bête le lendemain et de réclamer le bombardement des infrastructures civiles d'Ukraine.

Igor Strelkov, devenu star confidentielle des ultranationalistes, critique Vladimir Poutine jour et nuit sur sa chaîne Telegram[1], et dans les deux plus grandes villes du pays, des élus municipaux de 18 mairies accusent le président russe de « haute trahison » dans un courrier envoyé au Parlement.

Ulrich Bounat, analyste géopolitique que j'avais rencontré en Ukraine, me livre son analyse du moment :

— C'est l'une des premières fois où l'on voit que le récit d'un Kremlin invincible, avec des armes magiques capables de détruire l'Ouest, se fracasse contre la réalité. Il a fallu trouver un message pour dire « on a reculé, mais on reste invincibles ». Cela s'est fait en deux temps : il a fallu expliquer que la Russie ne se bat plus contre l'Ukraine mais contre l'Occident tout entier. Puis que l'armée n'a pas vraiment battu en retraite mais qu'elle a effectué un recul tactique pour épargner les civils, en tuant des soldats ennemis, pour mieux revenir plus tard.

C'est aussi le moment que choisit Evgueni Prigojine, le chef de Wagner, pour tenter de grappiller une influence politique. Le chef de cette milice conçue pour l'Ukraine, à Rostov, en 2014, s'est filmé en train de recruter des prisonniers dans les colonies pénitentiaires du pays. On le voit, entouré de dizaines de prisonniers en uniformes noirs, débiter tout un discours sur la vie, la mort, la guerre, la liberté… Un discours de séduction prononcé avec une grande gueule, un

1. À l'automne 2023, le Kremlin l'a emprisonné.

parler franc, destiné à prouver son respect aux prisonniers : digne d'un mafieux.

Tout le contrat proposé repose sur la promesse d'une amnistie, six mois après le premier pied posé sur le front. Il promet en échange « toutes les armes et équipements nécessaires » tout en prévenant des risques : la guerre est « dure », et la consommation de munitions est « deux fois et demie supérieure à celle de Stalingrad ».

Il prévient également les futurs clients que, chez Wagner, déjà coupable de nombreuses exactions en Syrie et Afrique, on n'hésite pas à punir fort ceux qui ne respectent pas les règles.

— Le premier péché est la désertion. Personne ne se rend, personne ne recule. Personne n'est fait prisonnier. Lorsque vous serez formés, on vous parlera de deux grenades que vous devrez avoir avec vous. Le deuxième est l'alcool, la drogue [...] Le troisième, ce sont les contacts sexuels avec les femmes locales, les représentants de la faune, la flore, des hommes, n'importe qui.

Des « péchés » qui pourraient valoir une exécution à la masse, symbole de la milice.

Cette situation est l'occasion pour le Kremlin de passer à une nouvelle séquence. En quelques jours, Vladimir Poutine lance une mobilisation militaire partielle de sa population, la première depuis 1941, et annonce ses référendums d'annexion des deux régions du Donbass et de celles du sud de l'Ukraine qu'il convoite. Il lui faudra être malin, les Russes ont exprimé, dans le peu de liberté qu'il leur reste, que la mobilisation serait une limite. Quant aux référendums maintes fois repoussés, ils devront être « bricolés » tant la situation est instable sur le front.

En Ukraine, le scrutin est organisé sur cinq jours. Il n'a aucun sens, car les quatre régions ne sont même pas entièrement occupées et le front est en feu sur une bonne partie de ces territoires. Mais Vladimir Poutine ne s'embarrasse plus de ces tracasseries, il doit faire croire aux Russes qu'il avance, même quand ce n'est pas le cas.

Privé de Donbass, je tente de couvrir ce scrutin à Moscou, où les républiques séparatistes ont installé une petite « ambassade » entre les représentations du Japon et de l'Irlande. Mais c'est un *niet* général. Même dans la capitale russe, on ne peut pas s'empêcher de falsifier les résultats. Dans la cour, une femme me confie en coup de vent :

— Évidemment que je veux voter, mon mari est mort dans le Donbass.

— Je suis de Donetsk, ça fait huit ans qu'ils nous bombardent et qu'on attend ce vote, m'explique également Svetlana, une sexagénaire.

Sur le parking, un enfant joue au militaire, drapeau de la RPD à la main. Guennadi et Nadiejda, un couple de retraités, ont également tenu à voter :

— Nous sommes originaires de Gorlivka, à l'est de Donetsk. Nous sommes arrivés à Moscou il y a un mois après que notre immeuble a été touché par une roquette ukrainienne. On a voté et maintenant on rêve d'un train qui irait de Moscou à Donetsk.

Le Kremlin, qui n'avait pas daigné offrir à ses partisans du Donbass ce qu'ils réclamaient depuis huit ans, décidait soudainement que son référendum était urgent. Mais ce désintérêt flagrant de la Russie pour la zone avait donné le sentiment aux Ukrainiens du Donbass d'avoir été trompés pendant de nombreuses années. Après huit ans d'une vie sous dictature, sous couvre-feu, sous les bombes, sans liberté de presse et d'expression, à la merci d'un système judiciaire digne d'un far-west et sans une grande partie de la population, en exil, que vaut ce vote ? D'autant plus que les violations se sont, logiquement, multipliées. Priés de rester chez eux, beaucoup d'Ukrainiens se sont retrouvés avec des hommes en armes dans leur salon au moment de voter dans des urnes sans scellés. Le tout sous le son de l'artillerie. Privés de terrain, il ne restait plus aux journalistes que les réseaux sociaux pour essayer de comprendre ce qui se tramait sur place. Les situations les plus tendues sont apparues dans les deux régions du sud de l'Ukraine, Zaporijia et Kherson, qui n'avaient jamais demandé à être annexées et qui ont vécu ces dernières années en Ukraine.

Des dizaines de vidéos sont apparues montrant des fraudes, des personnes âgées manifestement désorientées, demandant si elles devaient cocher le oui ou le non. Certains témoignages faisaient état de citoyens arrêtés pour avoir voté contre l'annexion. D'autres ont été contraints de voter.

Pendant ce temps-là, en Russie, une mobilisation générale des bureaux militaires et autres administrations publiques, se mettait en place. Il fallait mobiliser vite et bien pour faire passer la douleur. Mais le système était usé, rouillé. Dans certaines petites villes, les listes de conscrits avaient été notées au crayon, sur du papier, peu mises à jour. Des morts, malades, retraités et handicapés ont ainsi été appelés par erreur.

D'est en ouest, les témoignages de Russes effrayés à l'idée d'aller mourir dans le Donbass se sont multipliés. Du jour au lendemain, la guerre était arrivée chez eux. La société se voyait prise au piège du contrat signé avec Vladimir Poutine.

Ils s'étaient éloignés de la politique pendant plus de vingt ans sur demande des politiciens, pour que celle-ci finisse par les envoyer à la mort.

À Moscou, l'une des premières voix à s'être fait entendre est cette de Victor Bougreev, 32 ans, administrateur-système de la banque Sberbank. Diplômé en économie, marié et un crédit immobilier sur le dos, il s'est montré terrorisé sur les réseaux sociaux à l'idée de partir à la guerre. Car ce qu'il n'a pas, c'est la moindre expérience ou spécialité militaire. Il n'a pas fait son service et n'a même pas suivi d'enseignement militaire à l'université, ce qui en aurait fait un officier de réserve. Il n'empêche. Jeudi matin, le Moscovite s'est rendu au bureau de recrutement de son quartier.

— Hier, j'ai reçu cette convocation selon laquelle je devais me présenter aujourd'hui pour vérification des documents à l'inscription militaire. Et là, on vient de me donner une autre convocation : aujourd'hui même, à 15 heures, je dois partir à l'armée, raconte l'homme à la barbe de hipster épaisse et bien taillée en brandissant deux bouts de papier estampillés.

Quand quelqu'un lui demande ce qu'il compte faire, il sourit, penaud, en écartant les bras :

— Je vais y aller, il n'y a rien à faire. C'est ça ou un procès criminel.

Le maire de Moscou vient finalement à la rescousse de plusieurs de ses concitoyens. Les « IT », travailleurs des technologies de l'information et de la communication, ont été démobilisés en masse. Nombre d'entre eux en ont profité pour partir en exil, en Géorgie, Arménie, Azerbaïdjan, Ouzbékistan, Europe. Les frontières sont prises d'assaut et, sur Internet, on cherche comment se casser un bras…

Loin de la capitale, les autorités ont agi avec plus de liberté. Sur la presqu'île de Sakhaline, dans l'Extrême-Orient russe, les employés d'une mine de charbon ont été cueillis au petit matin, après leur quart nocturne et emmenés au bureau de recrutement local pour recensement. À Oulan-Oude, en Sibérie orientale, la police est venue embarquer les étudiants en plein milieu des cours. Sur Telegram, d'autres messages sont apparus :

— Les dirigeants d'usines dans la région de Perm reçoivent des quotas d'hommes à envoyer à la guerre. De Uralkali partiront 300 personnes, et 90 d'Evrohim.

Rapidement, la résistance s'organise. Le 22 septembre, à Vladivostok, c'est tout un immeuble qui agit, soudé. Arrivé au pied d'une tour d'immeuble, un groupe de policiers et d'employés des services de recrutement de l'armée a cru pouvoir piéger les habitants en demandant à la concierge de faire sonner l'alarme incendie. Objectif, attraper tous les hommes au pied du bâtiment pour les enrôler. Mais l'astuce n'a pas fonctionné. Penchés sur la caméra de leur interphone, des voisins avertissent l'ensemble de l'immeuble, via un *chat* commun, du piège tendu. Personne n'ouvre la porte aux visiteurs indésirables. Ce qui explique certainement que dans cette même ville, les images d'une caméra de vidéosurveillance ont montré un agent passant par une fenêtre pour entrer dans un immeuble alors qu'aucun habitant ne souhaitait lui ouvrir.

Dans le même temps, des dizaines de commissariats militaires sont incendiés. Les minorités ethniquement non russes se sont mobilisées en masse. En république de Sakha, au Daghestan, en Bouriatie ou au Tatarstan, la population d'ordinaire, prompte à intégrer l'armée russe, s'est pourtant soulevée comme jamais contre la mobilisation.

En parallèle, les mobilisés qui atteignent leurs camps d'entraînement découvrent, stupéfaits, les coulisses de cette armée qu'on leur présentait comme moderne depuis des années. Les troupes se sont vite retrouvées sous-équipées, mal nourries et mal loties. Des dizaines de vidéos sont apparues sur les réseaux sociaux, montrant des armes rouillées, des repas infâmes, des équipements manquants. Une vidéo a circulé sur le Web. On y voit une responsable suggérer aux nouvelles recrues de réclamer des serviettes hygiéniques à leur femme pour panser d'éventuelles plaies.

D'autres témoignages montrent que les autorités semblent prendre en compte certaines de ces alertes lorsqu'elles viennent de casernes. Aussi difficilement quantifiable soit-il, le manque de matériel se fait ressentir jusqu'à Moscou où le prix des bottes, des gants tactiques, des sacs à dos, des bérets, a explosé. Ce manque de moyens attribués aux mobilisés a déjà été intégré par certaines familles, qui lancent désormais des appels aux dons pour équiper leurs hommes partis au front sans matériel…

Le 14 octobre, je parviens enfin à trouver un de ces commissariats militaires discrets qui envoient les hommes au front. La majorité de ces bureaux se limitent à la délivrance de convocations et la planification des rendez-vous médicaux.

Au nord de Moscou, à l'entrée du parc Serebryany Bor, je m'incruste dans un commissariat militaire en pleine effervescence. Les familles des convoqués attendent dans la rue le verdict de la commission en charge de la mobilisation. Ce matin sera peut-être leur dernier moment passé avec leur fils ou leur mari.

Les hommes sortent un à un et récupèrent leurs petits sacs de vêtements conservés par leurs proches. Ceux qui partiront ce matin entrent en jogging et ressortent en treillis. Plusieurs soldats passent le seuil du bâtiment et demandent à la vingtaine de sélectionnés de se mettre en ligne. Le père Alekseï, envoyé par un monastère de la ville pour assurer un service religieux, bénit chacun des futurs soldats. Après l'aspersion d'eau bénite sur leur visage, il lance d'une voix monotone :

— N'oubliez jamais que dans les moments de froid, de faim et de danger, Dieu est toujours avec vous, et propose un entretien particulier.

Personne ne réagit.

Les nouvelles recrues préfèrent passer ces derniers instants avec leurs proches. Le pope retourne sous sa tente avec ses icônes et son eau. Les familles s'enlacent, les hommes fument une dernière cigarette, les enfants pleurent et un fonctionnaire presse tout le monde à l'embarquement. Le car est escorté par la police de la route, direction le parc Patriote en banlieue de Moscou, lieu connu pour accueillir un biathlon international de tanks chaque été. C'est aussi une base militaire nommée Alabino désormais réquisitionnée pour héberger les Moscovites mobilisés.

Devant le commissariat, les services municipaux ont installé un four militaire derrière un tank mémoriel de la Seconde Guerre mondiale. On y sert thé et *kacha* (bouillie à base de céréales) aux familles des mobilisés. Collée au four, seule, une femme, la quarantaine, pleure.

— Mon mari a reçu une convocation, nous sommes venus, j'attends de savoir ce que décide la commission, s'ils l'emmènent aujourd'hui ou non. Il ne veut pas y aller.

Le moment représente le bouleversement d'une vie subitement interrompue « par cette guerre que je croyais civile », que nombre de Russes ne pensaient pas voir arriver dans leur foyer. L'homme apparaît par chance quelques secondes plus tard, il dormira chez lui ce soir. Mais sa vie ne sera plus comme avant, il peut être rappelé à tout moment.

Dans la cour, de nombreuses femmes ont les yeux rouges, de jeunes hommes tracent régulièrement leur chemin à travers la foule, tête basse, et disparaissent dans le premier bus venu. Eux sont parvenus à faire douter une commission pourtant peu regardante sur l'état de santé et le statut professionnel des convoqués. Ils ont pris le risque de venir plaider leur situation sur place. Un risque réel, une bêtise selon les juristes spécialistes de la question, qui recommandent de ne pas se déplacer personnellement dans les commissariats militaires. Certains, qui pensaient ne passer que quelques minutes, le temps de déposer des documents, se voient parfois embarqués instantanément en tenue de ville. Quand l'angoisse les étrangle, ils gagnent alors quelques heures de sursis à la faveur d'un malaise. Une vingtaine de mobilisés sont morts par suicide, crise cardiaque, problèmes médicaux ou tentatives d'évasion depuis le début de la mobilisation, le 21 septembre.

Comme pendant le Covid, le Kremlin a confié la gestion de la crise de la mobilisation aux régions. Elles se sont toutes vu attribuer un quota à remplir au plus vite, permettant d'atteindre les 300 000 mobilisés. Mais le détail de ces chiffres demeure flou. Des médias russes en exil ont soupçonné le Kremlin de viser le million de mobilisés. Certaines régions, notamment les républiques fédérées, ont visiblement des quotas bien plus élevés que les autres.

En dehors des grandes villes, des villages entiers sont parfois ratissés par la police. À Moscou, un jeune homme rencontré devant le commissariat militaire a confirmé une information apparue sur des chaînes Telegram quelques heures plus tôt. Comme plusieurs autres, il a été convoqué, attrapé par la police dans une auberge de jeunesse de la capitale – elle les aurait toutes visitées.

Le 11 octobre, plusieurs régions ont annoncé lancer une seconde vague de mobilisation. Même si l'annonce a été démentie dès le lendemain par le Kremlin, l'effort semble pourtant plus intense que jamais sur le terrain. La première vague pourrait simplement ne jamais se terminer.

Toujours près du four, deux petites dames sont tout sourire. Le fils de la première est déjà en Ukraine, elle prévient d'un ton sec qu'il lui est interdit de dire où. Le fils de la seconde, 31 ans, se tient là, fier, dans son treillis tout neuf et de belles bottes noires offertes par l'armée quelques minutes plus tôt. Sa mère parle pour lui.

— Je suis fière, il va défendre la patrie, il fait ça pour la Russie. C'est un bon garçon, si ce n'est pas lui qui nous défend, qui le fera ?

— Je ressens de la fierté à servir, marmonne le jeune homme.

— Pour défendre ta patrie, dis-le ! interrompt sa mère.

Il réfléchit quelques secondes et lance d'un ton radical :

— Je ne suis pas comme ces gens de mon âge qui se cachent chez eux. Moi, j'y vais, je suis fier d'aller défendre ma patrie.

Sa mère applaudit. L'ennemi, la menace ne sont jamais nommés. La femme adhère au narratif du Kremlin.

— Les gens du Donbass nous ont appelés à l'aide, notre président y a répondu, il est normal qu'on y aille et qu'on soutienne notre président, assure-t-elle.

Le temps d'un dernier adieu entre larmes et cigarettes et le car s'éloigne, laissant des familles entières dans l'inconnu.

J'ai poursuivi ce reportage à Saint-Pétersbourg, où le célèbre comité des mères de soldats a accepté de m'accueillir, quelques semaines avant sa liquidation par la justice russe : faire état d'une alternative à la mobilisation est un droit constitutionnel qui frôle l'illégalité en Russie.

Le comité œuvrait et œuvre toujours discrètement pour informer la population sur ses droits, et notamment les objecteurs de conscience. Dans le local du comité de la deuxième ville du pays, on ne dit que les prénoms, une bénévole garde un œil sur la caméra extérieure de l'interphone. Il n'y a quasiment que des femmes dans la pièce, les hommes qui craignent une descente de police ont envoyé mères, petites amies, sœurs. Un bon réflexe.

Mais Elena, une retraitée invitée par le comité pour conseiller les familles, en a fait son combat.

— Parlez à la presse, même anonymement, faites savoir que vous ne voulez pas tuer, puis formulez cette volonté par écrit et envoyez-la au commissariat militaire de votre quartier, lance-t-elle à un public anxieux.

Une mère demande la parole.

— Mon fils se cache chez lui depuis deux semaines. Psychologiquement, il ne tient plus, je ne sais plus comment l'aider. Il se sent recherché, la police est déjà venue chez nous déposer une convocation. Heureusement, ils ont frappé à la porte des voisins. En ce moment, il vit ailleurs, chez sa petite amie, raconte-t-elle, désespérée.

Son fils, un photographe de mariage de 32 ans, n'a pas pu quitter le pays, il n'avait pas de passeport.

— Il n'ose pas en demander un, il a peur de se faire remarquer. Hier, il a repris le travail. Il évite le métro, sa copine l'a emmené, il a voyagé allongé à l'arrière de la voiture…

La majorité de ses amis sont parvenus à quitter le pays à temps.

Elena met en avant un droit, celui de servir dans des institutions civiles. Elle assène :

— Surtout, dites-leur de ne jamais se rendre personnellement dans les commissariats militaires, faites des procurations et envoyez vos femmes, partagez votre position anti-guerre.

Elle attrape une convocation et écrit « non à la guerre » sous la signature.

Les tests médicaux peuvent aussi être l'occasion de tenter de se faire porter pâle. Un livret rose, au contenu gardé secret jusqu'à la fin de l'URSS, est distribué ; il liste l'ensemble des problèmes médicaux ou physiques permettant d'échapper à la guerre.

Une autre femme se lève, droite, cheveux blonds bouclés.

— L'état physique de mon fils devait lui permettre d'échapper à la mobilisation. Ils l'ont quand même emmené le 21 septembre. Il m'a appelé depuis Belgorod à la frontière ukrainienne le 27, depuis, je n'ai plus aucune nouvelle. Quand je suis allée au commissariat militaire demander des explications, ils m'ont dit que j'étais une *hooligan*.

Elena lui suggère une longue liste de courriers et de justificatifs à envoyer au procureur militaire.

Les conseils pour mettre des bâtons dans les roues des autorités sont nombreux.

— Vos hommes ne doivent rien signer, refuser d'enfiler un uniforme, ne pas paniquer, ne pas parler avec la police, ne pas les écouter quand ils se veulent rassurants.

Le comité des mères de soldat n'a rien à voir avec un repaire d'opposants. Dans la salle, certains ont plus de critiques à formuler contre l'Ouest que contre la Russie. Seulement, ces femmes espéraient que la tempête passerait sans emporter leurs hommes. Oksana, la responsable locale de ce comité né en 1989, souffle :

— La dernière fois que nous nous sommes retrouvées avec 200 femmes par jour dans nos locaux, c'était il y a vingt ans, pendant les guerres de Tchétchénie.

Alors que Vladimir Poutine s'était engagé à entraîner ces hommes inexpérimentés avant de les envoyer au front, sept d'entre eux ont déjà été tués en Ukraine. Un avocat de Saint-Pétersbourg, un chef de service de la mairie de Moscou et cinq hommes de Tcheliabinsk. Dans les commentaires, très nombreux, qui accompagnent les articles mis en ligne par des médias régionaux, les Russes tombent de haut :

— Où sont les mois d'entraînement qu'on nous avait promis ?

En novembre, je cherche désespérément des façons de couvrir cette guerre. Avec Alexandra, nous nous rendons quelques jours dans la péninsule de Yamal, au-delà du cercle arctique. Elle y tourne un documentaire depuis plusieurs années, c'est l'occasion pour moi de voir comment la guerre est vécue au nord, loin de l'Ukraine. Nous retrouvons chez lui Vladimir (ce n'est pas son vrai prénom), une vieille connaissance. Dans sa maison en bois cabossée, qui donne sur la colonie pénitentiaire de la ville, la télévision est posée sur le frigo dans un angle de la cuisine. Le volume est fort, la chaîne NTV crache sa propagande martiale en boucle qui contraste avec la douceur de la première neige qui s'écrase sur les fenêtres.

— L'armée russe est la mieux équipée ; Les Ukrainiens sont corrompus par les Américains ; L'opération spéciale suit son cours…

La télévision comble l'espace sonore, mais personne ne semble y prêter attention.

Vladimir, 69 ans, est père de cinq enfants. La famille est pauvre, ils sont sept à vivre dans ces deux pièces. Chaque mouvement est calculé, chaque mètre carré est précieux. Un par enfant, chacun plongé dans son téléphone. Les toilettes et la baignoire sont dans l'entrée, des matelas s'entassent dans la pièce principale, avec les lits des jumeaux nouveau-nés. Deux grosses boîtes en carton offertes par l'hôpital font office de tiroirs pour ranger le linge des bébés. Soucieuses de pousser la natalité pour contrer les problèmes démographiques, les autorités ont offert pour plusieurs mois de lait en poudre, couches, crèmes, un cadeau sans prix pour la modeste famille.

Vladimir, retraité, presque prisonnier de carrière, met un point d'honneur à nourrir les siens. Il enchaîne les petits boulots et vit avec un emploi du temps de ministre. La guerre, il n'a pas vraiment le temps d'y penser.

— J'ai des connaissances qui ont été mobilisées, une amie a dû dépenser 9 000 roubles (environ 147 euros) pour acheter des chaussures à son fils. Au moins, en 1941, nos soldats avaient des uniformes. Là, les gens se retrouvent à acheter des équipements pour leurs hommes, l'armée leur donne du matériel pourri, ils ont encore dû voler l'argent, grogne-t-il entre deux appels.

Mais l'air de rien, la télévision, qui relie les villages lointains de l'Arctique au Kremlin, fait son effet. Les propos des radicaux de plateaux ont atteint les enfants. En levant les yeux vers le poste, Ilia, 11 ans, déclare, sûr de lui :

— Vous saviez que les Américains voulaient nous envahir ? Heureusement que notre armée est là pour nous protéger.

Sa mère, Ksenia, en pliant le linge des enfants, ajoute :

— Poutine leur avait dit de ne pas toucher au pont de Crimée, il fallait bien que la Russie réponde – elle fait référence à l'explosion du 8 octobre, attribuée par Moscou à Kyiv, qui a endommagé l'infrastructure reliant la péninsule annexée à la Russie.

La mère au foyer adhère totalement aux discours officiels, la télévision a toujours été branchée sur les canaux fédéraux.

Même si elle le souhaitait, comment pourrait-elle percevoir un autre son de cloche ? La famille n'a pas de VPN, comme une grande partie de la population, une application qui lui permettrait de contourner la censure en ligne. Impossible dès lors d'accéder aux différentes publications critiques du pouvoir, bloquées par dizaines par le gendarme du numérique russe ces dernières années. Les jumeaux de 11 ans et leur grande sœur de 13 ans ont, quant à eux, dit adieu à Instagram, TikTok et Facebook, également bloqués dans le pays, pour se contenter d'utiliser le réseau social sous contrôle des autorités, VKontakte. La famille s'informe également, comme de nombreux Russes, sur Yandex Zen, une plateforme de blogs sur laquelle n'importe qui peut rédiger des articles. Un nid à désinformation.

Labytnangui, 26 000 habitants, est située en Iamalie, le pays du gaz et du pétrole. La région est une machine à roubles pour le Kremlin, c'est aussi celle où on retrouve les meilleurs salaires du pays. Vladimir et sa famille sont pauvres, ils ne font que subir la vie dans la région la plus riche du pays. Les infrastructures municipales sont modernes, les maisons de la culture, patinoires, écoles et hôpitaux sont tout neufs.

Des arrêts de bus chauffés avec *wifi* ont été installés dans les trois grandes villes de la région, les immeubles d'habitation, aux fondations menacées par le réchauffement climatique, sont progressivement rénovés.

À Labytnangui comme dans la capitale régionale, Salekhard, la vie est aussi chère qu'à Moscou. Industrie du gaz et du pétrole oblige, le salaire moyen est de 119 510 roubles (plus de 1 950 euros) contre 114 701 roubles (plus de 1 870 euros) à Moscou. Mais les pétroroubles n'arrivent pas jusque dans le quartier de Vladimir. Les anciens prisonniers des colonies pénitentiaires locales n'ont pas accès aux champs pétroliers par manque de qualification. La pauvreté, l'alcool et la drogue font partie du quotidien.

En ville, la guerre en cours est quasiment invisible. Quelques rares voitures arborent un Z, un centre reçoit des vêtements et de la nourriture pour les envoyer en Ukraine.

— Ils ont déplacé le char en mémoire aux morts de la Seconde Guerre mondiale pour l'installer devant le commissariat militaire, a tout de même remarqué Ksenia.

Dans le cadre de la mobilisation lancée le 21 septembre :

— Ils ont récemment emmené tous ceux qui tenaient debout dans le quartier, les plus faibles sont de toute façon morts pendant le Covid, assure-t-elle.

Devant le commissariat militaire, un vieux char trône dans la cour. Il n'y a pas beaucoup d'animation. Le quota d'hommes à mobiliser aurait été rempli très rapidement en Iamalie. De temps à autre, des messages apparaissent sur VKontakte, pour signaler la mort d'un fils en Ukraine et une cérémonie à venir.

Mère de famille manutentionnaire, Irina est rassurée pour son fils de 18 ans, étudiant pour devenir marin dans le civil.

— *A priori*, il devrait échapper à la mobilisation. Mais les hommes d'ici se préparent déjà pour une deuxième vague, tout le monde est sûr qu'elle aura lieu. Nos dirigeants sont malins, ils ont fait croire à tout le monde qu'échapper à la mobilisation valait jusqu'à dix ans de colonie pénitentiaire. De toute façon, ici, ce n'est pas Moscou, tout le monde se connaît et il n'y a que de la toundra aux alentours, impossible de se cacher.

De Labytnangui, terminus des trains en provenance de Moscou, il faut encore emprunter des bacs l'été et une route de glace l'hiver pour traverser le fleuve Ob et rejoindre la capitale régionale et l'aéroport de Salekhard, à une vingtaine de kilomètres. Le chantier d'un pont promis il y a une vingtaine d'années pour permettre de relier les deux villes n'a jamais été lancé. La Crimée a été favorisée. Les deux rives sont régulièrement coupées du monde par une météo hostile. La route récemment inaugurée, permettant de relier Moscou à la région en quelques jours, serait déjà inutilisable. La fonte du pergélisol crée des trous et des bosses dans le bitume.

Journaliste pour une télévision régionale à Salekhard, Eiko tient une partie de ses origines des Nénètses, peuple autochtone de Sibérie. Il a contacté Alexandra sur Instagram parce qu'il savait qu'elle était en ville, sans qu'on ne parvienne à comprendre comment il avait eu cette information. Au début de la mobilisation, certains représentants nénètses ont réclamé une exemption d'appel. La requête a été acceptée dans la région voisine de Nénétsie, dont l'économie dépend en grande partie des élevages de rennes, mais pas en Iamalie.

— L'objectif est de ne pas laisser de petits élevages sans éleveurs du jour au lendemain, explique le journaliste.

Souriant, élégamment habillé, il s'est pourtant fait une raison et ne répond pas à mes remarques sur la stupidité de cette guerre. Il n'échappera certainement pas à une prochaine vague de mobilisation.

— J'ai commandé du matériel et plein de lentilles de contact sur Internet, il vaut mieux s'y prendre à l'avance, les commandes mettent du temps à arriver jusqu'à nous, dit-il.

Le père de famille ne s'estime pas pour autant victime, il considère que la Russie est en danger et « qu'elle doit être protégée ».

— Pour les Nénètses, répondre à l'appel du service militaire et à la mobilisation est une question d'honneur. Il est socialement mal vu de s'y soustraire. Moi aussi, si je suis appelé, je partirai en Ukraine.

Il s'alarme « de voir que les néonazis réapparaissent partout dans le monde ». Le journaliste porte un regard critique sur « ces hippies et ces chômeurs qui ont quitté le pays alors que nous devons rester pour protéger nos familles ». Près d'un million de Russes auraient fui le pays depuis l'annonce de la mobilisation. Lui défendra ses terres jusqu'au bout.

Patriotes

Les rédactions parisiennes n'ont qu'une question en tête :

— Que pensent les Russes de tout ça ?

C'est la question la plus difficile, les réponses sont aussi nombreuses que la Russie compte d'habitants. Comme les discussions sensibles ont été relayées aux cuisines, le mal-être se vit intérieurement, on l'exprime le moins possible. Ne serait-ce que parce que c'est illégal. Je découvre des amis moscovites en dépression, pressés de retrouver leur psychologue chaque semaine. Je vois que les ventes d'antidépresseurs ont explosé et je comprends que beaucoup de Russes pleurent chez eux, le soir, à l'idée de cette guerre qu'ils estiment « fratricide ». J'essaie aussi de comprendre la logique de ceux qui défendent l'opération au point de sombrer dans la délation.

Ils existent. En décembre 2022, Olesya Krivtsova, une étudiante de 19 ans de la région d'Arkhangelsk dans l'Arctique, s'est fait dénoncer par ses camarades de classe auprès du FSB pour s'être opposée à « l'opération spéciale » en Ukraine dans un *chat* de groupe privé. En garde à vue, la jeune fille a été menacée de finir le crâne fracassé à la massue selon la méthode des paramilitaires de Wagner. Elle risque jusqu'à dix ans de prison. Les fonctionnaires ont déclaré à sa mère :

— La dénonciation est le devoir d'un patriote. L'intimidation fera tout mieux que le ministère de l'Intérieur.

Mais comment sonder une population qui vit sur un territoire aussi large ? Les outils traditionnels ne fonctionnent plus depuis longtemps : les instituts de sondage s'adressent à des répondants méfiants, muselés par une censure militaire, les médias ne retranscrivent plus l'état d'esprit de la population qui vit sans aucun débat public.

Un micro-trottoir réalisé par un journaliste n'a que peu de valeur : un même Russe peut se dire soutien à la guerre devant un étranger, dans la rue, et se montrer très critique du président russe chez lui, entouré de sa famille ou de ses amis.

La question n'est pas aisée. Les Russes eux-mêmes sont perdus, oscillant entre crédulité et tendance à la critique. Vladimir Poutine connaît la mentalité de sa population. Il se débarrasse progressivement de la classe moyenne, politiquement inutile, tente de contrôler la jeunesse, mais n'appuie son pouvoir que sur les populations les plus pauvres et les personnes âgées, ses électeurs. Pour ces Russes, la guerre se justifie aisément :

— C'est vous qui avez commencé tout cela en faisant de l'Ukraine un tremplin pour l'offensive, qui était prévue fin février, et nous vous avons devancé.

Alexandra n'en a pas cru ses yeux lorsqu'elle a reçu ce message d'une tante moscovite. D'autant plus que cette femme, jusqu'alors attirée par la France, s'est radicalisée au point de devenir hostile envers ses proches.

— Si des missiles nucléaires volent dans notre direction, alors ça se passera mal pour vous. La réponse viendra rapidement. Et nos missiles ne frapperont pas votre passeport, mais vos visages. Votre passeport français ne vous sauvera pas, a-t-elle envoyé à sa nièce, qui n'avait rien demandé.

Cet argument qui voudrait que la Russie n'ait eu d'autre choix que d'attaquer son voisin a soulagé de nombreux Russes en quête d'explications rationnelles. Pourquoi Vladimir Poutine aurait-il lancé une guerre si le risque n'existait pas ? La logique semble implacable.

— Nous ne voulions pas de cette guerre, nous ne sommes pas des barbares, affirme Natacha, la cinquantaine.

Cette Moscovite rencontrée à l'automne lors d'un événement patriotique sur la place Rouge s'était effondrée en larmes à la rencontre d'un étranger. Enfin, elle pouvait dire ce qu'elle avait sur le cœur et décrire cette schizophrénie pesante d'une population qui se dit contre la guerre, mais favorable à cette guerre que l'on dit motivée par l'Ouest.

— Nous nous sommes toujours bien entendus avec vous, pourquoi vous nous faites ça ? avait-elle regretté, s'adressant aux Européens à travers moi.

La femme a tous les crimes de guerre russes en tête. La seule différence est qu'elle les attribue… aux victimes, aux Ukrainiens. On comprend alors que, dans le monde à l'envers russe, les horreurs de la guerre touchent aussi la population. Les images des crimes de guerre sont d'ailleurs bien diffusées à la télévision russe, en réponse aux réseaux sociaux qui s'en font largement l'écho. À la télévision, les responsabilités sont systématiquement inversées, créant un brouillard usant dans l'esprit des Russes.

La Russie « consciente » souffre davantage encore. Le poids est lourd à porter. Certaines estimations affirment qu'au moins 1,5 million de Russes auraient quitté leur pays au début de la guerre. Beaucoup ont dû revenir ensuite, l'exil étant très difficile psychologiquement et financièrement. Cette diversité d'opinions, qui s'exprime même chez les opposants à la guerre, a donné lieu à des chocs culturels lorsque certains d'entre eux, accueillis à bras ouverts à l'étranger, ont fait scandale par leurs déclarations. La tendance culturelle russe à l'impérialisme pousse certains à critiquer Vladimir Poutine pour la mobilisation, la corruption au sein de l'armée, la violence de la situation, tout en trouvant légitime l'occupation de la Crimée, du Donbass et des territoires annexés du sud de l'Ukraine.

Dans les montagnes de Sotchi, une femme impliquée dans l'organisation locale des Younarmia, ces « jeunesses poutiniennes », m'a chaleureusement offert le thé en me confiant être perdue. Elle estimait que l'heure était à l'apprentissage du patriotisme des enfants, qu'elle définissait comme une notion large qui n'impliquait pas que l'amour de la patrie, mais aussi une vision conservatrice de la famille et de l'éducation. Pendant ce temps-là, dehors, sous la pluie, quelques poignées de gamins apprenaient à monter une kalachnikov.

— L'Ouest ne nous comprend pas. Ils ne comprennent pas que l'on ne peut pas se laisser envahir, il faut bien qu'on se défende !

Dans les mois qui ont suivi, elle n'a pourtant cessé de réagir par des émojis tristes à chaque publication sur des Russes emprisonnés pour leurs positions anti-guerre sur les réseaux sociaux. Selon l'ONG OVD Info, près de 20 000 arrestations liées à des positions anti-guerre ont eu lieu pendant la première année de l'offensive.

J'ai aussi vécu quelques pétages de plombs de Russes rendus furieux par la propagande. Une garde-forestière de la région de Krasnoiarsk qui m'avait accueilli avec toute la chaleur du monde avant la guerre, m'avait agressé un matin sur Instagram. Elle me reprochait de soutenir la guerre tout en m'expliquant que les gens comme moi n'étaient plus les bienvenus en Russie. Elle m'accusait de ne jamais m'être intéressé au sort des gens du Donbass et de contribuer à la guerre par mes reportages.

Puis elle avait supprimé toutes les publications de son compte avant de disparaître pendant un an. À sa réapparition, nous avions fait la paix. Comme tout le monde, elle est entrée dans le rang et suit désormais la guerre de loin, depuis sa réserve isolée. Mais elle me parle toujours et accepterait certainement de m'accueillir dans le cadre d'un reportage apolitique.

En février 2023, une autre mère de famille rencontrée à Khabarovsk, en Extrême-Orient, lors d'un précédent reportage, m'a spontanément envoyé 29 messages sonores d'une minute sur Instagram, dans lesquels elle tenait à m'expliquer la réalité russe de cette guerre. Elle avait été si flattée qu'un Français l'écoute à l'époque. Je suis certainement le seul Occidental de ses contacts.

— Jusqu'au 22 février 2022, il n'y avait aucun soldat russe dans le Donbass, m'avait-elle assuré en m'expliquant que les chefs de guerre séparatistes Givi et Motorola, qu'elle qualifiait de « héros », avaient été tués par les services ukrainiens.

Elle faisait aussi référence à une partie ukrainienne de sa famille, pour m'expliquer à quel point la guerre avait été rendue nécessaire par l'Occident.

Dans un train de nuit de retour du sud de la Russie en 2023, je me suis retrouvé dans une cabine avec un vieux communiste et une dame à l'esprit ouvert. Nous avons fermé la porte pour mieux discuter. Le communiste m'a offert une part de son gâteau aux pommes avant de lancer un long débat. Durant trois heures, je l'ai placé face à ses contradictions, ce que je ne fais jamais d'ordinaire. Mon rôle n'est pas de convaincre les Russes, d'autant plus que ces discussions sont dangereuses dans les lieux publics. Mais cette fois-ci, j'ai voulu voir ce qui se passait quand nous n'étions plus seulement des magnétophones et que je faisais part de mon expérience. Car au fond, j'ai plus visité la Russie et je connais mieux le Donbass qu'une grande majorité des Russes.

Cet homme me coupait la parole à chaque fois que j'essayais de développer une pensée. Il a récité la propagande de guerre du Kremlin. À chacune de mes objections, il faisait semblant de ne pas entendre ou répétait : les Américains ont fait pire.

Nous en sommes arrivés aux LGBT, qui, étrangement, tiennent une place conséquente dans la propagande de guerre russe. Je lui ai expliqué qu'il était question d'amour. Il m'a répondu qu'il connaissait des « pédérastes », terme communément utilisé en Russie, mais qu'ils ne devaient rien montrer en public. Il m'a confié sa vision de la démocratie, pour les LGBT comme pour les Ukrainiens, peuple qui selon lui n'existe pas et doit être rééduqué par la Russie : la minorité doit se taire devant la majorité, et ne doit jamais être prise en compte. Le ton est monté, au point de nous faire reprendre par nos voisins de cabine. Lui pensait intimement que les exécutions de Boutcha n'avaient jamais eu lieu, qu'il s'agissait d'une mise en scène occidentale. Il martelait un autre argument intéressant, souvent entendu :

— Nos hommes ne sont pas capables de faire ça.

Le déni face à l'impensable.

La discussion s'est terminée quand j'ai tenté de lui expliquer pourquoi je considérais que la Russie avait une attitude fasciste. Il a apprécié notre débat enflammé, sans jamais prendre en compte le moindre de mes arguments et en balayant mon expérience. Tout ce qui mettait en danger sa vision des choses, sur laquelle repose son équilibre psychologique et intellectuel, lui était inaudible. Il y a l'idéologie d'un côté, une question de santé psychologique de l'autre. Il a conclu la discussion poliment en m'offrant le reste de son gâteau aux pommes.

C'est une jeune femme de mon âge, rencontrée à Moscou, qui m'a simplement expliqué la logique de la chose :

— Comment voulez-vous vous lever tous les matins en vous disant que votre pays est horrible, qu'il agit de façon horrible, en sachant que vous ne pouvez rien y faire ? Évidemment que vous faites l'autruche, ceux qui vivent avec ne vivent plus.

Lougansk

En janvier 2023, je reçois un doux message d'Igor, du FSB. Il me souhaite « une bonne santé, bonheur et un retour à la paix ». En décembre, il avait eu un coup de mou. Du peu que j'étais parvenu à savoir de sa vie privée, il venait d'avoir un enfant. Après plusieurs mois de voyages de presse dans le Donbass rythmés par le manque de sommeil et de nourriture et une surveillance accrue de nos activités, on lui avait accordé une petite pause. Il rêve secrètement de Paris, il en a même fait un tableau dont il a envoyé une photo à une consœur. On y voit la tour Eiffel et une rivière qui passe en dessous. Il n'est pourtant pas près de découvrir par lui-même qu'aucune rivière ne coule sous la tour Eiffel, ce qui semble le frustrer. Hors service, les agents du FSB n'ont pas le droit de partir en vacances à l'étranger. Au téléphone, il insiste pour répondre à mon russe en français.

— Je suis plus détendu depuis décembre, c'est peut-être pour ça que je parle mieux français, explique-t-il.

Je saute sur l'occasion de cette bonne humeur pour lui rappeler mon envie d'aller travailler dans le Donbass. Mais il se présente une nouvelle fois comme impuissant. Il semblait pourtant avoir plus de pouvoir lorsque quelques semaines plus tôt, il était parvenu à me faire annuler un reportage.

Le Daghestan était en proie à des manifestations contre la mobilisation, dont certaines avaient été particulièrement violentes. Sur place, j'avais eu la paix pendant 48 heures, avant qu'une consœur reçoive une photo de moi.

— Je sais que Paul est au Daghestan ! lui a-t-il lancé.

Mais la photo de moi datait du voyage de presse de Zaporijia, lorsqu'il avait soudainement insisté pour faire une photo souvenir avec mon collègue français, photo clairement destinée à nos dossiers personnels.

Alors que j'attendais au pied de mon hôtel une consœur russe avec qui je devais faire équipe, j'ai croisé le regard d'un homme pressé. J'ai tout de suite compris qu'il était du FSB. Ils ont tous le même style : cheveux courts, sacoches et chaussures en cuir, avec toujours ce visage de militaire certainement faussement naïf. Je l'ai fixé, il m'a regardé, ses yeux ont glissé vers l'écran de son téléphone sur lequel il devait avoir une photo de moi, avant de remonter sur mon visage. Il a soudainement renoncé à entrer dans l'hôtel et s'est mis à passer un appel. Comme je ne pouvais pas faire ce reportage sensible, suivi par le FSB, perdu pour perdu, j'ai joué à un jeu. Je l'ai baladé en ville, faisant semblant parfois de refaire mes lacets pour lui faire peur, allant jusqu'à lui frôler la jambe alors qu'il était assis sur un banc. Puis un collègue a pris le relais. Lui, a eu le droit à un tour à la plage, où je l'ai vu faire un faux *selfie* de lui, téléphone orienté dans ma direction. La journée s'est terminée en terrasse, garde baissée. C'est à ce moment-là que mes ombres sont parvenues à faire une belle photo de moi qu'ils ont instantanément envoyée à Igor, à Moscou.

Igor a donc décidé qu'il ne pouvait pas m'aider à aller dans le Donbass, mais si j'essayais quand même ? La Russie a officiellement annexé la région après tout, et je suis accrédité pour travailler sur son territoire. Quatorze heures de train de nuit et deux jours coincé côté russe par manque de logements à Lougansk, et me voici en route pour la frontière. Les gardes-frontières russes n'ont pas l'air surpris par mon arrivée. Mais ils ne me disent pas si je vais pouvoir entrer en RPL ou non. Le FSB, par contre, a trouvé un peu de temps pour m'interroger. Je laisse mes deux sacs à dos dans leur couloir et me retrouve, encore une fois, dans un bureau exigu, avec un gentil et un méchant en face de moi. Comme d'habitude, c'est le gentil qui commence l'interrogatoire, en posant les questions imposées par le logiciel de son ordinateur. Mon lieu de résidence à Moscou, lieu de mes derniers voyages, de mes derniers reportages, mes derniers voyages dans le Donbass…

Puis le méchant arrive. Je savais que ce moment arriverait, mais l'armoire au visage de brute que l'on m'a envoyée surjoue son entrée. Il ouvre la porte de façon violente et s'assoit sur la table, les pieds sur la chaise en lâchant un grognement. Le tout en m'ignorant, l'air méchant. Je ne peux m'empêcher d'esquisser un sourire face au ridicule de la situation, ce qui le pousse à poser sa première question.

— Bon alors, tout va bien ?

— Oui, merci.

— Qu'est-ce que vous venez faire chez nous ?

— Je viens faire un reportage.

— Pourquoi faire ?

— Parce que je suis journaliste, je m'intéresse à ce qui se passe dans le Donbass.

— Mouais, je vois…

Il prend un air plein de doutes, comme s'il ne me croyait pas. Sauf que la question n'est pas là, je suis journaliste, c'est écrit dans mon passeport.

— Vous aimez la vie en Russie ?

— Disons que c'est un peu compliqué en ce moment mais c'est un beau pays.

— Je peux voir votre téléphone ?

Cette fois-ci, j'ai prévu le coup, j'ai caché mon *smartphone* dans un sac à dos pour ne lui montrer qu'un vieux téléphone sans Internet. Il est déçu.

— C'est vraiment votre seul téléphone ? Mais comment allez-vous utiliser Internet ?

— On m'a dit qu'Internet ne fonctionnait pas à Lougansk en ce moment.

— Je vois.

Une fois encore, étrangement, ils ne s'intéressent pas aux personnes que je vais rencontrer à Lougansk. Je comprends également que je suis en train de lui faire sa journée. Il n'a jamais rencontré de Français et il a plein de questions pertinentes à me poser sur ma culture.

— C'est fou que votre culture soit en train d'être remplacée par les « Nègres », il n'y a plus que ça à Paris il paraît, ça doit être dangereux !

— Vous avez vu ça où ?

— À la télévision.

— Vous savez bien que vos journalistes racontent souvent n'importe quoi, non ?

— Peut-être mais dans tous les cas, c'est vrai que vous n'existerez bientôt plus. La Russie pourrait venir vous sauver ! Il y a les pédérastes aussi, ils sont partout chez vous !

Son collègue écoute notre discussion d'une oreille, montrant un intérêt sincère pour mes réponses.

— Il n'y en a pas plus en France que chez vous, c'est juste qu'ici c'est interdit d'en parler.

— Mais vous êtes d'accord que c'est pas normal, que c'est dégoûtant ?

— Non, c'est une question d'amour !

— Beurk ! Non, non, c'est pas possible, c'est pas normal, c'est pas naturel, même les animaux ne font pas ça.

— Ben non, pourquoi pas, ce n'est que question d'amour. Vous êtes déjà allé en France ?

— Non, j'aimerais bien mais je ne peux pas. Et puis c'est dangereux à Paris, avec tous ces Nègres…

Il est content, il aura quelque chose à raconter à sa femme ce soir. En quittant la pièce avec un grand sourire, il me tend mon passeport et me lance :

— N'hésitez pas à écrire ce que j'ai dit dans votre reportage !

Me voici l'un des premiers à revenir dans le Donbass depuis 2016 et la fermeture de la région. L'ancienne frontière ukrainienne qui fut occupée par les séparatistes n'existe même plus, annexion oblige. Je trouve vite un bus, direction Lougansk.

À l'entrée de la ville, le véhicule s'engage entre les blocs de béton d'un *checkpoint*. Un militaire intime au conducteur de se garer sur le côté. L'homme, cagoulé, ouvre la porte et hurle :

— Les hommes, descendez !

Tout le monde s'exécute, s'aligne le long du véhicule et tend ses papiers. Les passagers sont majoritairement russes, quelques-uns ont pris la peine d'obtenir un passeport de la RPL. Un homme présente un passeport ukrainien.

— Pourquoi n'avez-vous pas encore demandé un passeport russe ? Vous attendez quoi ? s'agace le soldat.

— Je n'ai pas eu le temps, je le ferai, marmonne l'Ukrainien, autorisé à rejoindre son siège sous le regard noir du militaire.

Quand il attrape le mien, il tique.

— C'est dangereux de venir ici, quelqu'un vous y attend ?

J'invente un nom et donne une adresse proche de celle de la dame qui va me louer son appartement. Il tente de me faire croire que la population est tellement hostile aux Occidentaux que ma venue est risquée. Je lui réponds de ne pas s'inquiéter et lui tourne le dos pour ne pas lui laisser l'occasion de poursuivre la discussion.

Lougansk est la capitale de la région homonyme qui, avec celle de Donetsk, compose le Donbass ukrainien. Forte d'environ 400 000 habitants au temps de l'Ukraine, elle est depuis 2014 sous contrôle des séparatistes soutenus par la Russie, et compte aujourd'hui quelques dizaines de milliers d'habitants en moins. Fermée à la presse pendant des années, Lougansk s'est lentement russifiée, avec une ligne de front à ses portes.

Depuis février 2022, la Russie y vante plusieurs vérités contestables, placardées en lieu et place d'anciens panneaux publicitaires : « La Russie, c'est une histoire qu'on ne pourra pas annuler » ; « La Russie, ce sont des médecins gratuits et de qualité » ; ou encore un déroutant « La Russie, ce sont des routes sûres et de qualité. »

— Vous avez vu les routes en Russie ? C'est n'importe quoi ! Et les médecins gratuits ? Ils coûtent plus cher en corruption que des médecins officiellement payants, s'emporte Dmitri, chauffeur, également soudeur (la plupart des gens cumulent les petits boulots) d'une trentaine d'années, qui ne cache pas souffrir de l'occupation russe.

Je l'ai rencontré par hasard en commandant mon premier taxi. En ouvrant la porte, il m'a malicieusement parlé en ukrainien. Quelle surprise après neuf ans d'occupation !

— J'attends le retour de l'Ukraine dans ma ville natale. Je n'ai pas quitté la région pour rester près de mon fils, mais je serai capable de prouver aux Ukrainiens que je n'ai pas collaboré, explique le père de famille, qui rêve toutefois de Canada et de quitter l'Ukraine pour de bon.

Pour prouver sa bonne foi, il compte empêcher son ex-femme de demander un passeport russe et ne pas en réclamer un lui-même. Mais l'astuce ne tiendra pas longtemps. Quelques semaines plus tard, Vladimir Poutine rendra l'obtention de la nationalité russe obligatoire. Parmi ses clients, il l'assure :

— Beaucoup n'osent pas dire ce qu'ils pensent vraiment, mais prennent bien soin de ne pas réclamer leur passeport.

Il me parle aussi des soldats russes déprimés qu'il va souvent chercher à l'hôpital. Tout en admettant que la majorité des habitants semble avoir accueilli la Russie sans rechigner.

Avec le début de cette offensive, Lougansk est devenue la capitale des Wagner, ces mercenaires déployés pour tenter d'enfoncer la ligne de front aux côtés de l'armée régulière. Ils occupent entièrement certains immeubles et grouillent partout dans la ville, traversée par des centaines de véhicules militaires. Dans les faubourgs, les Wagner évoluent en groupe, attendant d'être transportés au front, à une centaine de kilomètres. Lointaine, la sanglante bataille résonne malgré tout jusqu'ici sous la forme d'explosions sourdes et régulières. Dans le ciel, des avions militaires volant à très haute altitude, semblent tirer leurs munitions puis faire demi-tour vers la Russie.

Je meurs d'impatience de retourner à Stanitsa-Louganska, à 15 kilomètres au nord-est de la capitale régionale. J'ai connu cette ville côté ukrainien, c'était l'un des rares points de passage entre l'Ukraine et les séparatistes durant les années des accords de Minsk. L'ancienne ligne de front a été prise sans le moindre combat. Elle a été désertée. Je décide de me rendre à la gare routière, où se faisait le lien entre les deux camps. La place fourmillait alors de retraités qui marchaient des kilomètres pour aller chercher leur pension en Ukraine. La zone est désormais à l'abandon, presque effrayante. Des chiens errants et des pêcheurs marchent régulièrement sur des mines, les distributeurs de billets ukrainiens sont à l'abandon, tout comme le chemin qui traversait la zone grise entre les deux camps.

Je rencontre Konstantin, agent de sécurité sur une voie de chemin de fer désaffectée. Il rentre de ses courses.

— On nous dit que la stabilité reviendra d'ici l'été, espère le quinquagénaire, favorable à l'arrivée de la Russie. Depuis que les Russes sont là, on passe notre temps à montrer nos papiers, mais ils sont polis, il suffit de les avoir tout le temps sur soi.

Il n'avait pas grand-chose à reprocher aux Ukrainiens, si ce n'est un excès de zèle des services de sécurité lorsqu'il transportait de l'autre côté du front des médicaments ou de l'alcool maison. L'homme est avant tout un nostalgique de l'URSS, une opinion que la propagande russe sait habilement nourrir. Il décrit cette période comme « plus facile et stable que notre temps ».

À quelques centaines de mètres, une grand-mère venue chercher son petit-fils à l'école confirme que de nombreux habitants sont allés se réfugier en Ukraine.

— Ils sont nombreux à être partis quand les Russes sont arrivés. Mais d'autres sont restés, d'autres sont morts…

Je comprends que sa dernière remarque est un appel à plus de questions.

— Par principe, je ne suis pas contre l'Ukraine. Mais son erreur, c'est de nous avoir bombardés. Quel genre de pays bombarde sa population ?

La femme fait référence à une bavure ukrainienne, le bombardement d'un commissariat occupé par des séparatistes en 2014 qui avait touché une maison voisine et tué une dizaine de personnes. Cette frappe a suffi à la convaincre de se tourner vers Moscou, bien que la Russie ait également bombardé la ville par la suite. Les Ukrainiens avaient reconnu leur culpabilité, au point d'avoir installé un monument en souvenir des victimes. Mais c'est bien Moscou que cette femme préfère.

Non loin, sur la place centrale de la ville, ne défilent plus que des soldats russes venus acheter à manger, des cigarettes ou des boissons énergisantes. La ville semble vidée de ses habitants mais, d'après mes informations, certains vivent terrés, restés auprès de proches qui n'ont pas voulu ou pu fuir à temps. Ils attendent impatiemment le retour de l'Ukraine. Depuis la conquête russe de l'an dernier, dès les premiers jours de l'invasion, le sentiment pro-ukrainien survit en silence. Les services de renseignement russes, très actifs en ville, s'assurent à leur façon que la population se tienne tranquille.

Au musée de la ville, ceux qui restent s'accommodent sans problème de l'arrivée des Russes. Des mortiers ont beau avoir nettement amoché le bâtiment en 2015, alors que les Ukrainiens contrôlaient encore le quartier, les quelques employés du musée ferment les yeux sur l'origine des bombes.

Ne restent plus que deux salles ouvertes au public : celle qui raconte l'histoire des cosaques du Don, en grande partie originaires de Stanitsa-Louganska, et une nouvelle exposition, envoyée par la ville de Volgograd. On y fait ouvertement le lien entre la guerre en cours et la Seconde Guerre mondiale. Dans l'entrée, un buste du poète ukrainien Taras Chevchenko côtoie celui de son homologue russe Alexandre Pouchkine. Le reste de l'histoire ukrainienne est au placard. Nikolaï, le directeur, rappelle volontiers l'histoire des cosaques :

— Interdits par les Soviétiques jusqu'à la Seconde Guerre mondiale, ils ont ensuite été héroïques contre les nazis. Du moins ceux qui n'ont pas collaboré.

Depuis 2014, les cosaques de la région se battent les uns contre les autres des deux côtés du front.

Nikolaï tient à me montrer une photo qu'il vient d'ajouter à son exposition. C'est un portrait :

— Cet homme était de chez nous, il s'est engagé dans le groupe Wagner et il a été tué à Bakhmout. C'est un héros, comme ceux qui ont défendu notre ville contre les nazis pendant la grande guerre patriotique.

Au rez-de-chaussée, une femme recolle de vieux vases. Le chef admet regretter le temps où les humanitaires européens basés en ville venaient signer le livre d'or de son musée.

Quelques dizaines de kilomètres plus à l'ouest, plusieurs *babouchki* s'emploient à remettre de l'ordre dans le musée de la petite ville de Stakhanov, du nom du célèbre travailleur soviétique zélé qui trima dans les mines locales. Tombée aux mains des séparatistes prorusses au printemps 2014, la ville a été symboliquement renommée deux ans plus tard Kadiïvka par les Ukrainiens, qui la bombardent régulièrement depuis huit ans. Même si elles sont plus précises du fait de l'usage d'armes occidentales, ces frappes ont contribué à dresser définitivement une partie de la population contre l'Ukraine. La raison de ces frappes est pourtant simple : la ville pullule de « musiciens », les miliciens de Wagner.

En novembre, un tir de missile a soufflé les vitres du musée.

— Vous voyez ce que ces « *Ukronazis* » font à notre population ? me lance Olga, la responsable. Le hasard d'un tir d'artillerie a fait qu'un éclat a transpercé une armoire de la salle dédiée à la grande guerre patriotique pour finir dans la photo d'une femme de la région tuée par les nazis. Il n'en fallait pas plus pour qu'Olga et ses collègues fassent une analogie avec la situation actuelle.

Le musée ne recevant plus vraiment de visiteurs, les femmes ont saisi l'occasion de me faire un petit cours d'histoire réécrite, même si elles ne cachent pas voir en moi l'incarnation de l'ennemi d'en face. Dans leur esprit, c'est aussi une possibilité de me faire changer d'avis.

Ces grands-mères ont créé une nouvelle exposition qui raconte la prise de pouvoir par les séparatistes en 2014 puis le référendum organisé l'an dernier par la Russie, le tout mêlé à des images de la Seconde Guerre mondiale. L'affichage est surréaliste, une photo de séparatistes locaux, des hommes cagoulés avec des battes de baseball, prise en 2014 a été épinglée.

— Ils ont enlevé leurs cagoules ensuite, parce que tout le monde les prenait pour des terroristes. Mais ce sont des héros qui se sont battus pour nos terres, me glisse une des femmes.

À côté, une palette d'éclats de munitions occidentales est exposée. J'ai le droit à la thérapie de choc, il faut me faire culpabiliser.

— Vous défendez tous l'Ukraine là-bas, mais pourquoi vous soutenez des terroristes ? Vous ne nous croyez pas quand on vous dit qu'ils nous bombardent ? Ils ne tuent que des civils ici !

Une femme pointe du doigt la photo d'une enfant morte :

— Elle méritait de mourir, cette petite ?

Une autre femme revient avec un morceau de missile tiré par un système Himars américain pour me prouver qu'ils sont en guerre contre l'OTAN. Le 11 décembre, un de ces missiles s'est abattu sur un ancien hôtel de la ville occupé par des mercenaires de Wagner.

— Nous nous sommes battus pour rejoindre la Russie, pourquoi l'Occident ne nous laisse pas vivre en paix ?

Ces femmes réclamaient le retour de la Russie dans le Donbass bien avant 2014 : c'est d'ailleurs plutôt une Russie soviétique dont elles rêvent, en souvenir de cette époque où « les mines et usines tournaient à plein régime ». Elles en sont convaincues, Vladimir Poutine incarne cette URSS moderne.

— Il a compris que nous étions un seul et même pays et il nous protégera contre l'Ouest.

Le groupe de grands-mères n'a que le souvenir d'une ville à l'économie florissante et aux valeurs soviétiques en tête. Et surtout, une fascination pour le héros local, Alekseï Grigorievitch Stakhanov, qui était parvenu, totalement malgré lui, à faire de cette ville un exemple pour l'ensemble de l'URSS en 1935. Seul avec Olga dans la pièce dédiée au mineur, je comprends que sa vie tout entière repose sur des mensonges venus de Moscou. D'un côté, elle dit se battre contre les « *Ukronazis* », de l'autre elle voue un culte à Stakhanov et regrette une URSS rendue idéale par l'horreur de la guerre.

Stakhanov a existé, il a bien proposé une nouvelle méthode de travail, mais l'exploit qui l'a transformé en légende est un pur produit de la propagande soviétique. La *Pravda* lui a attribué 102 tonnes de charbon extraites en cinq heures et quarante-cinq minutes quand la norme se trouvait autour des 7 tonnes. Cette opération de communication créée par Moscou avait pour objectif d'augmenter les rendements et la discipline chez les ouvriers.

Olga me confie qu'elle a entendu dire que Stakhanov était considéré comme un grand homme en Europe. Je lui promets d'aller vérifier, pour lui faire plaisir, si, comme elle croit savoir, son nom est inscrit sous l'Arc de Triomphe à Paris. Je crains que la réponse ne lui fasse mal. Elle sait pourtant que l'exploit de Stakhanov a été dévalorisé en Europe. Mais elle ne croit rien de ce que disent les historiens.

Elle ose même une comparaison :

— Stakhanov, c'est comme cette guerre. L'Ouest aime réécrire l'histoire, manipuler les faits mais nous, nous la connaissons, l'histoire.

La responsable du musée conclut, catégorique :

— L'Ukraine ne remettra jamais les pieds à Lougansk.

Ayant bien appris à taire les informations qui ne vont pas dans le sens de la propagande, elle omet de rappeler que cette utilisation d'un homme pour le bien de la propagande fut d'une extrême violence pour l'intéressé. Stakhanov a d'ailleurs fini sa vie dans un hôpital psychiatrique, alcoolique et privé de ses décorations soviétiques. Mais je n'insiste pas, peut-être Olga se protège-t-elle des turbulences du monde actuel avec cette histoire, comme certains Russes se protègent de la guerre en adhérant aux éléments de langage du Kremlin.

Dans cette salle présentant des maquettes de mines locales, je l'ai vue proche de pleurer lorsqu'elle m'a décrit la violence de la décadence vécue par la ville. La fermeture des mines et des usines, l'entrée dans un capitalisme incompréhensible, radical. Le tir ukrainien qui a touché l'ancien cinéma soviétique de la ville quelques semaines plus tôt l'a rendue furieuse contre les Ukrainiens. Non pas parce que le bâtiment décrépit pouvait encore être utilisé, mais parce que ce missile a touché à un symbole, un lieu qui lui était important. Soit dit en passant, c'est certainement l'installation d'un QG d'officiers à proximité qui avait attiré le missile.

Olga a fait la sourde oreille à tous mes arguments de journaliste, j'ai l'habitude, je sais que les certitudes qui s'effondrent sont toujours douloureuses. Après m'avoir interdit de photographier le marteau-piqueur original de Stakhanov qu'elle venait de recevoir, comme une petite vengeance, elle m'a bien volontiers laissé repartir. En me disant au revoir, elle a fait signe à sa collègue de ne pas sortir le livre d'or qu'elle s'apprêtait à me proposer. Quelques semaines plus tard, je lui ai annoncé la terrible nouvelle dans un message envoyé sur WhatsApp : rien ne rend hommage à Alekseï Stakhanov sous l'Arc de Triomphe. Elle m'a seulement répondu :

— C'est bizarre, vous n'avez pas dû regarder au bon endroit.

Poutine

Contraint de rentrer à Moscou, au bout de quelques jours, pour lancer une nouvelle demande de renouvellement de visa et couvrir les non-événements de la première année de guerre, je quitte le Donbass avec un objectif en tête : Marioupol.

Vladimir Poutine, qui déteste marquer les dates anniversaires, prend quand même la peine d'organiser un grand *meeting* dans le plus grand stade du pays, le stade Loujniki de Moscou. Il est toujours assez drôle d'assister à ce genre de rendez-vous, qui nous offre de l'enquête à pas cher. Car dans la bonne tradition russe, ces *meetings* sont montés de toutes pièces. Certains participants sont payés (500 roubles la journée, soit près de 5 euros), d'autres sont contraints, les gradins sont aussi composés d'une grande majorité de gens qui ne savent pas à quoi ils vont assister, et il y a évidemment les cars de jeunes bénévoles fans de Vladimir Poutine, qui permettent de remplir la pelouse.

Ce 22 février 2023, je me donne pour objectif d'entrer dans le stade. Cette année, les autorités ont compliqué les choses, on ne peut normalement pas entrer sans un billet gratuit, que n'importe qui ne peut pas recevoir. Avec 80 000 places dans le stade, la foule est immense dans les pavillons où se déroulent les contrôles. En me collant à un groupe de bénévoles, je parviens à passer les portiques et décide d'aller me placer derrière la scène qui accueillera le président. Le froid est glacial, il fait –18 °C, et il vente. Vladimir Poutine est toujours le clou du spectacle, il ne se montre qu'à la fin des concerts.

Traditionnellement, cet événement, mélange de concerts et de discours, célèbre l'anniversaire de l'annexion de la Crimée, en 2014, et se déroule sur la place Rouge avec beaucoup moins de monde. Mais cette année, le Kremlin a décidé de l'organiser la veille d'un jour férié, en rendant hommage aux « défenseurs de la patrie », une sorte d'anniversaire de la première année de guerre, sans l'assumer.

Je me retrouve malgré moi embarqué dans un groupe représentant un quartier de Moscou. Mais ses membres ont visiblement séché, nous ne sommes que deux dans ma rangée. Et mon voisin ne sait pas ce qu'il fait là.

— Si j'avais pu, je ne serais pas venu, mais c'est mon patron qui m'a demandé de venir, me glisse-t-il.

L'homme a accepté un drapeau russe que les organisateurs sont venus lui mettre dans la main, mais il n'a pas la tête à le secouer. Quand un *boys band* de soldats en treillis apparaît sur scène pour massacrer *Katioucha*, mon voisin lâche l'affaire. Il me demande :

— Vous savez quand on a le droit de partir ?

— Je pense que vous êtes censé attendre Poutine…

— Ah, parce que Poutine va venir ici ?

— Vous ne saviez pas ?

— Non, je ne sais pas quel est cet événement, on m'a juste demandé de venir ici.

Il s'agace une dernière fois, se lève et quitte le stade.

Sur scène, les organisateurs font dans le patriotisme qui tache, quitte à tomber dans l'indécence. Chaque passage musical est illustré sur les écrans par un mélange d'images de la Seconde Guerre mondiale et de la guerre en Ukraine, deux grandes guerres « patriotiques » mises sur un pied d'égalité. Un autre *boys band* militaire hurle « ceux qui ne sont pas avec nous sont nos ennemis » entre deux chansons, avant d'enchaîner sur une reprise du rockeur soviétique pacifiste et dissident Viktor Tsoï… façon militaire. Le clip d'un rappeur, gesticulant avec une danseuse sur les ruines de Marioupol, est diffusé sur les écrans du stade. Puis c'est le chanteur populaire Oleg Gazmanov qui apparaît dans un manteau italien d'une valeur de 4 300 euros pour rendre hommage aux officiers. Quelques minutes plus tard, un militaire apparaît dans une mise en scène stalinienne, en protecteur de la veuve et de l'orphelin. Il a été demandé à deux enfants ukrainiens de Marioupol d'enlacer ses jambes pendant son discours, tandis que les plus grands, autour, semblent se demander comment ils sont arrivés là.

Puis Poutine arrive sur scène. Cet événement doit compléter un discours donné la veille devant les parlementaires. Si le Kremlin leur avait parlé stratégie, idéologie et politique, il est aujourd'hui question de convoquer les émotions et de mettre en boîte des images d'un peuple soutenant son président.

Quelques mètres en dessous de moi, le président s'élance sur la longue scène avec sa démarche caractéristique et une *parka* hors de prix. Suivi de près par ses gardes du corps. Dans les gradins, des hommes en civil sont soudainement apparus, dos au président, face à la foule. Le chef du Kremlin se pose droit devant le micro et s'exprime d'un ton sec, martial. Il claironne :

— Il est impossible de battre la Russie !

Mais son discours ne dure que quelques minutes, il ne fait que conclure une journée de bourrage de crâne. Il félicite les militaires « qui se battent avec héroïsme, courage et valeur ». Il fait référence à un combat « au sein de nos terres historiques, pour notre peuple ». Il salue les soldats présents sur scène et quitte rapidement le stade, dans une grosse berline garée contre la tribune. L'opération de communication est réussie.

Retour à Marioupol

Début avril 2023, je trouve enfin les moyens de me faire financer un reportage à Marioupol. Je croise les doigts pour que les séparatistes de la région de Donetsk n'aient pas décidé de refermer leur territoire aux journalistes occidentaux. Avec Alexandra, nous passons la frontière chacun notre tour. Elle, comme citoyenne russe, moi, comme journaliste étranger. Comme d'habitude, mon passeport déclenche un appel au chef qui rejoint vite la cabine avec son grand képi vert. Alexandra est passée, on me fait patienter, puis un responsable du FSB passe la tête à travers une porte.

— On vous a déjà interrogé la dernière fois, je crois ?

— Oui !

— Très bien, c'est tout pour nous, bonne journée !

Nous commençons notre reportage pour une télévision à Lougansk, puis nous empruntons l'autoroute en construction entre les deux capitales du Donbass. Arrivés à Donetsk, nous nous empressons de filmer le nécessaire. La ville a encore perdu en dynamisme, les bombardements ukrainiens sont devenus trop nombreux. L'Ukraine use des Himars et des canons français Caesar en masse pour atteindre les nombreuses bases, dortoirs et garages militaires installés en ville, au milieu des immeubles d'habitation.

Notre chauffeur nous montre les derniers lieux bombardés. Souvent, ces missiles ratent leurs cibles d'une cinquantaine de mètres et tuent des civils. Parfois, je ne comprends pas les tirs. Comme ces missiles qui sont à plusieurs reprises tombés en plein cœur du marché central de Donetsk durant la première année de guerre. Ce sont les tirs qui ont fait le plus de victimes en ville.

À force de coupures d'électricité, d'eau et d'insécurité, Donetsk est devenue moins vivable que… Marioupol. La Russie s'étant empressée de cacher ses crimes dans la cité martyre, l'eau et l'électricité ont rapidement été rétablies dans les quartiers encore debout. En conséquence, un vrai marché de location d'appartements s'est organisé à Marioupol, souvent par des gens qui n'étaient pas encore revenus en ville et avaient chargé leurs voisins de gérer la chose.

Nous entrons en ville et, cette fois-ci, je suis libre de mes mouvements. Un couple d'Ukrainiens typiques, accueillants, gentils, peine à cacher sa colère envers la Russie. Hors caméra, ils expliquent attendre le retour de l'Ukraine avec impatience, mais anxiété. Pour eux, il est clair qu'un retour de l'Ukraine impliquerait un nouveau siège sanglant. Leur appartement a miraculeusement échappé à la guerre, il est comme neuf. Le contraste avec celui de leur voisin est saisissant. Lui ne peut plus fermer sa porte, il vit désormais accroché à un fil relié à la poignée de sa porte d'entrée, dans un appartement noir, carbonisé par un incendie. Sur toutes les portes de la ville encore debout, un message à la craie est écrit : « Ici, gens vivants. »

— Les gens ont fait ça pendant le siège, quand ils vivaient dans les caves. Le but était d'éloigner les maraudeurs et d'indiquer aux secouristes que des civils étaient encore dans le coin.

Le couple de quadras a en revanche perdu sa maison avec vue, un peu plus loin sur la côte.

— C'était la maison de notre vie, un bâtiment à deux étages avec vue sur la mer d'Azov, avec la cuisine de nos rêves, se rappelle la jeune femme. Un matin, les combats ont commencé et nous nous sommes retrouvés entre deux camps. Il y avait des bombardiers, de l'artillerie de tous les côtés. C'était effrayant, ils reprenaient les combats tous les jours à 4 heures du matin.

Pendant un mois, le couple a vécu dans sa cave, qu'ils avaient eu la présence d'esprit de faire construire, avec une quinzaine de voisins.

— Il a fait jusqu'à –10 °C, on tenait avec l'adrénaline. L'électricité puis l'eau et le gaz ont été coupés, un tir a touché le toit de la maison, nous avons alors décidé de partir, livre-t-elle, dans une colère froide.

Sur la route vers la Crimée, l'homme a été contrôlé une trentaine de fois par les Russes. À chaque fois, il devait se mettre torse nu pour prouver qu'il n'avait pas de tatouages liés au nazisme. Pendant ce temps, leur maison était touchée par un obus, comme 99 % des maisons du quartier, et s'effondrait quelques minutes plus tard, en flammes. La femme me glisse discrètement :

— Nous vivions en Ukraine, la ville était belle, elle se développait, il y avait des touristes. Puis la Russie est arrivée, nous vivons maintenant sous occupation.

Le centre-ville que j'ai connu vivant n'existe plus. La pizzeria dans laquelle j'avais mes habitudes a disparu, un petit café que des jeunes avaient monté avec des aides européennes a été complètement détruit. Et au milieu, le théâtre n'a plus qu'une façade. Le 16 mars 2022, la Russie y a commis un crime de guerre en bombardant, avec son aviation, ce théâtre indiqué comme occupé par des civils. Le bâtiment ayant accueilli plus d'un millier de civils avant le tir, les Ukrainiens ont imaginé un bilan catastrophique, 300 puis 600 morts… Amnesty International, qui a enquêté, n'a pu confirmer qu'une douzaine de victimes, mais estime que le bilan est en réalité plus élevé.

Le quartier central n'a plus aucun habitant, plus aucun immeuble n'est habitable, ceux qui n'ont pas une façade détruite ou branlante ont entièrement brûlé. La sensation est étrange, encore une fois, c'est celle d'être dans un décor, quelque chose de surréaliste. Il y a pourtant de l'animation lors de ma venue. Des milliers d'ouvriers venus de toute la Russie et d'Asie centrale ont déferlé sur la ville. Ils sont présents dans chaque immeuble avec une obsession : changer les fenêtres. Les fenêtres blanches disposées sur les façades carbonisées font office de village Potemkine, de poussière sous le tapis. Derrière le théâtre, où furent enterrés à la va-vite des dizaines de civils pendant le siège, les Russes ont déjà reconstruit un parc avec une fontaine. De l'eau et du vert, c'est déjà assez pour contraster avec le reste. Partout autour, la mort rôde encore, on a du mal à imaginer les cadavres enterrés au pied des immeubles, mais tous les habitants peuvent en témoigner. Tout le monde a eu affaire à cette situation.

En fin d'après-midi, je rencontre Nikolaï et ses amis. Ce jeune ingénieur du son originaire de Perm, dans l'Oural, rentre de son chantier, complètement alcoolisé. Tout le groupe tangue.

— Je suis payé 5 000 roubles par jour (50 euros environ) pour travailler 150 jours sur le chantier d'un hôpital.

Il confie :

— Nos gars meurent à la guerre. Nous non plus nous ne voulons pas de guerre. Certains habitants n'aiment pas les Russes, ils sont hostiles. Mais nous sommes venus en paix, pour reconstruire.

Dans le quartier d'Azovstal, de l'autre côté de l'usine – célèbre pour s'être retrouvée au cœur du siège –, le décor est encore plus impressionnant. Immeubles et maisons ne sont pas seulement carbonisés, ils sont rasés. À certains endroits, les gravats ont déjà été retirés, des trous béants apparaissent en lieu et place de ce qui a été de longs immeubles. Au milieu, l'usine est encore fermée aux curieux. Une partie du territoire, grand comme une ville, est toujours minée. L'autre fait l'objet d'un énorme chantier. Le monstre de métal doit être démantelé. La Russie a un projet fou, indécent, cynique, pour cette ville martyre. Elle veut en faire une cité balnéaire. Si, en avril 2023, les opportunistes russes n'étaient pas encore arrivés en ville, c'était chose faite dès l'été. D'après des médias d'opposition russes, des Russes cherchaient à acheter en ville pour faire une bonne affaire le jour où le calme reviendrait. Il faut être sacrément tordu pour faire de tels paris dans une zone en guerre sous occupation, dans une ville ravagée pleine de civils encore sous le choc. Dans les quartiers partiellement détruits, j'assiste à des situations dignes des années 1990. De longues queues se forment devant les bureaux de poste qui permettent désormais de recevoir des pensions russes. Des marchés de rue sont improvisés, les habitants y vendent leurs derniers vêtements et bibelots pour pouvoir se nourrir. La viande est vendue à l'arrière des voitures.

Les immeubles ont été détruits à plus de 90 %, les maisons auraient été atteintes à 60 %, 350 000 personnes auraient quitté la cité portuaire qui comptait 430 000 habitants avant la guerre. Sans compter le nombre de victimes, qui s'élève à plusieurs dizaines de milliers de personnes.

Je décide finalement de retourner dans le quartier construit par la Russie en plein champ, en périphérie de la ville. La dernière fois que je suis venu, avec le ministère de la Défense, j'avais d'autres préoccupations et les bâtiments n'étaient pas habités. Huit mois plus tard, les immeubles se sont multipliés, mais les appartements ne sont presque pas occupés.

Je rencontre Lydia, une fan de Vladimir Poutine, qui vient d'emménager avec son mari, un ancien contremaître de l'usine Azovstal. Cette retraitée a tout perdu dans l'incendie de son appartement, suite à un tir d'artillerie.

— Cet appartement que l'on m'a offert est tout ce qui me reste, me confie-t-elle.

Énergique, coquette, l'ancienne professeure ponctue ses phrases de chansons et poèmes ukrainiens.

La dame, milite depuis la chute de l'URSS, pour un retour du Donbass en Russie. Elle fait partie de ces habitants qui avaient tout intérêt à se taire, lorsque l'Ukraine contrôlait la ville et que les services de renseignement, paranoïaques comme ils doivent l'être, craignaient les traîtres pro-russes. Elle ne semble pas avoir été refroidie par l'arrivée sanglante du monde russe dans sa cité. La propagande du Kremlin a fait son effet, elle décrit une situation et une Russie fantasmées.

— Vladimir Poutine est notre défenseur, nous le croyons, il ne fait rien de mal. Regardez, à Kyiv, rien n'a été détruit ! Vous avez vu ce que les Ukrainiens ont fait de notre Marioupol ?

Je veux l'entendre, comprendre comment un pays peut ravager une ville et tuer des milliers de civils, mais tout de même remporter l'adhésion de certaines victimes à la fin. C'est aussi fascinant qu'effrayant.

Convaincue par la télévision russe, Lydia croit que l'Ukraine a détruit sa ville et que la Russie l'a sauvée de persécutions à venir. Elle en est persuadée, les Ukrainiens voulaient l'empêcher de parler russe. Je reconnais chez elle un enthousiasme surjoué pour mieux convaincre. Elle parle faux comme on jouerait faux. Dans sa joie exagérée, elle en vient presque à se féliciter de la destruction de sa ville, qui a permis la construction de nouveaux immeubles « blancs comme le propre » et la promesse d'une cité « plus écologique ».

Dans un bon sens plein de naïveté, la retraitée a du mal à croire qu'il est interdit de s'opposer à la guerre en Russie.

— C'est impossible ! C'est un mensonge de dire que les gens qui ont exprimé leur opposition sont persécutés. La Russie voudrait donc la guerre ?

Son sourire prend soudainement un sens terrifiant, quand elle l'utilise pour expliquer que les Européens feraient mieux de se méfier des bombes nucléaires russes.

Je fais ici un aparté qui me semble important. Les Russes qui ont absorbé trop de propagande sont souvent qualifiés de « *Vatnik* ». Ce mot vient d'une veste molletonnée populaire qui donne un sens sociologique à ce mot péjoratif, marqueur de certaines classes sociales, généralement peu favorisées. Moins lourd de sens, le terme « zombie » est aussi souvent employé, lié à l'expression « boîte à zombies » qui qualifie la télévision russe. J'ai rencontré de nombreuses fois en Russie l'attitude de Lydia, que j'aurais pu qualifier, en privé, de « zombie ». En privé, parce que le mot est péjoratif, et que l'attitude et les propos de cette femme n'enlèvent rien à l'intérêt de son témoignage, ni à la souffrance qu'elle a vécue et qu'elle a eu la gentillesse de partager avec moi. Pour autant, ce terme, que je ne vois pas comme une insulte, correspond à une attitude physique qui, à mon sens, marque une certaine preuve de radicalité qu'on ne retrouve d'ailleurs pas que chez les Russes.

À chaque fois, votre interlocuteur vous parle gentiment, poliment, avec un sourire. Il déroule un florilège de la ligne du Kremlin quand soudainement, au détour d'une phrase, il se retrouve plein de haine, chauffé à blanc par l'incompréhension d'une situation qui lui paraît claire parce qu'énoncée par la propagande, mais qui n'est pas acceptée par la personne d'en face. Mais aussi tout simplement parce que ces prises de position que cet interlocuteur entend à longueur d'émissions, de débats sur les chaînes de propagande russe sont radicales. Cette haine ne se retrouve pas que dans les paroles, mais également sur le visage, dans le sourire qui couvre des propos franchement violents, des appels au meurtre et à la violence. Les yeux sont, eux, pleins de fureur et les mots violents sont prononcés sur le ton d'une ironie glaçante.

Pour revenir à Lydia, ma retraité souriante et de bonne humeur, elle a failli apercevoir son héros lorsqu'il s'est rendu en personne, *incognito*, dans la cour de son immeuble le 19 mars 2023, le temps d'une mise en scène devant les télévisions. Elle s'enthousiasme.

— J'ai vu les voitures, les hélicoptères, mais je ne l'ai vu qu'à la télévision. Vladimir Vladimirovich était beau et si jeune !

Les télévisions d'État n'ont visiblement pas relevé qu'une de ses voisines s'est écriée de sa fenêtre : « Tout ça, c'est faux ! C'est pour le spectacle ! », au nez et à la barbe des services de sécurité. Rappel que toute la ville ne se satisfait pas de l'arrivée des Russes. Signe aussi qu'en Ukraine, on mesure mal le danger que peuvent représenter les services de renseignement russes, la police politique, quand ils s'attaquent à leurs concitoyens. Nous n'avons en tout cas pas pu retrouver cette femme pendant notre reportage.

Je pars du principe qu'il s'agissait bien de Vladimir Poutine. Je ne suis pas un grand fan de la théorie des sosies envoyés sur le terrain pour les missions sensibles. Le président a pris un rare risque cette nuit-là. Il est arrivé en hélicoptère à Marioupol, il a atterri sur l'aéroport de la ville. Puis il s'est rendu *incognito*, inséré anonymement dans la circulation et au volant d'une voiture banalisée, jusqu'au quartier fraîchement construit.

J'ai appris plus tard qu'il s'était rendu le jour même à Lougansk, en voiture ou en hélicoptère. Les images de ce second voyage n'ont été diffusées par la télévision russe qu'un mois plus tard. Ce qui m'avait permis de confirmer que le président russe usait de plus en plus de la technique des « conserves », ces séquences tournées puis gardées pour pouvoir les utiliser en temps voulu, lorsque le président veut, par exemple, disparaître quelques jours, sans qu'on le sache.

Ce nouveau quartier créé en lisière de la ville a été nommé « Nevski », en hommage au prince, héros national dont la sépulture repose à Saint-Pétersbourg. La ville natale de Vladimir Poutine a été jumelée à Marioupol, ce qui l'engage à financer une grande partie de la reconstruction. Ce sont les premières pierres d'un gigantesque projet d'effacement des traces de la guerre, organisé de la même façon que la reconstruction de la ville de Grozny après les guerres de Tchétchénie.

Aux finitions hasardeuses, sans ascenseur, ces bâtiments, soupçonnés d'être au cœur d'un gigantesque schéma de corruption par les enquêteurs qui collaborent avec l'opposant Alexeï Navalny, sont livrés sans meubles ni titre de propriété. Avec, tout de même, une petite enveloppe de 100 000 roubles (1 000 euros environ).

La voisine de Lydia est moins bavarde et préfère l'anonymat. Également retraitée, elle ne vit pas sereinement dans son nouvel appartement. Cette femme seule craint que Vladimir Poutine en ait fait un symbole d'une reconstruction cynique dénoncée par l'Ukraine. Elle redoute d'éventuels partisans qui choisiraient de s'en prendre aux habitants, ou tout simplement, un tir d'artillerie sur son immeuble…

Quelques jours plus tard, je quitte Marioupol pour la Russie, avec le sentiment que la ville compte encore énormément d'habitants qui attendent impatiemment le retour de l'Ukraine. À la frontière, je découvre les restes des fameux camps de filtration, en cours de démontage. J'arrive en même temps qu'un groupe de réfugiés venus de Bakhmout, alors au cœur d'une terrible bataille. Ces familles modestes ont toute leur vie dans des sacs plastique et des valises déchirées. Certains vieillards subissent de plein fouet ce voyage interminable, stressant mais obligatoire. On m'autorise à partir et à aller prendre mon train de nuit pour Moscou à Rostov.

Wagner

Cela fait déjà plusieurs heures que le train de nuit est parti lorsque nous décidons, avec Alexandra, de rejoindre le wagon restaurant. Les quelques tables sont prises, mais des banquettes sont vides. Deux soldats nous font signe de nous asseoir à leur table. Je ne veux pas. Quelques jours plus tôt, un confrère américain a été arrêté et accusé d'espionnage. Mais Alexandra est déjà attablée. Le plus âgé est un militaire de carrière, originaire des environs du lac Baïkal. L'autre a été mobilisé, il a visiblement envie de parler.

— Ça fait au moins neuf mois qu'on n'a pas parlé à des civils, venez vous asseoir et boire avec nous !

Les deux soldats en permission ont déjà ingurgité une bouteille de vodka. Je préviens d'emblée :

— Je suis désolé pour vous, mais nous sommes des étrangers. Je ne veux rien savoir sur le front, je ne veux pas voir de documents, de vidéos ou d'images.

Les militaires sont déçus, ils auraient certainement volontiers partagé leurs histoires de guerre avec des Russes… Moi aussi je suis déçu, frustré, mais c'est une question de sécurité. Le plus âgé accepte de parler nourriture avec moi, mais il est froid. Le plus jeune veut me montrer une vidéo sur son téléphone, il se fait engueuler par son voisin. Mais il la montre quand même. On voit un groupe de soldats écouter l'un des leurs jouer de la guitare pendant que les autres cuisinent.

Puis il me tend une enveloppe. Exactement ce que je redoutais. Si une caméra me filme, je peux être accusé d'espionnage. Le courrier est rempli… de coloriages envoyés par des écoliers de Russie aux soldats pour les soutenir moralement. Je sors les dessins avec des gestes larges, histoire que les éventuelles caméras n'en ratent rien. Le plus âgé devient grincheux, nerveux, il me soupçonne d'être journaliste. Ce que je cache pour ne pas m'attirer d'ennuis.

D'autant plus qu'Alexandra le cuisine un peu trop fortement. Et elle pose la question la plus maladroite qui soit :

— Mais pour vous, ça a un sens d'aller vous battre là-bas ?

Je lui lâche un gros coup de coude doublé d'un regard furieux. Et ça ne manque pas, le larron s'agace, fait des gestes brusques, je crois qu'il va la frapper.

— Évidemment que ça a un sens, on défend notre patrie en Ukraine ! Vous êtes russe, dites-moi, vous n'êtes pas d'accord avec moi ?

Alexandra prononce le « mais » qui annonce le début d'une argumentation, je passe aux coups de genou. Devant la colère de l'homme, elle cesse son interrogatoire. Demander à un soldat traumatisé, qui vient de passer neuf mois sur le front, si ses actions ont du sens, c'est culotté.

Nos soldats boudent, nous ne sommes pas les civils de leurs rêves. Le retour à la vie de tous les jours n'est pas une tâche facile, il est ponctué d'incompréhension et d'un besoin irrépressible de reconnaissance. Le plus jeune prend le risque de se prendre un râteau devant tout le monde en tentant de séduire de banquette à banquette, de son treillis vêtu, une jolie jeune femme apprêtée, assise derrière nous. Ça ne manque pas, elle l'envoie instantanément balader.

De manière générale, les Russes semblent éviter les militaires. D'autant plus quand ils sont alcoolisés. Je m'aperçois que tout le wagon nous prend pour des fous pour nous être assis à leur table. Je repense à l'Ukraine, en 2014 et 2015, et aux gens qui arrêtaient les soldats dans la rue pour les remercier. L'état d'esprit est tout à fait différent en Russie. Les deux Russes nous confient craindre Moscou et la sensation d'un pays qui vit une vie normale, pendant que les autres meurent par milliers sur le front.

Ils partent fumer et nous nous retrouvons tout seuls avec leur deuxième bouteille de vodka et leur morceau de saucisson.

Nous avons à peine le temps de débriefer qu'un homme en civil entre dans le wagon, en titubant. Il passe de table en table à la recherche d'une bouteille d'alcool à finir. La nôtre fait l'effet d'un appât. Il a soif et lui aussi a envie de parler. Son visage est cerné, fatigué, il est amaigri. Il revient également du front, mais lui en parle de façon plus directe.

— Je reviens de la guerre, j'ai été recruté par Wagner, c'est mon premier jour de liberté, lance-t-il directement. Je suis un criminel, j'ai tué deux personnes. Puis Prigojine est venu me recruter personnellement dans ma prison. Ce jour-là, il a recruté 86 détenus, précise-t-il, méfiant.

Lui aussi nous prend pour des journalistes ! Je n'ai pas pu vérifier tous ses propos. Les bases de données des services pénitentiaires russes décrivent *a minima* un homme qui a été condamné à huit ans de prison en 2021 après avoir tenté d'assassiner sa femme et ses deux enfants en mettant le feu à sa maison, un soir de beuverie.

Le mercenaire revient de Bakhmout et il est totalement sous le choc.

— J'ai vu 500 corps de wagnérites à terre, je suis l'un des seuls à m'en être sorti.

« C'est aujourd'hui mon premier jour de liberté après huit mois de guerre. J'ai été gracié et décoré pour avoir pris le risque d'y participer. J'ai tous les documents pour prouver que j'ai fait tout ça, que je ne suis pas obligé d'y retourner. J'aurais pu y rester.

« Je suis revenu vivant parce que ma spécialité, c'est d'être un *sniper* donc par définition à l'écart du danger. Le but, c'était de viser entre les deux yeux. J'étais positionné à 600, 700 mètres, c'était très difficile. J'ai acquis cette spécialité lorsque j'ai combattu pendant la seconde guerre de Tchétchénie. À l'époque, j'étais revenu blessé et choqué. Mes gars mouraient, il y avait déjà des corps mutilés partout, c'était terrible. Depuis, j'ai parcouru un chemin difficile.

« À Bakhmout, la mort était en permanence sous nos yeux. J'ai vu tellement de corps, des hommes avec des membres arrachés… À chaque seconde, ta vie pouvait s'arrêter. Là-bas c'est l'enfer, les États-Unis y font ce qu'ils veulent, on nous tirait dessus avec des missiles !

« C'était terrible, des bâtiments de dix étages s'écroulaient quand les avions passaient. C'est un miracle si j'ai survécu, Dieu était avec moi. Je peux vous dire qu'il y a beaucoup de mères qui attendent leurs fils, dans les deux camps. Mais leurs fils ne reviendront pas. Il ne faut pas écouter les soldats de l'armée, les deux que vous avez rencontrés tout à l'heure. À quel moment ils ont défendu la patrie ? Ils ne sont pas en première ligne, ils ne savent rien de la guerre, ces connards sont à l'arrière et tentent ensuite de se faire passer pour des gros durs. Demandez-leur ce qu'ils ont défendu et ils se dégonfleront.

« Quant aux civils, on nous a donné l'ordre de tous les liquider, vieillards, grands-mères, enfants… Poutine leur avait dit de quitter la ville ! Tu comprends, ils auraient pu être armés, avoir des explosifs sur eux. Un jour, j'ai sorti une gamine de huit, neuf ans d'un immeuble, elle avait une grenade qu'un soldat ukrainien blessé lui avait donné pour qu'elle "lance sur les méchants". J'ai jeté la grenade par la fenêtre et la petite fille a pu être évacuée.

« Le 20 mars dernier, j'ai halluciné. Poutine est venu nous décorer en personne. Pour notre courage et notre héroïsme, pour avoir pris le risque de participer à tout ça. Mais je ne peux pas en parler, c'est confidentiel.

Il comprend que nous soyons sceptiques. Ça fait beaucoup d'informations étonnantes d'un coup. Il insiste pour aller chercher sa médaille. Quelques minutes plus tard, il revient avec un petit coffret. Dedans, une médaille, et le livret qui va avec. J'ouvre le livret, il a été signé par Vladimir Poutine. J'en profite pour noter le nom complet de mon interlocuteur ainsi que la date de réception de cette médaille. Elle correspond au lendemain du déplacement surprise de Vladimir Poutine à Marioupol, en mars. Son déplacement dans la région de Lougansk n'avait été annoncé qu'à la mi-avril…

— Tu sais, tout ça, c'est de la politique, ce n'est pas moi qui vais t'expliquer le sens de cette guerre, je pense qu'il n'y en a pas. C'est à Poutine qu'il faut demander le sens de tout ça ! Tout se décide chez les gens qui sont au-dessus de nous, c'est une question d'argent.

« Après Moscou, j'irai à Toliatti où vivent mon père, ma mère et mes six enfants. Mais je ne me sens pas de retourner chez moi. Ils m'attendent, mais j'ai dit que je ne viendrais pas. Vous comprenez ce qui m'attend là-bas ? J'ai tiré sur des gens, je les ai tués et si jamais je pète un plomb, si j'ai une dispute avec ma femme, je ne sais pas ce qui pourrait se passer. J'ai peur de moi-même après tout ce que j'ai vécu, c'est terrible.

Le lendemain matin, nous sortons rapidement du train à Moscou ; je n'ai qu'une crainte en tête : que nos amis de cette nuit aient dessaoulé et prévenu la police de nos questions intrusives…

Sur le moment, il m'a semblé fou d'imaginer Vladimir Poutine remettre en personne mais en toute discrétion une médaille à des prisonniers engagés chez Wagner. Mais tout cela s'inscrit dans un certain contexte. La bataille de Bakhmout battait son plein dans le Donbass. Depuis plusieurs mois, Evgueni Prigojine faisait quotidiennement le *clown* sur ses réseaux sociaux. Il se montrait en « bonhomme » sur les ruines de la ville ravagée, quasiment à la vue des Ukrainiens. De son toit, il provoquait autant Volodymyr Zelensky que Sergueï Shoïgou, le ministre de la Défense russe.

Wagner a été créée par un néonazi. Prigojine ne s'en cachait pas, elle était d'ailleurs en partie composée de néonazis. Avec ce que ça sous-entend en Russie. Ces idées ultraradicales se placent dans une opposition au pouvoir. Officiellement, pas une opposition à Vladimir Poutine, qu'on ne peut attaquer frontalement. Mais ces radicaux dénoncent un système corrompu, une Russie qui devrait être plus forte, autrement dit une armée qui n'ose pas employer les grands moyens en Ukraine.

Avec le temps, la milice s'est partiellement émancipée financièrement du Kremlin, en s'enrichissant en Afrique.

Mais le Kremlin a gardé la main sur la logistique, via le ministère de la Défense, pour pouvoir débrancher Prigojine s'il devenait trop envahissant. Ce qu'il est devenu. Sa communication, à hauteur de la communication ukrainienne sur le terrain et, surtout, en opposition à la vieille communication soviétique de l'armée russe menée par de gros soldats planqués à Moscou, a fait des émules.

Progressivement, jour après jour, Evgueni Prigojine a gagné en notoriété, à en causer des maux de tête au Kremlin, obligé de réguler tout ça. Le chef de Wagner a d'abord été interdit de cité dans les médias d'État. Puis sa puissance de feu a été régulée par des livraisons d'armes de moins en moins régulières. Lui se doutait bien que cela venait du Kremlin, mais c'est à Shoïgou qu'il s'en est pris, pour ne pas risquer sa vie.

Il a fait des caprices, et ça a marché. On avait besoin de lui pour finir le job à Bakhmout. Il a réclamé des honneurs militaires pour ses miliciens. Il les a eus. Il a réclamé les mêmes roubles que les soldats de l'armée lorsqu'ils mouraient, il les a obtenus. Il a obtenu une reconnaissance officielle de Vladimir Poutine lorsque celui-ci est venu médailler ses prisonniers sur le terrain. Il a obtenu des armes à plusieurs reprises après les avoir réclamées en public.

Au Kremlin, Vladimir Poutine a rongé son frein. Tout le monde comprenait que la fin de la bataille de Bakhmout signifierait la fin d'une séquence. La suite du conflit serait repensée et le rôle de Wagner serait redessiné. Lorsque la victoire se faisait sentir, le président a annoncé contraindre les mercenaires de toutes les sociétés privées (une centaine en Russie, alors que la chose est illégale) à rejoindre l'armée russe avant le 1er juillet. C'est évidemment Wagner qui était visée.

Prigojine s'est indigné publiquement une fois, puis deux fois. On tentait de s'en prendre à son outil d'influence, puis il a disparu. Il est réapparu le 23 juin 2023, en pleine organisation d'une mutinerie au cœur du siège de l'armée russe à Rostov-sur-le-Don. Dans une scène totalement improbable, les mercenaires ont pris le contrôle de cette ville de 1,1 million d'habitants. Puis ils sont montés sur Moscou, prenant Voronej sans grandes difficultés. Après une journée de *drama* durant laquelle Vladimir Poutine aura été contraint de prendre la parole, pour qualifier officiellement Prigojine de « traître », les miliciens ont fait demi-tour à 200 kilomètres à peine des premiers immeubles de Moscou. Ils ont eu le temps de détruire un avion, six hélicoptères et de tuer au moins quinze soldats. Des morts que Vladimir Poutine aura maladroitement justifiées aux Russes. Tout comme le fait que le pays ne soit vraisemblablement pas passé loin d'un *putsch*.

Cette mutinerie est intervenue un mois après une interview au cours de laquelle le chef de milice s'était encore une fois montré très critique.

— On est arrivés en Ukraine comme des bourrins. On a marché sur tout le territoire avec nos grosses bottes en cherchant des nazis. On a tapé sur qui on pouvait. On a avancé jusqu'à Kiev, on s'est chié dessus et on a battu en retraite. […] L'Ukraine a aujourd'hui l'une des armées les plus puissantes du monde.

Cette journée ratée a montré les faiblesses d'un régime composé de forces de plus en plus sceptiques eu égard aux décisions de Vladimir Poutine. Les wagnérites ont reçu le soutien ou, du moins, bénéficié de la passivité de plusieurs bases militaires situées sur leur chemin. La ligne dure défendue par Prigojine a fait des adeptes au sein de l'armée. En première ligne, le général Sourovikine, supposé proche de Prigojine, qui a passé un mauvais quart d'heure à l'issue de cette journée.

Le ver est dans le fruit, mais Prigojine se retrouve presque nu, dépouillé d'une grande partie de son empire. Il a pu conserver son siège officieux, mais il a perdu son siège officiel, le « centre Wagner ». Il a perdu tout son empire lié à la guerre de l'information, qui lui servait beaucoup à titre personnel pour faire grandir sa popularité. Il a même perdu le contrôle de la chaîne Telegram qui lui permettait de s'adresser directement aux internautes. Puis il a été privé des armes lourdes allouées à sa milice. Envoyé en exil au Bélarus, ce qui restait de ses hommes n'avait pas un destin très clair. Pas plus que le rôle qu'il allait garder ou non sur les activités africaines de sa milice.

Le 23 août 2023, Prigojine a finalement payé le prix de sa trahison. Après que le Kremlin lui a retiré son droit à voyager sans déclarer ses déplacements au FSB, il est mort le 23 août dans un crash d'avion, entre Moscou et Saint-Pétersbourg. S'ensuivit une série d'interventions de Vladimir Poutine, ponctuées de symboles, où il signe, à demi-mot, cet assassinat. La règle est éprouvée en Russie : les opposants vont en prison, les traîtres au cimetière.

Colère vive

Le 28 février 2023, la nuit est déjà tombée sur la petite ville de Kirovsk, dans la région de Saint-Pétersbourg lorsque Egor Balazeïkine, 16 ans, a fini de boire les deux limonades qu'il vient de s'acheter. Mal dans sa peau, perturbé par la guerre, cet adolescent modèle a soudain décidé de remplir ces bouteilles d'un produit inflammable, et d'aller les jeter sur un commissariat militaire. Les images de vidéosurveillance diffusées par la presse locale montrent un jeune homme maladroit, qui ne parvient pas à allumer ses bouteilles. Elles finissent par éclater au sol sans faire aucun dégât. Nul sait s'il avait préparé son coup mais une chose est certaine, il ne s'était pas entraîné.

Son action terminée, on le voit, capuche sur la tête, quitter les lieux, avant d'être repéré et arrêté par un policier de la route quelques mètres plus loin. Il est depuis derrière les barreaux.

J'ai rencontré ses parents dans leur petite maison de campagne, non loin de Saint-Pétersbourg, en juillet 2023. Tatiana, 44 ans, et Daniel, 46 ans, venaient d'entrapercevoir leur fils au tribunal. Il s'était exprimé par visioconférence, en jogging, depuis sa prison. Comme d'habitude, la mauvaise qualité du son avait rendu les interactions avec la cour, acariâtre, compliquées. Une nouvelle fois, la présidente avait refusé l'assignation à résidence du jeune homme, pourtant touché par une maladie incurable.

La démarche d'Egor est troublante, car il est l'enfant parfait. J'ai appris, en travaillant sur ces incendiaires russes, que c'était toujours le cas, toujours les mêmes profils. Des citoyens dans leur bulle, rongés par la guerre, décident un jour de passer à l'acte sans prévenir personne.

Ses parents n'ont rien touché à sa chambre bien rangée. L'adolescent lisait beaucoup, il était très curieux et aimait se cultiver. Un mur entier de sa chambre est dédié au karaté, son autre passion, dans laquelle il excellait. Médailles et coupes se comptent par dizaines. Dans la cuisine, les parents ont conservé un exemplaire de la Constitution russe. Pendant son temps libre, Egor la lisait pour la réécrire dans un livret. Le jeune homme a de grands projets pour la Russie, il pense déjà au futur depuis sa cellule, et à ce qu'il pourra faire pour contribuer à améliorer son pays. Ses parents sont fiers.

Dans sa chambre, un beau manteau d'hiver est attaché à un cintre. C'est ce qu'il avait fait de son argent lorsqu'on lui en avait donné un petit peu. La famille est modeste ; lorsque tout le monde s'était cotisé pour lui payer une bibliothèque à son anniversaire, il était le plus heureux du monde.

Tatiana et Daniel me le confirment, ses premiers mois de prison dont un en hôpital psychiatrique l'ont déjà fait basculer, avec brutalité, du côté de l'âge adulte.

— Sa voix a changé, il ne parle plus comme avant, il n'a plus la même attitude, remarque sa mère.

Il le leur a confirmé dans une lettre :

— L'enfance est finie, il faut que je me comporte différemment maintenant.

Le couple a été secoué par cette histoire. Ils avaient bien remarqué que leur fils était perturbé par le début de la guerre, il s'était toujours intéressé aux questions militaires et ne comprenait pas le sens de celle-ci.

— Nous parlions beaucoup de la guerre avec lui, du fait que nous ne pouvions rien faire contre. Mais Egor a décidé qu'il ne pouvait pas se taire et qu'il devait agir.

Pour autant, ils ne s'attendaient pas à ce leur enfant ait l'idée, un soir, d'aller brûler un commissariat militaire. Lui n'est même pas concerné par la mobilisation.

— Ce que j'ai compris de sa démarche, c'est qu'il a estimé que cette action était le seul moyen de protestation qui lui restait. On ne peut plus manifester, on ne peut plus s'exprimer sur Internet, il ne lui restait que ça.

Le jeune homme assume son acte et il a désormais le soutien de ses parents, qui étaient plutôt favorables à la guerre lorsqu'elle est apparue. Mais le point de vue de la famille avait évolué quelques semaines après le début de la guerre, lorsqu'un oncle proche avait été tué au combat.

— C'était un ancien officier que nous respections, Egor l'adorait. Quand la guerre a commencé, il estimait qu'il devait absolument s'engager. Il a été tué peu de temps après.

Egor voyait bien à quel point son père était affecté par la mort de son frère, ça a eu des conséquences sur la suite.

Les parents sont devenus anti-guerre après ce décès. D'autant plus qu'ils ont vécu un autre moment qu'ils ne peuvent pas raconter aux journalistes, car c'est illégal en Russie. Ils ont dû aller chercher le corps de leur proche dans un aéroport militaire. À la vue de cet avion rempli de cercueils jusqu'au plafond, ils ont compris que ce qui se passait en Ukraine n'était pas une jolie « opération spéciale » couronnée de succès.

Dans sa petite cuisine, Tatiana fond en larmes.

— Nous sommes obligés de tenir bon pour notre fils, mais c'est dur. Il ne regrette pas son acte, il a la conscience tranquille parce qu'il a protesté comme il le pouvait. Egor nous demande de ne pas haïr ceux qui font subir tout cela à la Russie et à leur famille.

Suite à cette affaire médiatisée, le père a perdu son travail. Il a soudainement été accusé par son patron de « ne pas aimer son entreprise ». Le responsable avait reçu une visite de la police…

Les parents ne sont pas naïfs, ils savent que la justice russe ne va que dans un sens, qu'elle ne sait que condamner. Leur fils l'a été à six ans de prison à l'automne 2023. Une jeunesse détruite par le régime.

Âme russe

L'histoire d'Egor, originaire d'une petite ville verdoyante située au bord de la Neva, à deux pas du lac Ladoga, son sens du sacrifice, de l'engagement, m'ont poussé à revenir à ma réflexion sur l'âme russe.

Je ne vais évidemment pas me lancer dans une description de ce concept aussi romantique que commercial. Ce serait me mettre à la même hauteur, sans en avoir l'étoffe, que les illustres écrivains russes qui l'ont initié.

Pourquoi parler de ce concept dans ce livre ? Parce qu'il a un rôle dans la guerre. Il fait fantasmer les idiots utiles étrangers qui arrangent ce concept à leur sauce, selon leur vision de la vie et du monde. Il permet au Kremlin de jouer sur la fierté des Russes parfois présentés comme supérieurs à d'autres sociétés. L'âme russe, la Russie éternelle seraient des notions menacées par l'Occident, que l'opération militaire lancée en Ukraine servirait à protéger.

Être journaliste, correspondant en Russie, vous place face à ce concept qui existe ou non selon votre sensibilité. Oui, la Russie est irrésistible. Ses forêts sauvages, sa taïga, sa toundra, son Arctique, son Caucase, les forêts de Carélie, le lac Baïkal, les montagnes de l'Altaï, les volcans et les ours du Kamtchatka, j'en oublie… Mais aussi les gens, leur froideur, mélange de pudeur et de méfiance, qui cache une chaleur humaine indescriptible et un côté chevaleresque parfois surprenant. Celui qui a déjà participé à un *chachlik* (un barbecue russe) ou s'est déjà fait inviter chez une grand-mère russe sait ce qu'il en est.

Tout cela représente la meilleure influence qui soit à notre encontre. Il faut y résister au quotidien pour raconter ce pays comme il est, au-delà de l'attirant vernis romantique, sans pour autant nier la beauté des choses. Cette position n'est pas simple. Je suis très sensible à tout ça.

Ce pays est une sirène qui attire naturellement ses visiteurs (et ses habitants ?) loin de la politique. Qu'il doit être agréable et facile de se laisser glisser dans le doux lit romantique et apolitique de l'âme russe. Nos expatriés français de Russie en savent quelque chose. Ce choix de vivre sans s'imposer la moindre rigueur ni le moindre recul dans leur vision de ce pays qui les accueille en fait parfois des gens radicaux, lorsqu'il s'agit de critiquer la France et d'insulter les journalistes qui tentent de les ramener sur terre par leurs reportages.

Car le fait est que le Kremlin est allé jusqu'à détruire l'âme russe. Pas indéfiniment ni totalement, elle existe encore, pour peu qu'elle ait jamais existé. Mais la Russie croule sous le poids de son histoire et les différents dirigeants de ce pays refusent de le voir. Cette grande histoire est certainement une composante essentielle de cette âme russe, qui érige notamment la souffrance et le sens du sacrifice pour la patrie en qualités ultimes. Elle s'avère particulièrement utile en ces temps de guerre, lorsqu'il s'agit de convoquer le caractère chevaleresque des Russes appelés à défendre leur pays.

Vous pensez qu'on ne peut pas détruire l'âme d'une ville, puis vous voyez Marioupol. Vous pensez qu'on ne peut pas salir l'image des Russes, puis Boutcha a lieu. Et vous ne rencontrez plus que des gens retournés par la propagande qui vous expliquent le plus sérieusement du monde que ce crime de guerre est une infox.

Regarder l'âme russe droit dans les yeux peut représenter une extrême déception. La religion ? Elle est salie par l'ancien agent du KGB qui fait office de patriarche et qui passe ses journées à bénir des missiles ensuite envoyés sur des civils. L'Église orthodoxe russe est en grande partie financée par des nouveaux riches hypocrites qui blanchissent leurs crimes, maîtresses, excès et mépris avec leurs roubles. Alors que Moscou s'enrichit, de magnifiques églises tombent en ruine partout dans le pays.

L'exotisme des Russes ? Il est en partie dû à leur pauvreté. Les vieilles maisons en bois mal isolées, les toilettes au fond du jardin n'ont rien de culturel. Mais les roubles du pétrole n'arrivent pas jusqu'aux Russes.

La nature, si importante aux yeux des Russes ? Le président climato-sceptique de ce pays a profité de la guerre pour balayer les questions écologiques et se débarrasser de quelques ONG de protection de l'environnement. On laisse tous les étés des forêts brûler par manque de moyens, on laisse le Baïkal passer du lac à l'eau la plus pure du monde au lac le plus pollué. On traîne devant la justice des gardes-forestiers du Kamtchatka qui donnent leur vie pour protéger les ours et ainsi, et on favorise ainsi les braconniers. Pendant ce temps-là, les industries pétrogazières polluent l'Arctique.

Quant à la culture russe, le Kremlin ne cesse d'invoquer ses auteurs pour justifier la guerre et pousse à l'étude de leurs œuvres, qui ne mènent qu'à une conclusion : la Russie nourrit des velléités impérialistes. De quoi pousser les Ukrainiens à tourner le dos à ce que la Russie a sali en en faisant une arme de guerre. En Occident aussi, des questions, parfois absurdes, se posent sur les œuvres classiques russes qu'on ne sait plus comment jouer ni présenter. Le Kremlin appelle cela de la russophobie. Terme par ailleurs galvaudé qui regroupe généralement, dans la voix des autorités russes, la population et le président. L'objectif est de pouvoir qualifier toute critique du président russe de russophobie. Mais Poutine n'est pas la Russie et la Russie n'est pas que Vladimir Poutine.

Que reste-t-il de cette « âme russe » lorsque le rêve est systématiquement annihilé par l'emprise de la guerre sur le quotidien, sur les cerveaux, qui fait que plus rien n'a de beauté ? Même le déni de la guerre, technique choisie par de nombreux Russes pour survivre à cette période, n'enlève rien à ce malaise interne qui spolie les rêves. Et il n'empêche pas les commissariats militaires de mobiliser jusque dans les cuisines.

Cette réflexion est futile vue d'Ukraine, où la douleur est autre. J'ai d'ailleurs beaucoup souffert de ce double drame. D'un côté, la mort de mon âme russe, de l'autre, la mort de mon rêve ukrainien. D'un côté, la douleur d'une population russe maltraitée, de l'autre, la douleur d'une population ukrainienne assassinée, agressée, violentée.

Je ne compare pas les douleurs. Les Ukrainiens souffrent de la guerre, les Russes de leur gouvernement. L'un n'est pas plus ou moins douloureux que l'autre, les échelles sont différentes. La douleur éternelle de la perte injuste d'un proche n'est pas la même chose que la souffrance quotidienne d'une vie piégée par un régime autoritaire qui rend impuissant, détruit les perspectives et couvre quotidiennement l'honneur commun de sang.

À nier les crimes de guerre de leur armée, les bombardements sur les civils, les viols, les pillages, les humiliations, la douleur qu'ils infligent aux Ukrainiens, à croire que les Ukrainiens sont victimes voire pris en otage par les politiciens ukrainiens et occidentaux, les Russes n'imaginent aucunement l'ampleur de la haine et du mépris qu'ils ont fait naître chez leurs voisins.

Beaucoup de Russes rencontrés en reportage pensent que le jour où la guerre se terminera, tout redeviendra comme avant, qu'ils pourront parler aux Ukrainiens et circuler dans leur pays de la même façon qu'avant. Mais un jour, le brouillard de la guerre s'estompera, le rideau de la propagande se lèvera et tout un pays tombera de haut. La chute sera violente.

Table

Remerciements

Alexandra Dalsbaek pour son soutien précieux,
Ma famille, qui a toujours supporté mes voyages à l'Est,
Les services « Monde » de *Ouest-France* et de La *Libre Belgique* pour leur fidélité et leur professionnalisme,
Arnaud Le Guern, Julie Daniel et les Éditions du Rocher pour leur confiance, et leur relecture attentive,
Dmitri Halko, Olya, Cosimo Attanasio, Emily Sherwin, Hélène de Lacoste, Ulrich Bounat, Alexandra Turcat, Régis Genté, Nanna Heitmann, Hélène Despic-Popovic et Marc Semo qui ont toutes et tous joué un rôle dans l'écriture de ce livre.

PAPIER CERTIFIÉ

Achevé d'imprimer sur Roto-Page
par l'Imprimerie Floch à Mayenne
en janvier 2024
Dépôt légal : février 2024
N° d'impression : 104049

Imprimé en France